PRINCIPLES *of* MOVEMENT
运动原理

主　编
［美］布兰特·安德森（Brent Anderson）

主　译
郝跃峰　赵曦莲

Routledge
Taylor & Francis Group

北京科学技术出版社

Principles of Movement

By Brent Anderson

ISBN: 978-1-630-91468-4

Copyright © 2024 Taylor & Francis Group

著作权合同登记号　图字：01-2025-2282

图书在版编目（CIP）数据

运动原理 / (美) 布兰特·安德森

(Brent Anderson) 主编；郝跃峰，赵曦莲主译 .

北京：北京科学技术出版社，2025（重印）. -- ISBN

978-7-5714-4680-2

Ⅰ . G8

中国国家版本馆 CIP 数据核字第 2025NU9758 号

责任编辑：杨　帆	网　　址：www.bkydw.cn
责任校对：贾　荣	印　　刷：雅迪云印（天津）科技有限公司
图文制作：北京永诚天地艺术设计有限公司	开　　本：787 mm × 1092 mm　1/16
责任印制：吕　越	字　　数：245千字
出 版 人：曾庆宇	印　　张：14.25
出版发行：北京科学技术出版社	版　　次：2025年10月第1版
社　　址：北京西直门南大街16号	印　　次：2025年10月第2次印刷
邮政编码：100035	ISBN 978-7-5714-4680-2
电　　话：0086-10-66135495（总编室）	
0086-10-66113227（发行部）	

定　　价：198.00元

京科版图书，版权所有，侵权必究
京科版图书，印装差错，负责退换

译者名单

主 译

郝跃峰　　赵曦莲

副主译

胡 丹　　王立恒　　车 荟　　宁迩玉

译 者

陈 涛　　宋一涵　　朱梦洁　　胡 坤　　钱至恺

朱 烨　　殷思愉　　吴 婷

主译简介

郝跃峰 ▌

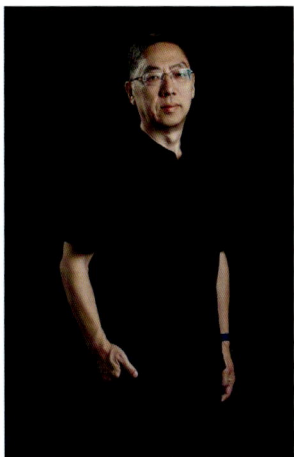

- 医学博士，主任医师，教授，博士生导师
- 苏州市立医院副院长
- 江苏省运动健康促进会常务副会长
- 中华运动康复医学教育学院副院长、中华运动康复医学培训工程江苏培训中心主任
- 中华医学会运动医疗分会委员、中华医学会运动医疗分会第四届医务监督学组副组长、中华医学会运动医疗分会足踝工作委员会委员
- 中国医师协会运动医学分会医务监督学组召集人
- 江苏省医学会运动医疗分会主任委员、江苏省中西医结合学会运动医学专业委员会主任委员
- ACSM 中文 EPP 运动处方医师课程编写及认证培训导师
- 医疗运动处方技术发明人

主要从事大运动医学、骨科、运动处方、严重创伤、人工关节、骨科材料的临床与基础研究，以及健康生活方式传播。

在学术界首先提出并积极推进大运动医学八大理念、科学健身八大法则、基于运动要素的疾病分类、医生高度参与的运动促进健康模式；首创并开设全国三级综合医院中的第一个"科学健身指导门诊"；主持开发并运营国内第一家"运动云医院"互联网平台、主持建设苏州市大数据医疗创新应用实验室、主持开发踝关节扭伤数字疗法、主持开发"云水医桥"网络平台，以便年轻医师和基层医师为门诊患者提供优质服务；带领团队完成的"医学运动处方技术防治慢性运动损伤的临床应用"项目获江苏省卫生健康委2022年度医学引进新技术一等奖；组织相关人员撰写了我国第一部《运动处方中国专家共识（2023）》。

赵曦莲

- 苏州市立医院运动医学医师，医学博士
- 江苏省运动健康促进会副秘书长
- 国家临床医学研究中心"科普建设工程"科普志愿团成员
- 全国卫生产业企业管理协会健康服务适宜技术分会委员
- 苏州市健康管理学会运动健康分会青年委员会副主任
- 苏州市预防医学会康复医学专业委员会秘书
- 苏州市健康特色教育项目（运动促进健康特色教育项目）负责人

主要从事医疗运动处方技术防治慢性运动损伤的研究。

参与的项目获苏州市医学会科技奖三等奖、苏州市中西医结合学会中西医结合医学科学技术奖一等奖。拥有多项国家发明专利。

作者简介

　　布兰特·安德森是一位拥有超过 30 年实践经验的物理治疗师和骨科专家。1989年，他获得了美国加州大学旧金山分校物理治疗学位，并在美国加利福尼亚州（加州）旧金山圣弗朗西斯纪念医院的运动医学中心与伊丽莎白·拉卡姆一起完成了普拉提的学习。该学习结束后他继续向第一代和第二代普拉提老师（包括伊夫·根特里、卡罗拉·特里尔、罗恩·弗莱彻、罗玛娜·克里扎诺夫斯卡、凯西·格兰特、洛丽塔·桑·米格尔、玛丽·鲍恩、让·克劳德·韦斯特和艾伦·赫德曼）学习。

　　毕业后，安德森博士回到了他的家乡——美国加州萨克拉门托，并开始实践物理治疗。他开始了一段持续学习和实践的旅程。几年后，当时的美国加州大学旧金山分校物理治疗与康复科学系的系主任 Nancy N. Byl 博士鼓励他去攻读博士学位。

　　1997 年，安德森博士搬到了美国迈阿密，在迈阿密大学攻读博士学位。正是在那里，他遇到了他一生的挚友兼职业导师戴维斯博士。戴维斯的博士论文着重于慢性腰痛以及主动与被动干预的比较，行为与物理测量及其预测结果能力的比较。2005 年，安德森博士在迈阿密大学取得了他的物理治疗博士学位。

　　安德森博士的专业研究并未止步于此。他将多年的强化手法治疗培训和实践与 30 多年的舞蹈医学和普拉提教育相结合，与戴维斯博士进行肌筋膜研究，并对能量医学和冥想进行调查和实践，他的专业成长还在继续。他独特的技能使他能够创造一种激动人心的康复方法。

　　安德森博士是北极星的创始人兼首席执行官，北极星是世界领先的普拉提教育公司之一。从 1992 年至今，北极星已在 60 多个国家以 15 种语言提供普拉提教育和教师培训。安德森博士推动了普拉提方法联盟（Pilates Method Alliance，PMA）普拉提认证课程体系和认证考试的发展，并曾在美国国家普拉提认证计划（NPCP）认证委员会任职。

　　安德森博士已成为各国普拉提研讨会上著名的讲师，并担任世界各地的物理治疗机构、舞蹈公司、大学和其他教育机构的顾问。他是表演艺术医学、普拉提康复、通过运动管理疼痛和脊柱健康领域的权威人物。他目前在美国圣奥古斯丁健康科学大学担任助理教授，也是 Boy Academy 艺术学院和 Bgood.org（一个社区赋能组织）的董事会成员。他曾担任美国物理治疗协会骨科分会表演艺术特别兴趣小组的主席，并且是 Shake-a-Leg Miami 董事会的前任主席。

致　谢

"众人拾柴火焰高"这一俗语在我完成这本书的过程中得到了充分的体现。有许多人鼓励我实现我写书的这一目标。首先我想感谢我的导师，来自美国加州大学旧金山分校的南希·拜尔博士和美国迈阿密大学的卡罗尔·戴维斯博士，你们总是鼓励我发挥最大潜力。

我还要感谢我的家人和我在北极星教育有限责任公司（以下简称"北极星"）的同事们。我的妻子，利泽特：谢谢你我的爱人，感谢你每天给我的支持和在我陷入困境时给予我的耐心。我的妈妈，费恩：感谢你的无条件支持，感谢你将 16 小时的视频演示转录成数百页文字，为我写作这本书奠定了基础。我的女儿，艾莉娜·安德森：你是如此有才华的艺术家，感谢你在第一稿的最后阶段帮我整理稿件，感谢你为每一章开头绘制的抽象艺术作品。我的女儿，尼科尔·安德森：感谢你支持并帮助运营和指导北极星的课程，使我能够完成这本书；你在本书的最终编辑阶段提供的见解和做出的贡献是无价的。我的儿子，加布里埃尔·安德森：感谢你在公司中担任执行角色，并总是鼓励我。我的儿媳，玛莎·米勒：感谢你出色的校对技术，这是你的许多才能之一。

凯利·安德森，首席插画师和普拉提教师：感谢你让本书能够以艺术的形式科学地描述运动和运动科学。谢谢！我的执行助理伊丽莎白·希门尼斯：感谢你总是激励我，帮我调整工作时间，让我在忙碌的生活中有时间来完成这本书。感谢你在所有内容提交的最后阶段发挥的重要作用。我的编辑和教育伙伴谢丽·鲍威尔：感谢你，没有你的帮助，我无法做到这一点；你不断敦促我，使书的内容既易于理解又有意义，这是无价的。我一生的朋友，平面设计师加里·本茨：感谢你帮助我完成本书的插图，并给予我鼓励。感谢安德烈娜·桑塔埃拉，北极星首席运营官：你是我开始此事的驱动力。我的同事贝丝·卡普兰尼克：感谢你帮助我开始正式写作和布局，你的鼓励和以身作则非常宝贵。我的同事克里斯蒂·伊达沃伊：感谢你成为我的活力源泉和我的瑜伽灵感。我的同事兼 25 年的朋友安吉拉·克劳利：感谢你提供你在婵柔、费登奎斯方法和普拉提方面的专业知识。对健康以及健康实践的看法及愿景和我一致的同事斯塔凡·恩格尔：感谢你对本书的指导和对本书费登奎斯方法部分的贡献。我的来自以色列的同事哈达尔·施瓦茨：感谢你让我对研究的解释保持准确，感谢你成为这本书的第一位读者。我的同事兼朋友胡安·尼埃托：感谢你就这本书与我商讨，并始终让我了解到当前相关且有意义的研究。我亲爱的朋友大卫·科恩、莉斯·斯托尔茨和阿拉斯泰尔·格里瑟姆：感谢你们在 25 年前参与开发最初的北极星运动原理课程。我的第一位普拉提教师和超过 10 年的合作伙伴，伊丽莎白·拉卡姆：感谢你帮助我看到运动在康复中的力量。你在医学界的影响令人印象深刻。

得知这部作品能够以中文版的形式与读者见面，我深感欣慰。特别要感谢北极星教学团队的吕同梅女士，在中文译本审校工作中做出的贡献。

如果我不感谢上帝赐予我成长的机会，让我的生活中围绕着这么多了不起的人，那我将深感愧疚。我始终感激我所感受到的和平、爱和希望。

布兰特·安德森

译者前言

在翻译《运动原理》这本书的过程中，我们深刻体会到了运动科学的博大精深以及它在现代生活中的重要性。运动不仅仅是一种身体活动，更是一种生活的态度和哲学。它教会我们如何与自己的身体和谐相处，如何在快节奏的现代生活中找到身心平衡，如何通过不断的自我挑战和超越来实现个人的成长和蜕变。

这本书由布兰特·安德森博士撰写，他凭借自己在物理治疗和普拉提领域的丰富经验，以普拉提运动为基础和范例，为我们呈现了从基础原理到实践应用的运动科学脉络，从历史传承到现代发展的运动文化内涵，从身体强健到心灵愉悦的运动健康意义，从理论学习到行动落地的运动实践指南。作者在这本书中展现一个全面的、系统的运动科学框架。

书中首先强调了运动对于人类生活的基础性作用。从我们日常的行走、坐、立，到更为复杂的运动技能，无一不是由一系列精细协调的动作组成的。这些动作不仅关乎我们的身体健康，更与我们的心理健康、情绪状态以及生活质量紧密相连。正如书中所言，运动是人类生活中的复杂交响乐，它涉及思考、反射、欲望、骨骼、肌肉、肌腱、神经和皮肤等多个方面的协同工作。

在介绍运动科学的基本概念时，作者详细阐述了功能解剖学、生物力学、运动控制与学习、心理社会学以及生物能量学等多个学科领域。这些学科相互交织，共同构成了运动科学的坚实基石。例如，在功能解剖学部分，书中不仅介绍了骨骼、肌肉等结构的基本知识，还深入探讨了它们在运动中的协同作用，以及如何通过理解这些结构的关系来优化运动表现和预防运动损伤。生物力学部分则为我们揭示了人体关节的运动规律，以及如何通过合理的运动模式来提高运动效率和减少对身体的不良影响。

作者本身对普拉提这项运动有着丰富的经验，因此书中对普拉提的介绍尤为详尽。普拉提作为一种全面的身心锻炼体系，其核心理念与运动科学的诸多原则高度契合。作者通过自己的亲身实践和深入研究，向我们展示了普拉提如何通过关注呼吸、核心力量、身体稳定性和动作的灵活性，来促进身体的均衡发展和内在能量的流动。普拉提不仅能够提升我们的身体素质，还能够帮助我们更好地感知自己的身体，增强自我意识，让我们在日常生活中做出更有利于健康的选择。

在运动控制与运动学习方面，书中强调了神经可塑性的重要性。我们的大脑具有惊人的适应能力，可以通过不断的学习和练习来改变神经网络的连接方式，从而提高对运动技能的掌握程度。这一发现给了我们极大的鼓舞，这意味着无论年龄多大，我们都有机会通过努力来改善自己的运动表现和生活质量。同时，书中也提到了运动学习中的认知因素，如注意力、动机和情绪等，它们在运动技能的习得过程中扮演着至关重要的角色。通过合理地调动这些认知因素，我们可以更高效地进行运动学习，更快地掌握新的运动技能。

此外，心理社会学视角下的运动科学同样不容忽视。书中探讨了信念、希望和感知如何影响我们的运动表现和康复过程。积极的心态和坚定的信念能够激发我们的内在动力，帮助我们克服困难，实现运动目标。而社会支持和良好的人际关系也能为我们提供宝贵的精神力量，让我们在运动的道路上不再孤单。运动对心理健康有诸多益处，如缓解压力、改善情绪、增强自信心等，这些都进一步凸显了运动在提升我们整体生活质量方面的重要作用。

生物能量学作为书中的一大亮点，为我们揭示了人体能量流动的奥秘。能量是生命活动的基础，而运动则是能量转化和流动的重要途径。通过了解生物能量学的相关知识，我们可以更好地理解运动如何促进身体的自我修复和再生能力，以及如何通过合理的运动来调节身体的能量平衡，从而达到健康长寿的目的。

我希望我们团队对该书的翻译能够让更多的读者了解和掌握运动科学的知识，从而在日常生活中更好地运用这些原理来指导自己的运动实践。无论你是运动爱好者、康复患者，还是相关领域的专业人士，都能从这本书中获得宝贵的启示和专业的帮助。让我们一起走进运动的世界，感受它的魅力，收获健康、快乐和自信的人生。

郝跃峰及团队成员

2025 年 2 月

序　言

　　我们活得越久，经历得越多，我们的"生活经历"就越会以反映我们经历、思想和感受的运动模式覆盖在我们的神经肌肉筋膜系统上。14 世纪的哲学家迈斯特·艾克哈特曾说："在灵魂中有一个地方是时间、空间和任何被创造出来的事物都无法触及的。"伟大的爱尔兰诗人约翰·奥多诺休回应道："这意味着你的身份并不等于你的生活经历，在你内心深处有一处未曾受伤之地，在那里你依然笃定，在那里你完整无缺，并且拥有信心和宁静。我认为祈祷、灵性和爱的目的，就是偶尔去探访那个内在的圣地。"

　　这本书反映了一位临床学者致力于帮助运动教育者触及患者内心未曾受伤的地方，并激发患者的潜力，以帮助他们重返无痛苦、融合性的运动，这种运动根植于纯粹的快乐之中。

　　我第一次遇见布兰特·安德森是在 20 世纪 90 年代中期，他走进了我在美国迈阿密大学的办公室。他很兴奋地想和我交谈，因为事实证明，他作为博士生来到这里，是因为他知道有一位教师对当时称之为"补充疗法"的东西感兴趣。那就是我，我非常乐意和他探讨。我那时已经发表了一些文章，关于以整体视角看待患者的益处，以及根植于微妙能量疗法与传统治疗方法相结合所带来的良好疗效。

　　在来到迈阿密之前，安德森在美国加州作为物理治疗师活跃在普拉提方法和实践领域已有数年，并有一个目标，即调查他所感受到的这种模式背后的科学基础——这种模式的有效性尚未得到科学的证实。他将普拉提视为整体疗法的一种补充，将其定位为协助物理治疗师和其他康复专业人员进行运动教育的工具。由于普拉提强调螺旋运动和全身参与运动、协同和抗阻过程，拥有特定的全身提示和高度校准的弹簧机制，所以人们能够真正享受运动和锻炼的乐趣。看到他致力于研究普拉提及使其如此有效的科学原理，这令人十分振奋。

　　时间来到 2023 年，安德森早已获得了博士学位，他的跨国公司北极星成立 30 周年庆典于这一年举行。北极星从业者遍布世界 60 多个国家。成为北极星从业者，是他们在世界上最严谨的普拉提课程中经过许多小时的学习和实践后获得的一项受到高度重视的成就。在北极星成立 30 周年之际，安德森的书《运动原理》也出版了。这本书基于他多年的经验，以及他的论文和他对普拉提的"魔力"

背后的科学基础的持续研究。当你阅读这本书时，你会发现安德森将他对运动科学和普拉提实践的理解结合并提炼出 5 个基本运动原理，这些原理得到了多年来不断发展的文献的支持。

这 5 个原理——呼吸、活动性、排列、控制和动作整合，汇聚成一种有科学理论支持的评估和治疗方法，并且被纳入安德森向本书读者提供的评估和治疗工具中，无论读者是否有普拉提实践的背景。

事实上，这本书不仅仅是为普拉提从业者写的。它适用于所有相关专业人员，旨在培养从业者的慧眼与仁心，让他们以个性化的觉知力、探求精神以及评估和教学技能满足每个患者的需求。在实践初期，安德森发现运动受到所有"存在系统"的影响，他结合了对运动科学基础（包括解剖学、生理学、生物力学、运动学、运动行为学、心理学、社会学和生物能量学）最新研究的理解。尽管大多数读者对这些研究领域都有基本的了解，但对许多人来说，这将是生物能量学的介绍。生物能量学代表的是微妙能量不断发展的科学，它作为所有影响人类运动的因素全面融合的基础，通过整个生活筋膜网络中的振动、流动，促进了一致性、整合、自我实现，从而促进了稳态和平衡。个人感知，无论是已知的还是未知的，都影响着我们的感受和我们的运动方式。例如，几十年来，国际疼痛研究协会由临床医生和研究人员组成，他们共同工作以研究疼痛的来源和机制，并接受了疼痛的定义："与实际或潜在的组织损伤相关，或以此类损伤来描述的不愉快的感觉和情感体验。"2018 年，国际疼痛研究协会成立了一个由 14 名成员组成的多国专家特别工作组，负责审查疼痛的定义，并就是否应该保留或更改它提出建议。的确，定义被以微妙但非常有力的方式进行了微调。新的定义如下："疼痛是一种不愉快的感觉和情感体验，与实际或潜在的组织损伤相关联或类似。"这个工作组意识到了疼痛高度个体化，且基于患者对过去经验的感知，这些经验深植于身体和神经系统中。这个定义使疼痛症状从仅记录客观量化的表述中悄然转变，纳入了个体感知的个性化判断和描述。评估工具必须进行调整，以契合这个全新的定义。

本着同样的精神，这本书带我们从解剖学、生理学、功能解剖学和运动学的理论世界，进入实践的感知现实世界。解剖学、生理学对你的运动方式意味着什么？这些个体感受，已知的和未知的，如何影响我们的运动方式？安德森建议："我们越好地理解疼痛解释的多样性、神经肌肉反应、疼痛的历史观点以及个体的生理和心理适应，我们就越能看到运动科学的复杂性和美妙之处。"

定性和有意识的运动训练未来将继续成为运动行为学的重要组成部分，特别是在治疗干预中。增强意识能够提高我们使用外部和内部反馈工具的能力，还可以改善感知与现实之间的一致性……我用"现实"这个词来表述客户的实际需求，而不是采用千篇一律的通用策略所构建的虚假需求。我们如何发现我们面前的个体，并真正从运动实践者的角度理解他们的需求？我们将如何影响客户的信念体系？

- 通过创造没有疼痛的积极运动体验吗？
- 通过分级负荷练习，逐步向客户期望的功能性负荷发展吗？
- 通过恢复活动性，减轻身体其他部位的压力，从而实现无痛运动吗？
- 通过有意义的外部和内部反馈策略，包括意象、触觉和语言提示以及内部反思，重新获得身体的运动控制吗？

实践者对所观察到的内容有了更深入的觉察，这种觉察接近于"整体整合"的亲身体验。运动的自由和无痛苦的运动是最终追求的目标。仅以理智进行管理有局限性，我们都有情感，但并不是所有人都意识到潜意识情感如何在身体的更深处始终存在，并在我们的运动中表现出来。安德森教导读者以全面的方式应用这些原则，并在位置、排列、力量的聚焦和控制上进行细微的调整。他教导读者辨别效率低下、结构失衡和力量不足的根源是结构问题还是长期的受损和不当运动。

但在此之前，他先进行了一次有意义的访谈。他问患者："你认为你现在能够参与哪些活动？你认为你目前能够以你期望的水平参与这项活动吗？如果没有，你认为是什么影响或阻止了你以期望的水平参与活动？"然后，他倾听患者的回答，并相应调整评估和治疗方案，确保个性化指导的有效性。这真是一种别具一格的方式。

这是一本帮助所有运动教育者提高他们的科学知识水平，以及他们的评估、治疗和教学技能的书。我很高兴看到它出版了。

卡罗尔·M.戴维斯，物理治疗师、教育学博士、
理学硕士、美国物理治疗协会会长、名誉教授、
迈阿密大学米勒医学院物理治疗系肌筋膜松解物理治疗师
佛罗里达州科勒尔盖布尔斯

前　言

　　我们都会运动，但上一次你思考自己如何运动，是什么时候？复杂的思想、反射、欲望、骨骼、肌肉、肌腱、神经、筋膜和皮肤构成像交响乐队一样复杂的系统，让我们可以在生活中拥有自发运动的能力。如果你热爱运动、欣赏运动，在教授运动、增强运动或恢复运动，那么这本书就是为你准备的。我从小就对研究我们人类如何学会运动充满了兴趣。第一次对我产生影响的职业经历发生在美国加州物理治疗协会年会上，美国南加州大学物理治疗项目主任海伦·希斯洛普博士发表了主题演讲。就在那时，她向我介绍了"病理运动学"这一概念，她将其定义为物理治疗。自1989年接触这个概念以来，我从未质疑过。我是一个病理运动学家，主要研究所有干扰运动能力的创伤、疾病或精神障碍。我很早就明白，康复运动是我职业生涯的焦点，这意味着我需要尽可能多地学习关于运动机制及病理影响的知识。这本书是我关于运动原理的研究、实践、经验和挑战的汇编。写这本书的目的是提高从业者评估正常运动的能力、评估运动损伤的能力，并提高从业者为所合作的每个人设计独特的运动干预措施的能力。这本书包括了运动从业者的策略、工具，将显著提高实现预期结果的可能性。

引 言

　　作为运动实践者，我们真正理解影响运动质量的众多因素吗？作为一名物理治疗师和普拉提教师，在我的职业生涯中，我探索了各种方法，希望更好地理解运动评估和运动促进的整合。我对运动、治愈、科学和人类行为的热情使我致力于这项终身工作，我的目标是帮助医生、护士、治疗师、培训师、教练、教师、运动员、舞者以及任何对优化运动感兴趣的人，促使他们运用运动原理来发掘患者的新的运动潜力。

　　美国南加州大学物理治疗项目主任海伦·希斯洛普博士称物理治疗师是病理运动学家。希斯洛普博士希望物理治疗师专注于恢复那些经历运动障碍、先天性异常、创伤和其他任何面临身体或心理限制的个体的运动能力。要使这一点成真，从业者必须是运动科学方面的专家，并且要了解疾病和伤害对功能性运动效果和效率的影响。这本书是为病理运动学家和表现运动学家以及我们每个人而写的。本书的重点旨在使普拉提、瑜伽和婵柔教师，运动训练师，运动生理学家，按摩治疗师，物理治疗师，脊椎按摩师，骨科医生，以及任何对人类运动充满热情的人更深入地理解运动原理，从而促进他们解决面临的问题，并促进运动能力的发展。

　　本书依赖于运动教育、生物力学、运动控制，以及瑜伽、普拉提、婵柔、费登奎斯方法、舞蹈和武术领域的许多伟大先驱的教导。根据这些伟大的运动先驱的教学和对存在运动障碍的客户的治疗，他们都可以被称为病理运动学家。他们与存在姿势和运动偏差的个体合作，并创建帮助平衡的练习，通常是通过探索运动效率来实现的。

　　病理运动学家是研究病理学如何影响运动的专家。话虽如此，我想介绍并创造"表现运动学家"这个术语。表现运动学家是研究运动质量如何影响个体从康复状态到高水平功能和表现的专家。两者都需要对定性运动深入理解，而这只能通过有意识的运动实践来获得。将有意识的运动纳入我们自己的运动实践将显著提高我们在恢复功能和提高客户表现方面的有效性。在这本书中，我将病理运动学家和表现运动学家都称为"运动实践者"。

　　这本书介绍并解释了运动原理的应用如何增强实践者的能力，以安全、及时、有效地促进客户的定性运动。这些运动原理多年来一直在许多运动科学领域的许多伟大思想家的帮助下应用。我们早在30多年前的北极星课程中就引入了运动原理课程。我们创建该课程是为了给普拉提带来科学的基础教育。北极星运动原理可以作为所有运动实践的基础。这本书向你展示了如何将运动原理融入你的工作，并通过改变你与客户合作的方法来提高你的工作效率，无论你的目标是康复、健身还是提高运动表现。本书中讨论的每个原理都得到了多个科学领域循证研究的支持。这本书探讨了功能解剖学、生理学、生物力学、运动学、心理学和能量系统的重要性，因为它们与运动有关。

这本书可以作为围绕运动科学课程的教科书使用。我期望它在职业和专业教育中被使用。它非常适合舞蹈、体育教育、康复治疗、物理治疗、职业治疗和运动科学项目。这本书的主要学习目标如下。

- 使用运动原理观察和评估功能性运动。
- 使用运动原理观察和评估由遗传、习惯、创伤或病理引起的运动障碍。
- 使用北极星评估工具，并将其与《国际功能、残疾和健康分类》整合。
- 使用运动原理设计基于运动的干预措施，以改善运动表现和恢复功能。

本书还可为运动专业人员提供资源，这也是我对支持康复、健康及运动表现领域知识信息积累所尽的一份力。

所有读者和本书的用户应在当地政府、专业组织和（或）工作场所定义的范围内实践。制定实践范围的法律和指南是为了保护公众。我在攻读博士学位时学到了一件事："知道得越多，我就越意识到自己所知有限。"而下面这种说法常常伴随着无知的虚假自信："知之甚少，反自以为是。"我要求所有读者和使用这些材料的人在适当的实践范围内安全地使用它。

我希望你和所有使用这本书的人反复阅读书中内容。持续的学习结合你自己不断发展的运动意识将引领你走上成为运动大师和教育者的道路。

目　录

运动原理导论

全身心投入是精神和身体上的自律，是一种工作态度、一种对待自己的态度，也是一种生活方式，它是实现全身健康所必需的一种精神。

第一章

本章目标

1 确定与运动相关的基础科学。
2 理解在运动中如何应用基础科学。
3 解释基础科学如何影响运动。
4 将基础科学整合到每个运动原理的应用中。

关键词			
• 协调性	• 一致性	• 运动行为学	• 生理学
• 关节运动学	• 控制	• 运动控制	• 普拉提
• 生物能量学	• 外部反馈	• 运动学习	• 心理学
• 生物力学	• 功能解剖学	• 运动整合	• 社会学
• 呼吸	• 内部反馈	• 骨骼运动学	• 瑜伽

在我完成物理治疗的学习并经过初步的普拉提训练后，我几乎每天都练习几个小时的普拉提，这样的日子持续了1年多。这对我来说是一次重要的学习经历，在这个过程中，我观察到普拉提动作如何影响我身体的每个系统。我能够观察到排列、张力和负重如何影响神经肌肉和骨骼系统中的不同组织。之前被认为阻碍运动的因素，如肌肉紧张或关节僵硬，都被柔韧性、弹性和协调性所替代。我意识到，是策略和意识的问题导致了我自身的局限性，而不是我曾学过的结构限制模型。这个建立在被动操纵、拉伸以及肌肉的单一力量训练上的限制模型，慢慢地被意识、运动控制和运动策略的模型所取代。随着在运动过程中的联想，我感知到它对消化系统、循环系统和呼吸系统的影响，我的观察范围也在不断扩大。试想一下，一个灵活的脊柱是如何影响运动能力、血液流动和空气交换的。多年后，当我研究身体运动如何影响我们的心理、情感和能量系统时，我非常清楚地发现，运动影响着所有系统，如果我要成为运动的专家，我就必须掌握与运动相关的基础科学——解剖学、生理学、生物力学、运动学、运动行为学、心理学、社会学和生物能量学。

我非常荣幸地见到了初代普拉提的老师们，并观察了他们的练习。尽管他们的练习顺序各不相同，但他们遵循一些共同的基本原则，如呼吸、流畅、精确和协调。这些原则中的大部分内容都难以量化。作为一名年轻的物理治疗师，我想用我的专业知识解释普拉提的优势。为此，普拉提需要更多循证研究。

同行要求我提供支持将普拉提作为治疗方式的科学证据。我想使普拉提在科学界得到认可，并创建一套有科学理论支持的运动原理。普拉提教师也对患有脊柱、神经系统方面的疾病，截肢以及其他疾病或创伤的患者的康复感兴趣。我们需要识别普拉提效用背后的奥秘，以便能够进一步调整它，让每个人都能理解。通过遵循合理的运动原理，从业者应以人为中心，而不是以练习为中心进行训练。

我与一群此专业领域的朋友一起研究了约瑟夫·普拉提的全部原始练习内容和他的指导原则，并参考了许多运动科学领域领军人物的理论，以发展北极星运动原理。在过去的 25 年中，这些原理已经发展成为呼吸、活动性、排列、控制和运动的整合。每一个原理都经过了我们的深思熟虑，都是以科学的运动理论为依据的全面的运动原理，并以运动基础科学为支撑。我们对此原理的理解基于我们在其他学科中的综合

经验，这些学科包括瑜伽、婵柔、武术、舞蹈、费登奎斯方法、富兰克林方法、手法治疗学、神经语言程序学和能量医学。主要目标是了解影响运动的诸多因素，找到引导客户获得更健康的运动体验的方法，正如约瑟夫·普拉提所说——"回归生活"。

每一个运动原理都被分成两部分，第一部分是你需要了解的运动科学，第二部分是运动原理的应用。每一章的第一部分介绍了运动科学，或者正如我所说的，运动的 5 个科学基础；第二部分包括应用每项运动原理的动作教学技巧，包括但不限于沟通、触觉、情绪智力、动作习得和运动行为学。通过对骨性标志识别、意象、触觉提示和基本沟通技能的实践应用进行总结，提高教师将运动原理应用于教学的能力。最后，每一章都包括关键词和开放式问题，以强化学习效果。

功能解剖学和生理学

你有没有对像行走这样的基本运动进行过思考？我们大多数人只从外部考虑目标或任务（例如，我需要从这里到那里）。你能想象必须确认每块肌肉何时发力以及需要使用多大的力，甚至必须记住哪块肌肉先发力、哪块肌肉后发力吗？因此，要在肌肉解剖学和功能解剖学之间找到平衡，我们必须将运动视

为一个整体。大脑无法具体感知单块肌肉，但能感知其所产生的动作。这并不代表我们没必要了解肌肉解剖，相反，这使我们能够从功能的角度去考虑问题。第一个科学基础是功能解剖学和生理学，因为它们与运动息息相关。功能解剖学可以揭示结构与功能之间的关系。以行走为例，我们的肌筋膜系统提供了适当的张力，以有效承受我们行走时单侧腿的垂直重力负荷。这与仅仅识别一块独立肌肉的起止点和功能不同。例如，股直肌本身无法维持腿部或身体的直立姿势，但当它与其他必要的肌肉和筋膜整合，且中枢神经系统发出移动指令时，整个系统就像一个乐队一样开始运作：一些肌肉提供稳定性，而其他肌肉则负责加速和减速。在本书中，我假设你已经了解基本的肌肉骨骼解剖学，进而涉及具有协同性和功能性的运动组织，以及面对病理因素对运动系统造成的干扰时，能够理解彼此之间的解剖学关系。从业者或教师对功能解剖学的理解越深入，运动和教学的有效性和准确性就越容易提高。

多年来，我有机会与许多舞者合作，他们最普遍的问题之一是对髋关节的位置及股骨与骨盆之间如何形成连接缺乏了解。从历史上看，古典芭蕾舞强调外旋的必要性。在古典芭蕾舞中，这是一种必须具备的"审美线条"，也是许多舞者天生不具备的。如果舞者不清楚他们的髋关节在哪里，或者不了解如何通过髋关节进行外旋，或者其髋关节单纯地达不到这种运动范围，那么他们就会借助身体其他部位，如膝、踝或足来完成外旋。但这些结构都不能代替真正的髋关节。当舞蹈老师和编舞者了解髋关节解剖学、生物力学和运动策略后，他们的教学将尊重舞者的生理结构，舞者更有可能在运动极限范围内安全地跳舞，从而提高表现能力并减少过度使用造成的伤害。当我们理解实际的髋关节非常接近中轴而不是大转子所在的位置时，重心转移和髋关节外旋就会变得更简单有效。所有运动人群都必须对骨骼、肌腱、关节和筋膜的解剖学有深入的了解。

我提到了我从不同身体系统的角度研究普拉提。随着不断深入练习，我第一次能够理解普拉提卷腹练习（图1-1）如何改善体液流动，通过更好的循环改善氧气传输，增加细胞营养，促进废物排出，从而增强体内平衡稳态。古老的运动方式，如瑜伽，让我们明白学习解剖学和了解生理系统的重要性，因为它们是身体整体运动的一部分。

生物力学

生物力学是研究人体运动或结构的力学原理的科学，是我最喜欢的运动科学之一。如果我们真正理解了关节运动

提示 1-1

　　站立时，让你的体重均匀分布在两条腿上，想象自己被一根天花板上的粗大的橡皮筋悬挂着。你的骨架像万圣节装饰品一样悬挂着，进一步想象风从后面吹动你的骨架。感受你的身体前后摇摆，注意哪里的张力增加，哪里的张力减少，找到你身体各部位张力最小的点。你能确定你的中轴线吗？当你前后摇摆时，你能感觉到外部组织中有不平衡吗？你能想象你的骨盆在身体摇摆的过程中如何与股骨相连吗？记录你的发现，包括你体验到的微妙之处。几天后再试一次，看看你是否能观察到不同的东西。

提示 1-2

　　与提示或使用随意肌肉收缩相比，使用解剖学标记更容易帮客户习得成功的动作体验。在这个体验中，从站立姿势开始，向前弯腰，想象你的右肺在你的肝上方移动，你的左肺在你的胃和脾上方移动。重复相同的活动，但这次想象你正在使胸椎和腰椎的每个部分都发生关节运动。有没有不同？哪一种能让你更容易地完成向前弯腰的动作？尝试其他专注于穿过或围绕其他骨骼标志或器官的运动。记录你的体验。

图 1-1　卷腹

的本质以及在空间中移动所需的力学原理，我们就能进一步了解神经系统和肌筋膜系统是如何相互作用产生运动的。我发现了解我们的生物力学运动潜力与我们在日常生活中所展现的功能之间的区别是非常有趣的。每个关节都由至少2块骨头组成，它们形成一个联合，并根据关节的特性会在不同的平面上产生动作。关节受到外部力量（如重力或动量）的作用，也受到组织收缩的内部作用。每个"真正"的关节，都由关节囊、滑膜和软骨组成，至少有2个关节面。在关节中，滑膜和软骨减少关节面摩擦并提供方向性运动。当关节面能够很好地配合在一起时，我们称为一致性。

一致的关节运动包括骨运动（即骨骼的运动）和关节运动（即关节的运动）

一致。关节运动指的是关节的生理运动，如屈曲、伸展、外展、内收、旋前、旋后、外翻、内翻和旋转。关节运动学与关节的辅助运动同义。埃里克·富兰克林使用的另一个术语是"骨骼律动"。

关节运动学考虑了关节的性质及其运动特性。例如，膝关节是一个双髁关节，具有滚动、滑动和旋转等附属运动功能。我喜欢将关节运动比作打开罐子的盖子。盖子和罐身必须向相反的方向移动才能打开或拧紧。如果关节两侧朝相同的方向移动，那么该关节就无法产生运动，力量可以转移到其他关节，以代偿动作所需关节运动的缺失。如果你能创造出与关节运动学相匹配的图像或意象，那么产生的动作将更加高效和有力。想想初学者的运动策略，他们可能

提示 1-3

我曾经治疗过一位职业篮球运动员，他的起跳腿——左腿的膝关节经历了多次手术。他最后一次手术非常成功，左膝看起来非常稳定且强壮；然而，他最难过的是左膝失去了弹性和跳跃能力。在评估了他的膝关节生物力学后，我意识到在之前所有的物理治疗中，他从未被评估或治疗以帮助术后膝关节重塑附属运动功能。然而，他很强壮，韧带看起来也非常稳定。我将他的治疗重点放在了左膝的关节运动学（骨节律）——滚动、滑动和旋转上，同时在一个被称为椅子的普拉提设备上进行辅助弓步练习。练习几分钟后，他表示他感到自上次手术以来一直缺失的自然弹性得到了显著的恢复。第二天，他说他能够跳得足够高，以至于他的肘部能够越过篮筐，这是我做梦都不敢想的事情。我总是对这种情况印象深刻，当看似是结构性限制（例如，踝关节背屈或膝关节屈曲的丧失）实际上是一个运动策略的限制时，一旦正确的生物力学策略得到恢复，问题可以立即得到解决（图1-2）。

图 1-2　椅子上的前弓步

会有过度募集、关节运动学意识薄弱、力量不足等问题。相比之下，经验丰富者往往展现出成熟的运动策略，包括对生物力学的掌握、肌力的增加以及能量消耗的减少等。这是一种理想的状态。当出现动作限制时，无论是结构问题还是运动策略问题，通常会导致关节一致性的丧失，进而出现代偿模式，甚至导致病变。同样地，当初学者身体没有受限，且具备良好的运动策略时，他们的运动效率将显著提高，并且理论上受伤风险也将最小化。

运动控制和运动行为学

运动控制和运动行为学对于想要成

提示 1-4

　　几年前，在向一群学生教授身体、心灵和精神的概念时，我分享了一个女性客户的故事。她的身体症状是她的宗教信仰的直接结果，她最初表现为有两周的背痛史。她的影像学检查显示她的下背部没有任何病理改变。进行了两周的物理治疗和普拉提治疗后，症状仍然没有改善。我们都对她症状无法改善而感到沮丧，因为我看不到任何导致疼痛持续的结构或生理原因。我问她认为是什么导致了她的下背痛。她的回答让我吃惊，她举起手说："上帝在惩罚我。"我让她继续讲述她的故事，原来她对婚姻不够忠诚。作为一个虔诚的宗教女性，她认为这是一项重大罪行，上帝的惩罚是让她背痛。我告诉她，她有 3 个选择来解决她的困境和背痛：她可以在她的信仰模式内忏悔，她可以改变信仰，或者她可以继续忍受背痛。她几乎立即回应说她的背不痛了。当我再次问她哪里痛时，她回答说她心痛。我分享这个非常特殊的故事的原因是想要传达一个信息，即我们的心智和精神可以影响我们的身体健康，我们的身体健康同样可以影响我们的心智和精神。这是约瑟夫·普拉提的基本原则——健康的身体是通往幸福的第一步。

功地提高客户的运动能力的运动从业者来说也是基础。运动控制和运动行为学的科学模型帮助我们理解身体和环境中运动的习得和控制，还帮助我们理解影响运动的多种因素。随着我们更好地理解这些运动控制和运动行为学的模型，我们能够成为更好的问题解决者。人类通过实践学习成长，来自环境或教师的外部反馈有助于客户成功完成所需的任务。更进一步，我们鼓励客户探索他们的内部反馈，这有助于巩固学习过程。想想一个孩子学习写字，开始时字迹潦草，杂乱无章，但随着练习，字迹变得流畅和协调。起初，你必须全神贯注才能写下你的名字，现在你可以不假思索地做到。了解人类如何学习和获取运动能力能够提高运动从业者实施各种工具和策略的能力，从而帮助客户强化学习过程。对运动行为学的理解也使从业者知道如何为我们的客户设置最有效的实践课程。在运动控制领域有许多杰出人物，我将依靠他们的研究成果来帮助从业者理解什么是最有效的方法，从而促进自发和有效的运动。

心理社会科学

心理学和行为科学在过去几十年中已被纳入运动科学。它涉及信念、希望、感知如何影响运动和运动如何影响心理，以及自我感知对一个人的影响。当前研究表明，成功的运动体验感知可以减轻疼痛、克服恐惧，并显著提高运动质量。与疼痛相关的运动恐惧被称为恐惧回避，它往往会导致不良的功能结果。"自我效能"由阿尔伯特·班杜拉定义，是一个用来描述一个人感知能力的术语。功能结果测量，如 Oswestry 残疾指数和 Roland-Morris 问卷，可测量一个人对背痛如何影响他们工作的感知能力。

相关文献证实了感知与能力之间的相关性。如果你相信你会从伤病中恢复，你就很可能会恢复；反之亦然，如果你确信自己无法恢复，无论你有多强壮、多灵活或多协调，你可能都无法恢复。据普拉提、婵柔、瑜伽、费登奎斯方法、太极和其他运动学科的学生反馈，这些运动让他们感到更加平静、快乐和安宁，可减轻压力，改善社交互动能力。成功的运动体验如何影响我们的心理和情感？在约瑟夫·普拉提的控制学中，他强调对待自己的态度对于实现全身健康至关重要。普拉提设备的设计为运动者提供了一个辅助环境。如果教授得当，普拉提可以创造积极的运动体验，从而改变人们对自己运动能力的认知。

生物能量学

詹姆斯·奥斯曼在他的著作 *Energy*

Medicine in Therapeutics and Human Performance 中，将生物能量学归为"未来的领域"。在这个领域中，生物学与能量相交，或者说它是"研究生物体及其环境之间能量的流动和转化的学科"。生物学与能量之间的联系非常广泛，包括生物化学、细胞信息传递、光子、生物物理学以及神经生物学、能量心理学等。这些主题都是由美国国家补充和综合健康中心（NCCIH）研究的，该中心是美国联邦政府关于补充和综合健康的科学研究的领先机构。补充方法可以按其主要治疗干预方式（该治疗是如何被接受或实施的）进行分类。

- 营养（例如，特殊饮食、饮食补充剂、草药、益生菌）。
- 心理（例如，正念）。
- 物理（例如，按摩、整脊）。
- 综合，如心理和物理（例如，瑜伽、太极、针灸、舞蹈或艺术疗法）或心理和营养（例如，正念饮食）。

作为运动实践者，要理解营养、正念、触觉和能量场之间的关系为什么很重要以及身体系统紊乱如何影响全身健康。为了更好地回答能量与运动之间的关系，我们可以参考古代和现代的不同运动形式，这些运动形式阐释了身体、心灵和精神之间的联系，以及这三者如何影响疾病和健康。

瑜伽有五千多年的历史。哈他瑜伽（即身体力量瑜伽）是大多数西方人所理解的瑜伽，包括阿斯汤加、艾扬格、比克拉姆热瑜伽等。瑜伽八支包括体式、呼吸控制以及其他作为道德、伦理及自律的准则。瑜伽八支关注身体健康，并帮助我们认识到自己的天性。根据西蒙·博格 - 奥利维尔的说法，哈他瑜伽本质上是一种密宗瑜伽，有 4 个身体阶段：清洁、体式练习、能量控制和呼吸控制。本书不是关于瑜伽实践的，但会借鉴它的历史视角，因为它适用于运动原理。

约瑟夫·普拉提同样将卫生、控制、呼吸和生活平衡的哲学联系在一起。很少有文献证明约瑟夫·普拉提将冥想融入原始实践，即控制学，但许多人认为普拉提序列是一种运动冥想，因此能够产生积极的心理和情感反应。约瑟夫·普拉提写道："控制学是身体、心灵和精神的完全协调。通过控制学，你首先可以有目的地获得对自己身体的完全控制，然后通过适当重复练习，逐渐获得与所有心理和潜意识活动相关的自然节奏和协调。"他接着说，"通过运动、适当的饮食、良好的卫生和睡眠习惯、充足的阳光和新鲜空气，以及工作、娱乐和放松的平衡，可以实现全身健康。"

我认为，运动实践者必须充分了解运动的艺术和科学，它必须整合在瑜伽、普拉提、武术和其他正念运动形式中发现的正念和精神根源。你将在后文中阅读到的每一个运动原理都得到了科学研究和循证结果的支持。其目的是创建一系列运动原理，包括在西方医学中发现的科学、不断发展的能量医学研究，以及可以追溯到《吠陀经》（印度教经文，是已知最古老的健康和幸福档案之一）的古老实践。

结论

在我们开始介绍运动原理之前，有必要了解运动意识在学习和教授运动中的重要性。我的运动基础深深根植于包括舞蹈、瑜伽、普拉提、费登奎斯方法、婵柔和田径运动在内的有意识的运动形式。要实现自然和自发的运动，需要的不仅仅是客观测量，如运动范围、重复次数和各块肌肉的单独运动。每个原理都建立在定量测量和定性评估的结合上。在评估、教授和促进运动变化时，这两种视角的结合可以产生截然不同的效果。了解运动意识的历史以及它对人类运动权利的深远影响是很重要的。

开放式问题

1 列出解剖学和功能解剖学之间的区别。你如何将功能解剖学应用到你对运动的理解中？

2 回顾一下由于缺乏解剖学知识而影响你运动质量的情况。由于缺乏解剖意识，你经历了什么？

3 关节的一致性如何提高能量效率？

4 骨运动学和关节运动学的区别是什么？

5 用关节运动学解释负重关节如何影响运动质量。

6 内部反馈和外部反馈有什么区别？哪一个代表了更深刻的学习，并且更有可能是自发的？

7 描述运动控制和运动行为学的区别。作为运动促进者，我们更有可能使用这两种科学中的哪一种？为什么？

8 用自己的话描述信念如何影响运动。

9 举一个思想影响身体运动的例子。

10 如何利用思想和情感影响运动质量？

11 作为运动实践者，理解能量和能量场的关系为什么很重要？

12 列出体现生物能量学的古老运动形式的例子，以及你如何利用这些古老的运动形式使自己成为一个更好的运动促进者。

13 对自己运动能力的认识以及运动来源的认识的增加如何提高运动质量？

参考文献

1. Franklin EN. Conditioning for Dance. Human Kinetics; 2004.

2. Comerford MJ, Mottram SL. Movement and stability dysfunction—contemporary developments. *Man Ther*. 2001;6(1):15-26.

3. Comerford MJ, Mottram SL. Functional stability re-training: principles and strategies for managing mechanical dysfunction. *Man Ther*. 2001;6(1):3-14.

4. Anderson BD. *Randomized Clinical Trial Comparing Active Versus Passive Approaches of the Treatment of Recurrent and Chronic Low Back Pain* [dissertation]. University of Miami; 2005.

5. Lackner JM, Carosella AM. The relative influence of perceived pain control, anxiety, and functional self efficacy on spinal function among patients with chronic low back pain. *Spine (Phila Pa 1976)*. 1999;24(21):2254-2260; discussion 2260-2251.

6. Mannion AF, Junge A, Taimela S, Muntener M, Lorenzo K, Dvorak J. Active therapy for chronic low back pain: part 3. Factors influencing self-rated disability and its change following therapy. *Spine (Phila Pa 1976)*. 2001;26(8):920-929.

7. Mannion AF, Taimela S, Muntener M, Dvorak J. Active therapy for chronic low back pain part 1. Effects on back muscle activation, fatigability, and strength. *Spine (Phila Pa 1976)*. 2001;26(8):897-908.

8. Stolze LR, Allison SC, Childs JD. Derivation of a preliminary clinical prediction rule for identifying a subgroup of patients with low back pain likely to benefit from Pilates-based exercise. *J Orthop Sports Phys Ther*. 2012;42(5):425-436.

9. Bandura A. Health promotion by social cognitive means. *Health Educ Behav*. 2004;31(2):143-164.

10. Bandura A. Toward a psychology of human agency. *Perspect Psychol Sci*. 2006;1(2):164-180.

11. Bandura A. Toward a psychology of human agency: pathways and reflections. *Perspect Psychol Sci*. 2018;13(2):130-136.

12. Bandura A. Applying theory for human betterment. *Perspect Psychol Sci*. 2019;14(1):12-15.

13. Bandura A, Locke EA. Negative self-efficacy and goal effects revisited. *J Appl Psychol*. 2003;88(1):87-99.

14. Pilates JH, Miller WJ, Robbins J, Van Heuit-Robbins L. *Pilates Evolution: The 21st Century*. Presentation Dynamics; 2012.

15. National Center for Complementary and Integrative Health. https://www.nccih.nih.gov/health/complementary-alternative-or-integrative-health-whatsin-a-name

16. Borg-Olivier S. *Applied Anatomy & Physiology of Yoga*. Warisanoffset.com; 2006.

17. Alkadhi KA. Exercise as a positive modulator of brain function. *Mol Neurobiol*. 2018;55(4):3112-3130.

18. de Bruin EI, Formsma AR, Frijstein G, Bogels SM. Mindful2Work: effects of combined physical exercise, yoga, and mindfulness meditations for stress relieve in employees. A proof of concept study. *Mindfulness (N Y)*. 2017;8(1):204-217.

定性运动
与定量运动

定性运动依赖于准确反馈、自我意识和练习的结合，以便能够执行得自发、高效且令人愉快。

第二章

本章目标

1 区分定性运动与定量运动。

2 确认教练自我意识与运动效率提高之间的联系。

3 学习从古代和现代运动形式（如瑜伽、普拉提、太极拳、婵柔、费登奎斯方法、意动法）中汲取注重定性运动的经验。

关键词	• 呼吸暂停	• 外部反馈	• 意动法	• 定性运动
	• 意识	• 费登奎斯方法	• 拉班运动分析	• 定量运动
	• 收束法	• 婵柔	• 调息法	

瑜伽、普拉提、费登奎斯方法、太极拳、意动法、拉班运动分析和舞蹈都被认为是注重定性运动要素的形式。本章将介绍定性运动和定量运动之间的区别，但更重要的是，如何结合使用它们来改善患者的生活质量。是什么将新手和精英运动者区别开来？不一定是典型的结果定量指标，比如运动范围或执行动作所需的力量，而是他们的动作质量。定性运动与运动者反思内外部反馈机制以提高表现的能力有关。运动表现与特定任务有关，目的是在特定的空间内优化运动效率。随着运动者在良好的内外部反馈的指导下练习，他们的运动质量和效率自然会提高。本章的目的是帮助从业者使用运动原理教导客户，给予客户有意义的反馈以提高客户的自我意识，从而改善他们的生活质量。最后，本章侧重于身体、心灵和精神的连接。我们使用"精神"这个术语，因为它与意识相关。

为了更深入地了解影响运动的因素，我们回顾了一些古老的运动形式，比如瑜伽、武术（如气功和太极）、东方医学和阿育吠陀实践。本文还包括一些较新的定性运动形式，如费登奎斯方法、普拉提、拉班运动分析、婵柔和意动法，以及一些舞蹈和体育形式，它们需要更高水平的身体意识和控制。我选择了用瑜伽、普拉提和费登奎斯方法来强调本章中的正念、意识和运动质量的重要性。

瑜伽

瑜伽被视为阿育吠陀在生活中的实际应用，有益于心理和身体健康。"瑜伽"一词意为联合或联结为一体——包含身体、心灵和精神。将呼吸的应用与运动和正念的实践分开是对瑜伽这一古老艺术极大的不尊重。

瑜伽是当今许多运动形式（包括武术、普拉提、婵柔和各种形式的舞蹈）的基础。它因对呼吸、收束、姿势和自如活动的有益应用而受到更多关注。哈他瑜伽是受欢迎的瑜伽形式，因为它既与动作相关，又与身体、心灵和精神的意识密不可分。哈他瑜伽最初关注的重点是久坐姿势和体式，特别是长时间保持坐姿的能力，后来扩展到包括站立、仰卧和俯卧的姿势，以及所有姿势间的平滑过渡。

练习瑜伽的一个关键是呼吸。呼吸是生活中最基本的需求之一，这点毋庸置疑。在瑜伽练习中看到的呼吸练习（也称为调息法）远不止吸气和呼气。呼吸的方向和时机，包括呼吸暂停（apnea），对身体组织和心灵控制具有非常重要的意义。在瑜伽中，呼吸被称为生命之气（Prana）或生命的能量。我认为，呼吸的各种应用应该成为所有运动教育方法的基础。我们专门设立了一个章节来讲解呼吸如何促进动作，以及动作如何促进呼吸。

在瑜伽实践中，其他的运动原理包括排列、活动性、控制、负荷和协调。在给组织加载负荷之前，注意姿势的排列，从而使神经肌肉系统自发地组织起来。西蒙·博格-奥利维尔对收束的定义是理解收缩组织（肌筋膜）如何在关节复合体周围产生协同收缩的完美方式。通过过去的经验，我们会对运动任务产生预期负荷，而这种预期会产生一个协同收缩，提供关节复合体周围的刚度。这种潜意识的刚度有助于保持关节的一致性和负荷在弹性组织上加载的效率。

最后，我想讨论瑜伽和其他冥想练习中的正念。瑜伽中的冥想练习被称为王瑜伽或通过心智掌控获得身体与精神的统一。正念，在意识的语境中使用，是教授新颖或纠正性动作的强大工具。根据4个阶段的能力，阶段性地进行有意识学习可以导致无意识的自发表现。通过任何运动或艺术形式的动作练习，可越来越有效地掌握所获得的技能。然后从无意识无能力的状态发展到最高水平的无意识有能力状态，在这种状态下，身体和心灵高效合一，并能够专注于任务的外部反馈。第七章将更深入地解释这一运动学习模型。

普拉提

约瑟夫·普拉提生于19世纪末的德国，是控制学（如今称为普拉提）的创始人（图 2-1）。今天，大多数普拉提教师专注于普拉提方法的练习，但约瑟夫·普拉提的理念远不止练习。他接触了几种运动形式，包括瑜伽、健美操和拳击。在约瑟夫·普拉提有限的著作中，他确实强调了 3 个需要正念的运动指导原则。

第一个指导原则是整体健康。他解释说，这指的是身体、心灵和精神的全面协调发展。他写道，通过锻炼、适当的饮食、良好的卫生习惯和睡眠习惯、充足的阳光和新鲜空气，以及工作、娱乐和放松的平衡，可以实现整体健康。随着不断教授客户如何通过运动重塑健康体魄或修复损伤，我越来越意识到整体健康的重要性。运动不能仅限于锻炼，特别是不应仅限于可量化的运动因素，如重复次数、运动范围和负荷量。约瑟夫·普拉提进一步指出："身体健康是幸福的首要条件。我们对身体健康的理解是，拥有均衡强壮的身体和健康的心灵，能够自然、轻松、令人满意地完成多种日常任务，并伴以自发的热情和愉悦。"这在进行运动指导或运动相关病症的康复时是一个强有力的支持。我对他关于"自然、轻松、令人满意地完成多种日常任务"的表述印象深刻。我们在康复和健身方案中被核心肌肉训练所淹没，我认为这常常阻碍了运动过程。作为病理运动学家和运动表现学家，如果做得正确，我们就是在促进客户向无意识地高效完成多种日常任务和提高自发适应能力的方向发展。

全身心投入是约瑟夫·普拉提强调的第二个指导原则，定义如下。

"为了在我们的能力范围内的所有生活领域取得最高成就，我们必须不断努力使身体强健并将我们的心灵发展到极限。全身心投入是一种精神和身体的自律，是一种对自己的工作态度和生活方式的承诺，这对实现整体健康是必要的。"

无论我们认为对客户来说的正确选择是什么，如果他们不学会承担责任并自律，他们就无法实现生活中的更高目标，包括幸福。根据世界卫生组织发布的《国际功能、残疾和健康分类》，显

图 2-1　约瑟夫·普拉提

而易见，影响健康的关键因素之一是患者的"参与"。这指的是患者选择参与什么或认为他们能够参与什么。在当前的医疗系统中，维护健康的很大一部分责任在于个人。约瑟夫·普拉提的全身心投入原则深深打动了我，作为一名物理治疗师，我意识到我的工作是教育患者，使他们能够对自己的健康负责，并希望他们控制保持身心健康的花费，而不是付出昂贵的三级疾病管理费用。

呼吸是约瑟夫·普拉提强调的第三个指导原则。呼吸是整体身体功能的一个组成部分，管理组织氧合、废物去除，甚至 pH 平衡。完全并持续的吸气和呼气有助于循环系统用富氧血液滋养所有组织，同时带走杂质和代谢废物。约瑟夫·普拉提在他的著作中写道，"不适当的呼吸习惯和不完全的呼吸是我们人类寿命缩短的主要原因。"正如前文所讨论的，我认为呼吸是所有运动原理的基础，我将其作为恢复和促进运动的基础。约瑟夫·普拉提将这种清洁机制称为"内沐浴"，它能让人身心振奋，重新焕发活力。这些教义深深根植于他所接受的哈他瑜伽训练，这是普拉提每项练习的重要组成部分。他对呼吸有一些独特的看法。他认为，充分、完全地呼气能够清除致病菌，并使空气流动，防止病菌在患者身上滞留。他的大部分著作都是在微生物和抗生素知识普及之前完成的。目前的研究表明，呼吸练习作为呼吸系统疾病或手术后康复的一部分非常重要。他优先考虑的是学会正确呼吸。但在他的原著中，很少有关于呼吸的具体指导。不同的是，瑜伽和气功都对呼吸有详尽的解释。

约瑟夫·普拉提设计了一套有别于其他运动方法的系统。普拉提训练系统由各种设备组成，可在仰卧、侧卧、坐姿、站姿等各种姿态下提供全方位的负荷和辅助。普拉提的这一多功能特性很少被讨论，但却是其与众不同之处。带有弹簧和杠杆的普拉提器械的独特设计，使练习者能够根据需求精确匹配负荷，并使负荷不断增加，从而成功获得自然和自发的运动。一个经常被忽视的方面是，约瑟夫·普拉提希望人们获得参与高级人体运动任务（如蹲、跳、爬、攀登、摔跤、摇摆、拉、推）的能力。许多运动教师认为普拉提只是在垫子和器械上进行练习，但他的工作远不止于此，从他进行户外课程的影片中就可以看出。他还坚信健康和幸福的基本要素包括运动、营养、睡眠、卫生、新鲜空气、阳光，以及生活压力（即工作、娱乐和休息）的平衡。约瑟夫·普拉提创立的策略和理念在本书中得到了运用，它们可以帮助运动练习者以不同的视角看待运动。

20 世纪初，定性运动领域有许多伟大的先驱，其中包括梅布尔·埃尔斯沃思·托德、安德烈·贝尔纳、鲁道夫·冯·拉班、伊尔姆加德·阿尔滕涅夫、弗雷德里克·马蒂亚斯·亚历山大、玛莎·格雷厄姆、维恩·英曼等。这些先驱们主要致力于了解动作习得、姿势质量、动作，以及身体与心灵之间的关系。我最喜欢的20世纪先驱之一是摩西·费登奎斯。他专注于让个人进行动作探索和发现的模式深深地影响了我的教学。

费登奎斯方法

摩西·费登奎斯（1904—1984年）（图2-2）是费登奎斯方法的创始人，一位物理学家和柔道大师。他运用科学思维来治疗自己膝关节的损伤，并帮助人们充分发挥他们的潜力。虽然很难像普拉提那样确定具体的指导原则，但一些基本理念是费登奎斯方法发展的关键。

费登奎斯方法是一种教育体系，以身体为主要的学习载体。摩西·费登奎斯的一句名言是："我追求的不是灵活的身体，而是灵活的大脑。"由于无法直接接触人的大脑，摩西·费登奎斯通过差异化的、非习惯性的身体运动来培养这种"脑灵活性"。他开发了超过800节课程，旨在建立一个学习环境，使人们能够学习新的非习惯性运动模式。这些学习环境的设计可促进自我发现和探索，从而提高人们在环境中行动的效率和准确度。虽然摩西·费登奎

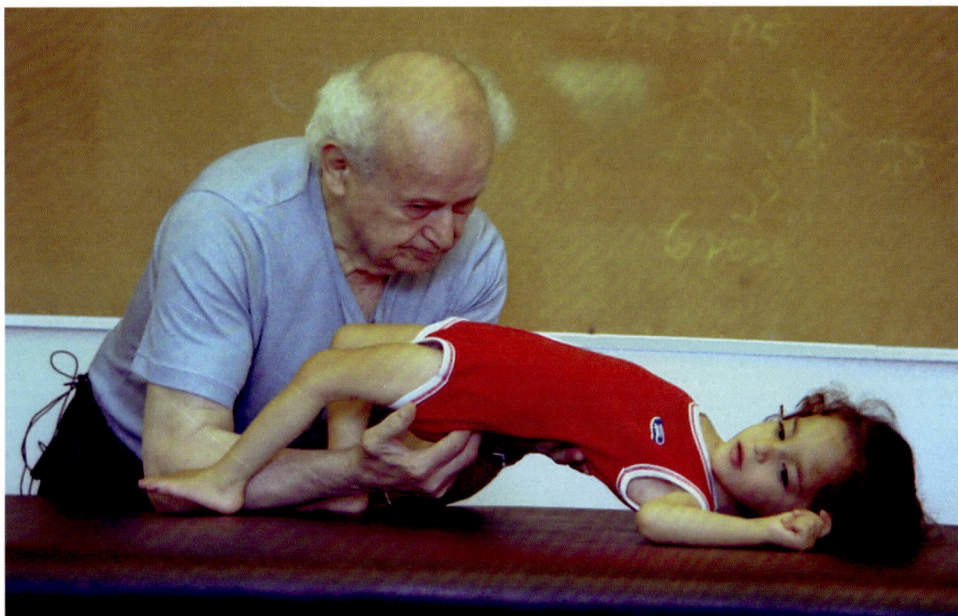

图2-2　摩西·费登奎斯和患儿

斯可能没有使用"神经可塑性"这个术语，但他是利用运动来影响神经系统变化的先驱之一。费登奎斯方法并不是要消除客户的运动模式，而是提供给人们更多的运动选择，从而扩展他们的运动范围，使他们能够在更广泛的环境中更充分地表达自己。

费登奎斯方法是以课程的形式帮助客户，而不是治疗或训练。课程分为以下两种形式。

（1）动中觉察：这是通过言语指导的运动课程，探索潜在动作模式的细微差别，以在整体运动效率上产生深远的变化。通常在团体环境中教授这些课程，以带给人们更多的舒适度、轻松感、表现力和幸福感。

（2）功能整合：这是一种一对一的徒手手法，实践者用手向学生提供反馈，并引导学生探索有效的动作路径。与按摩不同，学生在课程中是穿着衣服的，实践者专注于整个身体的动作模式。

费登奎斯方法的基本理念之一是动作应缓慢进行并尽量减少用力。作为一名科学家，摩西·费登奎斯了解韦伯·费希纳定律，并将其应用于人体运动。该定律指出：刺激越强，我们对细微差别的敏感度就越低；刺激越弱，我们对细微差别的敏感度就越高。如果我们提的重物是 2 千克，我们很容易感受到增加 1 千克的差异，但如果我们提的

重物是 100 千克，那么增加 1 千克，我们就很难感受到差异。我们在运动中使用的力量越大，就越难察觉到细微的差别。进一步说，使用的力量越大，我们越有可能使用习惯性的动作模式，因此不会学到新的动作模式。当需要更多力量时，我们会回到默认的动作模式。为了让神经系统学习新事物，最初的动作应该缓慢进行并尽量减少用力。

要改变我们已经习惯的动作、思维和呼吸模式，首先必须能够识别习惯性的模式。摩西·费登奎斯的一句名言是："如果你不知道自己在做什么，你就不能做你想做的事。"如果我们不了解自己的习惯性动作模式，如何改变它呢？费登奎斯方法课程会首先让学生识别和了解他们的习惯性模式。然后，学生会被引导通过替代的方式进行运动。他们学会注意到在进行某个动作（如坐、爬、走或伸手）时，习惯性动作模式与替代模式之间的差异。这很重要，因为他们需要根据所处的环境，以多种方式完成特定动作。摩西·费登奎斯认识到我们的习惯模式如何影响我们的情绪状态，并且每种情绪状态都有特定的肌肉收缩模式。通过发展不同的运动模式，我们可以形成不同的肌肉收缩模式，从而允许我们发展和体验更多的情绪状态。运动、感知、思考和感觉在现实中是不可分割的，因此经常有学习费登奎斯方法的学生和客户反馈说，习

惯、运动和感知的改善使他们在思维和情感生活中感到更加灵活、反应更迅速、表达更丰富。费登奎斯方法将人看作一个统一体，不将人分为身体、情感和精神方面。

在本章前面，我引用了摩西·费登奎斯的一句话，他说他追求的不是灵活的身体，而是灵活的大脑。然而，我们不能忘记这句话的最后一部分："我追求的是恢复每个人的尊严。"这是他真正追求的目标，我认为这与约瑟夫·普拉提的"能够自然、轻松、令人满意地完成多种日常任务"的观点相似。如果我们能够自然且轻松地完成多种日常任务，我们就能够有尊严。

开放式问题

1 区分定性运动和定量运动。

2 如何衡量定量运动？

3 从生理学角度解释收束（bandha）的效果。

4 对新动作或纠正性动作的正念关注如何促进更自然的运动模式？

5 约瑟夫·普拉提的控制学专注于让人们能够自然且轻松地执行众多不同的日常任务。你如何将这一理念应用到你的生活、运动和康复中？如何将其应用于工作中？

6 约瑟夫·普拉提的设备和方法中有哪些独特的设计可以促进人们早期有意识地学习运动，特别是对新手或病后恢复运动的人群来说？你会如何向朋友或同事解释这一点？

7 解释费登奎斯方法"动中觉察"与更传统的运动训练和康复技术有何不同。

8 用你自己的话描述你作为一名病理运动学家或表现运动学家如何将感觉、觉察和内部反馈融入你的实践中。

参考文献

1. Hewitt J. *The Complete Yoga Book: Yoga of Breathing, Yoga of Posture, and Yoga of Meditation*. Schocken Books; 1978.
2. Borg-Olivier S. *Applied Anatomy & Physiology of Yoga*. Warisanoffset.com; 2006.
3. Feuerstein G. *The Philosophy of Classical Yoga*. Inner Traditions International; 1996.
4. Feuerstein G. *The Shambhala Guide to Yoga*. 1st ed. Shambhala; 1996.
5. Yogananda. *Autobiography of a Yogi*. Crystal Clarity Publishers; 1946.
6. Flower J. In the mush. *Physician Exec*. 1999;25(1):64-66.
7. Pilates JH, Miller WJ, Robbins J, Van Heuit-Robbins L. *Pilates Evolution: The 21st Century*. Presentation Dynamics; 2012.
8. Lederman E. The fall of the postural-structural-biomechanical model in manual and physical therapies: exemplified by lower back pain. *J Bodyw Mov Ther*. 2011;15(2):131-138.
9. Pilates JH. *Return to Life Through Contrology*. J. J. Augustin Publisher; 1945.
10. Heinemann AW, Magasi S, Bode RK, et al. Measuring enfranchisement: importance of and control over participation by people with disabilities. *Arch Phys Med Rehabil*. 2013;94(11):2157-2165.
11. Reese M. *Moshe Feldenkrais: A Life in Movement*. ReeseKress Somatics Press; 2015.
12. AmericaFeldenkrais Guild of North America. Standard of practice. 2022. Accessed April 18, 2022. https://cdn.ymaws.com/feldenkrais.site-ym.com/ resource/resmgr/pdf/02-28-22-standards-of-practi. pdf
13. Feldendrais MB. *Embodied Wisdom: The Collected Papers of Moshe Feldenkrais*. North Atlantic Books; 2010.
14. Smyth C. Practical maturity. In: Elgelid S, Kresge C, eds. *The Feldenkrais Method: Learning Through Movement*. Handspring Press; 2021.

呼吸

呼吸促进动作，动作促进呼吸。

本章目标

1 认识呼吸在评估和促进动作中的有效性。

2 描述呼吸可以促进的三维胸腔运动。

3 评估客户的呼吸偏差，以及该偏差对客户运动的影响。

4 在肺部和胸腔的 3 个维度上促进呼吸。

5 展示呼吸如何促进动作，以及动作如何促进呼吸。

6 解释神经肌肉骨骼系统对呼吸的影响，以及呼吸如何直接影响神经肌肉骨骼系统。

7 解释与气体交换相关的呼吸生理学。

关键词			
• 辅助呼吸	• 膈肌	• 腹内压	• 肋骨法则
• 腱膜	• 呼气	• 胸膜	• 胸腔
• 轴向延伸	• 肋骨外翻	• 生命之息	• 潮气量
• 二氧化碳	• 液压放大器	（Prana）	
• 肋椎关节	• 过度换气	• 调息法	
• 膈脚	• 吸气	• 呼吸	

呼吸是促进动作的最重要方式之一，它是生命及其能量的本质。在许多古代和现代的运动和治疗形式中，呼吸都被广泛应用。通过深入了解呼吸以及胸部的解剖学、生理学和生物力学，我们可以发现，对呼吸的简单理解能使呼吸成为促进运动的强大工具。

呼吸促进动作和动作促进呼吸

呼吸，这个古老的原则存在于每一种运动方法中，被视为运动的重要促进因素。在科学上，我们称其为呼吸作用。在生命哲学相关著作中，呼吸常与生命联系在一起，例如"生命之息""上帝赋予人类生命"。

萨利因严重车祸患上了名为复杂区域疼痛综合征（CRPS）的自主神经综合征。这种综合征导致她的右手极度疼痛和过敏。因此，她停止使用右臂和肩膀，并在潜意识中改变了呼吸模式，采用了可能具有保护性的呼吸模式。她开始利用颈前肌来"提升"肋骨帮助呼吸，而非让下肋骨扩张，这使她的症状更加复杂。这种辅助呼吸模式效率非常低，易导致疲劳、愈合缓慢和情绪挫败感。使用这些辅助肌肉呼吸还会对臂丛神经和血管结构产生压力。

多种干预措施失败后，我接手治疗，虽然发现传统的治疗 CRPS 的方法对她无效，但我相信还有解决办法。通过聆听她的经历，我发现了影响她功能障碍的其他社会心理因素。CRPS 可以定义为交感神经系统的错误循环或连接。交感神经系统常与战斗、惊吓和逃跑行为相关。上网或阅读关于 CRPS 的书可能会增加围绕这一诊断的恐惧并加剧症状。她的伴侣不理解她的障碍性质，因为肉眼无法看见，所以否定了她的症状，认为是心理问题。她屡次治疗失败增加了她的恐惧和沮丧。

我坚信萨利真正需要的是一次成功的运动体验。然而，根据萨利的说法，所有的运动都会引起疼痛，因此，她感到很害怕。我得出结论，第一步应该是引导她进行一次成功的呼吸体验，然后以此为基础继续前进。我使用了多年前学到的放松技巧，将她的注意力从受影响的肢体转移到呼吸时肋骨的轻柔动作上。经过五六次治疗后，她注意到疼痛逐渐减轻，而我在她处于放松状态时注意到她的胸廓出现了新的活动度。我开始将放松技巧与定向呼吸相结合，并注意到她的呼吸正在改变她的全身。吸气促进了胸椎的伸展和肋骨的向上旋转，从而导致了下背部的轻度伸展、骨盆的前倾和股骨的内旋。呼气促进了脊柱和骨盆的相反运动，使它们屈曲。单肺呼吸促进了脊柱的侧弯，而对萨利来说，右肺呼吸是有益的，因为在无痛或不增加疼痛感的情况下让交感神经节周围产生活动是一个重要步骤。虽然最初并没有打算让萨利使用普拉提设备，但我现在发现了一个机会。如果我能利用普拉提设备促进相同模式的运动，则可能为她创造一个不增加疼痛且能改善策略的环境。接下来的 3 个月里，萨利逐渐自信地完成更多日常活动，并开始相信并非所有运动都会引发疼痛。当出现疼痛时，她采用新策略，通过放松、呼吸和轻柔的身体运动来控制它。治疗重点逐渐转向排列、动作效率及自我意识方面。

多年后，我在迈阿密大学担任解剖学教授，并参与了一项实验，在该实验中，我们对胸腔进行了解剖。当我们切开胸腔，经过心脏、肺部和循环系统，我们发现交感神经节（图 3-1）位于肋椎关节上方，这些关节形成了 12 个肋椎连接。这让我突然想起了萨利。那是一个令人恍然大悟的时刻，我拍打着自己的额头说："原来如此！"虽然我永远无法得知，萨利是在机动车事故导致 CRPS 的脊柱损伤前就已经存在姿势功能障碍或呼吸模式障碍，但我确信，专注于呼吸、姿势和轻柔的有效运动对解决萨利的功能障碍至关重要。自那以后，我的临床经验中出现了许多类似情况，在康复方面呼吸促进扮演着至关重要的角色，尤其是对已放弃希望的康复期患者而言。

呼吸促进脊柱的稳定和灵活。普拉提、瑜伽、婵柔和气功动作创造了一个利用呼吸增加呼吸容量、提高气体交换效率并促进胸椎姿势改变的环境。我们

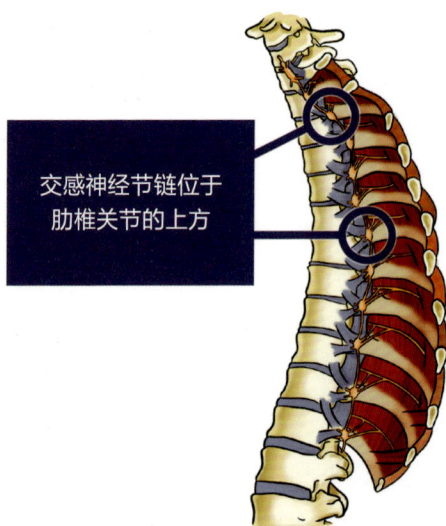

交感神经节链位于肋椎关节的上方

图 3-1　交感神经节

发现许多遭受常见脊柱损伤的客户，其胸椎和肋骨的活动性减弱。在临床上，呼吸功能障碍已经与常见的疼痛和运动功能障碍相关联。尽管呼吸的方法因流派而异，但它们有一个共同点——呼吸是运动不可分割的一部分。呼吸促进动作，动作促进呼吸。

呼吸只能通过两种方式发生：膈肌的运动或肋骨的运动。我们不会通过皮肤、眼睛或身体的其他部位呼吸。只有肋骨和膈肌的位移才能产生呼吸。有趣的是，在世界各地的许多文化和运动形式中，呼吸除了能够交换气体外，还有许多其他功能。

在调息法（Pranayama，又称呼吸控制法）中，呼吸被用来改变能量水平，改善消化，促进运动，并与大脑建立精神连接。据西蒙·博格 - 奥利维尔所述，瑜伽是学习如何调节呼吸并舒适地呼吸的艺术。深呼吸的目的不是吸入更多的空气，而是给肺部那些在日常呼吸中无法充分通气的部分通气。呼吸是学习如何最有效地利用我们吸入的空气和吸收的生命气息的艺术。我喜欢这种对呼吸的解释，因为呼吸有多种用途，可以被视为一种工具而非规则。

布兰丁·卡莱·热尔曼在她 2006 年出版的书《呼吸解剖学》中指出，呼吸的作用远不止交换气体，还与发声、能量转换、愉悦的产生、疼痛管理、运动促进、控制肋骨活动以及加重或缓和

脊柱的弯曲等有关。她进一步指出，复杂的运动需要自发的呼吸。

在1945年出版的书《通过控制论回归生活》中，约瑟夫·普拉提说："……你的血液将因为你忠实地进行控制练习而重新充满活力。这些练习促使心脏强劲而稳定地泵血。因此，血流将从你的身体中带走并排出更多由疲劳产生的累积废物。"

约瑟夫·普拉提深知呼吸运动和循环系统的刺激对健康至关重要。显然，呼吸在生理、机械、能量和精神方面的应用是并且应当是我们运动原理的中心。基于这些理由，呼吸在运动指导原则中占据首位。

重要的科学

呼吸的功能解剖学

我们通过观察解剖结构开始探索呼吸的复杂性和美感。首先从与呼吸相关的骨骼结构开始，胸廓（也称为肋骨笼）可能是最重要的。通常当我想到笼子时，我会想象动物园中有一只800磅（约362.8千克）重的大猩猩在笼子里（图3-2）。我不希望那个笼子或围栏的栏杆能移动或有弹性。然而，当我们谈论肋骨笼时，我们可以想象一个装有弹簧的结构，有12个活动的椎骨在所有平面上移动，每侧附有12根柔韧的肋

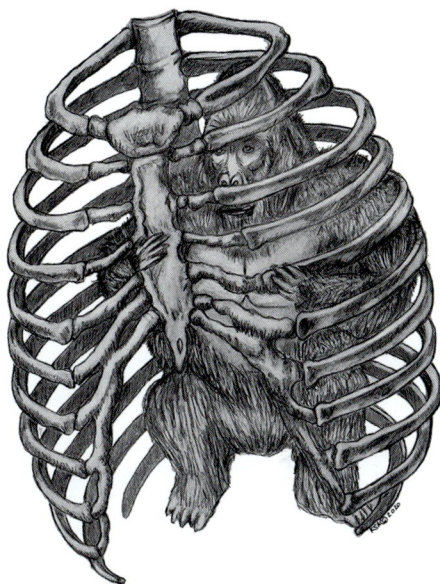

图3-2 一只大猩猩在胸腔里
（凯利·安德森绘）

骨。肋骨含有最高比例的弹性蛋白，是人体内最灵活的骨头。肋骨通过橡胶样的软骨与一根名为胸骨的浮动骨相连。肋骨笼保护胸部的重要器官，包括心脏、肺和肝，并且是一个稳定的结构，完美地平衡了刚性和灵活性（图3-3A和3-3B）。

当胸廓具有活动性时，它可以成为一个高效的协同系统，将力量分配到周围组织。如果胸椎和肋骨笼没有发生运动，那么动作必须在其他地方发生，通常是肩膀、颈部或腰椎（这些结构没有胸廓协同是不能移动的）。在不同运动平面上的呼吸能力受限往往会增加病变或疾病发生的风险。

接下来的重要结构是膈肌。膈肌

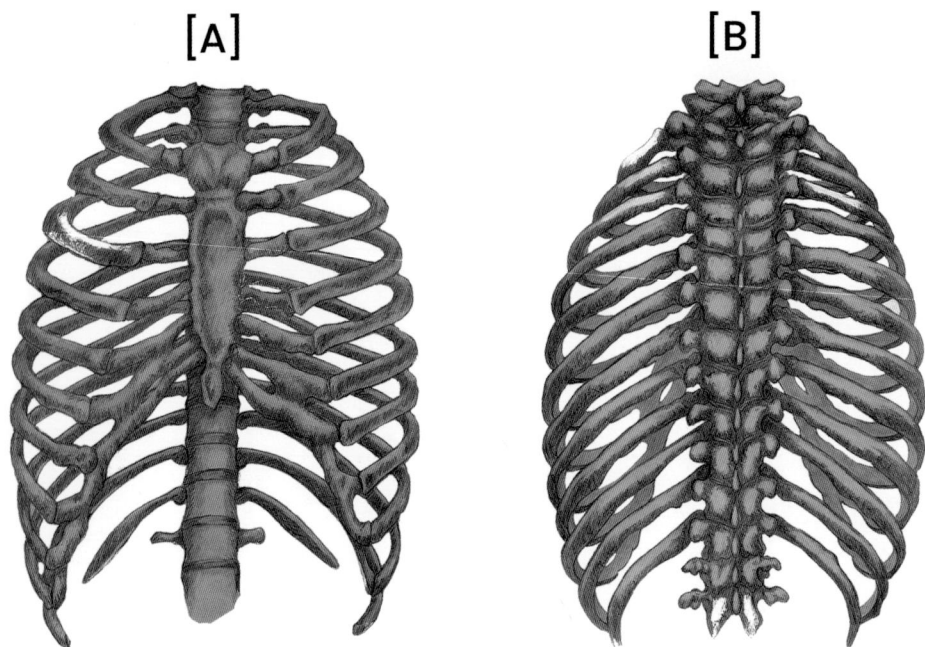

图 3-3 前胸腔（A）和后胸廓（B）
（凯利·安德森绘）

增大胸腔的体积，迫使肺部扩张（图 3-4A 和 3-4B）。从前方观察，膈肌连接在胸骨后方的肋骨笼下缘，位于第 7 肋骨水平，并且连接到最低的肋骨，一直延伸到第 12 胸椎水平。膈肌的穹顶大约位于第 4 胸椎，收缩时可以下降大约 7 cm。膈肌的连接覆盖层称为腱膜，它与围绕肺部的胸膜连接。当膈肌收缩时，它会下降并拉动胸膜，改变肺的形状，降低肺内部的压力，并促进吸气。一个常见的误解是，当我们吸气时，膈肌被我们吸入肺部的空气向下推。实际上，膈肌的收缩才是引起空气进入肺部的运动的起始。

在向心性收缩期间，膈肌向下和向前移动。位于膈肌正下方的器官在每次膈肌收缩和呼吸时都会移位。膈肌和下方的内脏之间没有空隙。因此，当膈肌收缩吸气时，我们可以看到腹壁向外移动。当膈肌放松时，它重新回归类似穹顶的形状，增加肺部的压力并促进呼气。膈肌的工作是自动和无意识的。静息呼吸，也称为潮气量，是在静息无意识呼吸期间（例如，在我们睡觉或阅读这本书时）交换的空气量。

注意图 3-4C 中的膈脚。这些被称为弓形韧带的肌腱束，形成了开口或孔径。这些孔径允许大血管（包括下腔静脉、降主动脉和食管）从上胸腔通过到腹腔的开口。

[A]

[B]

[C]

中心腱

下腔静脉

食管

降主动脉

髂腰肌

腰方肌

膈脚

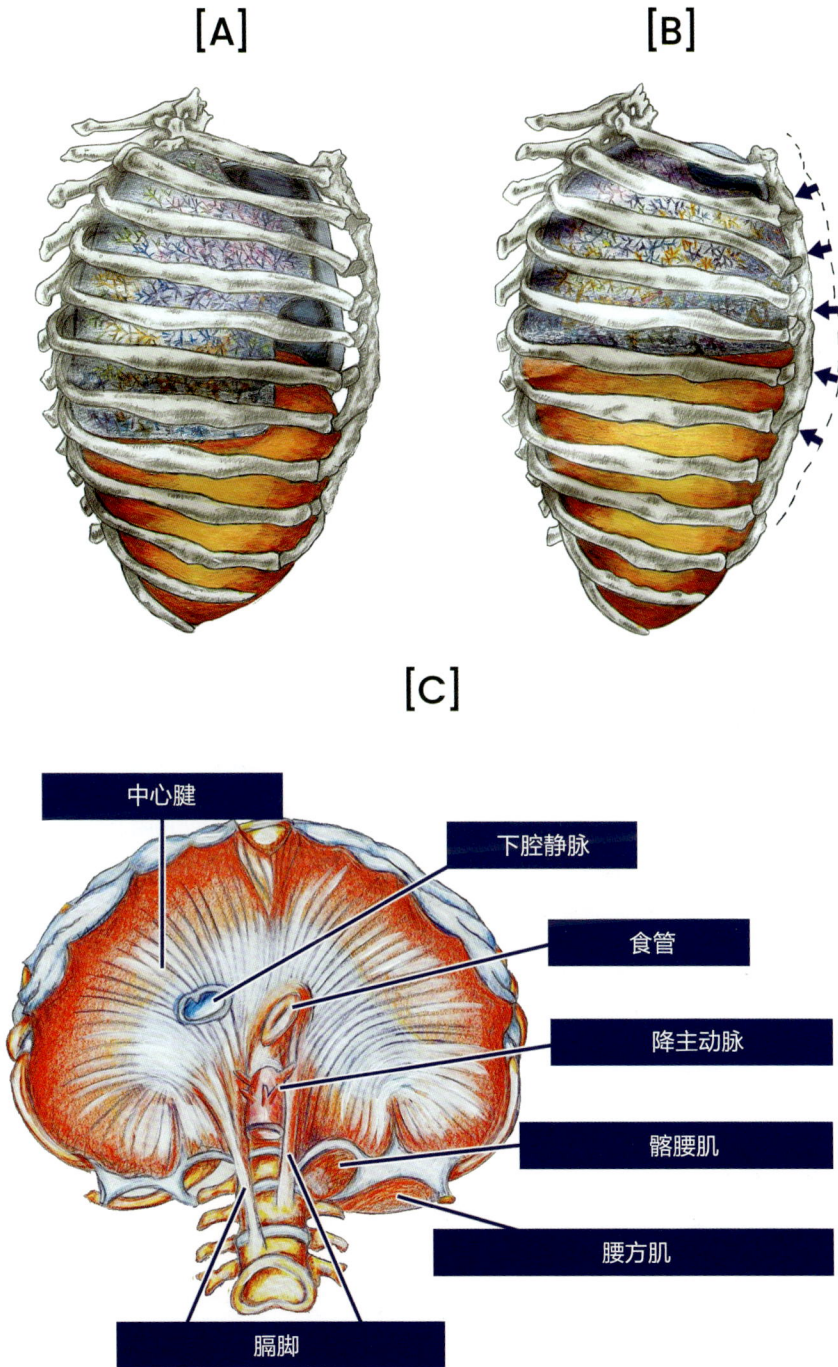

图 3-4　A. 膈肌向下收缩，增加肺部的吸气能力；B. 膈肌向上放松，导致被动呼气；C. 膈肌

在第 4 到第 5 腰椎水平，每个膈脚都与腰椎和前纵韧带相连。这是理解呼吸和膈肌在躯干稳定性和控制中作用的一个非常重要的因素。腰部前凸曲线的顶点在第 3 腰椎附近。膈脚连接到腰椎前部，位于顶点下方。对这种解剖结构的理解有助于理解膈肌的收缩如何与腹壁的潜意识收缩相结合，特别是腹横肌，促进脊柱的轴向长度，并有助于减少腰部前凸。如果膈肌单独工作，没有腹横肌、腰多裂肌和骨盆底在垂直负荷姿态中的力量配对，实际上可能导致腰部前凸过度或胸廓前移。在伸展达到极限时，腰部前凸的增加可能导致前剪切力。当椎体水平滑动时，可能出现前剪切力，导致椎间孔受损。神经根通过这些椎间孔，它们包含往返于下肢的感觉和运动通路（在该情况下为 L3~4，L4~5 和 L5~S1 水平）。

这就是为什么良好的躯干和膈肌组织对于脊柱的健康排列如此关键。腰大肌和腰方肌也从膈肌后方的韧带开口穿过，并与椎骨横突和 T12 椎骨上方的前肋椎关节（图 3-4C）连接。髋屈肌最内侧纤维、腰方肌、膈肌和骨盆底之间存在关系，这些关系动态地为躯干提供刚性，特别是骨盆和胸椎之间的连接。耻骨尾骨肌的后纤维插入前纵韧带，而膈脚也恰好在相同的筋膜层与前纵韧带相连。从三维角度来看，膈肌、髋屈肌、多裂肌、骨盆底和腹部前壁（包括腹斜肌和腹横肌）形成了一个液压放大器模型。这种液压放大器模型也称为腹内压（IAP）模型（图 3-5），用于连接胸腔和骨盆，并通过维持所需的刚性和 IAP 来保护腰椎，以应对预期的运动任务或活动。重要的是要理解，液压放大器模型的肌肉在应对预期负荷

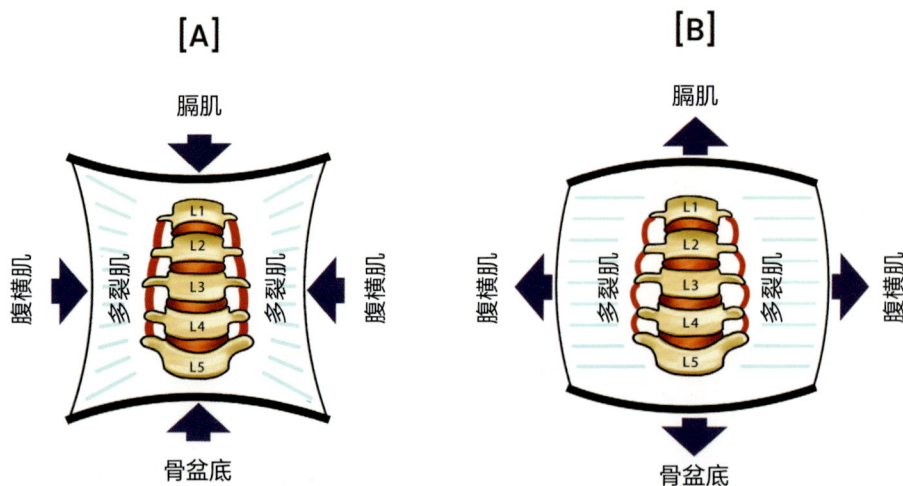

图 3-5　液压放大器模型

的任务或活动时，在潜意识下以次最大收缩的方式工作。这意味着其参与程度会根据我们正在做的事情而变化，并会自动改变。多么神奇的系统！

关于核心控制练习，有一个常见的误解是，我们需要一直收紧腹部肌肉（即越紧张越好），感受那种燃烧感。然而，这种持续的腹壁紧张会干扰有效的运动，并损害消化、呼吸和骨盆底功能。所有肌肉（包括腹壁）都需要收缩和放松才能保持健康。在西方许多练习中，主要强调主动收缩，我们常听到"收紧你的腹部"。但在研究太极、气功和瑜伽等运动形式时，我们了解到这些练习强调在深呼吸时允许腹壁扩张。这一点在许多冥想形式中也有所体现。在普拉提中，"动力中心"的概念常被误解为总是要收缩前腹壁并使肋骨收紧。这些动作过度使用了腹斜肌，

尤其是腹内斜肌。我曾见过一些客户长期采用这种策略，导致前腹壁挛缩，无法放松腹肌进行深呼吸。2015 年，我们收集了女性普拉提教练主动收缩骨盆底肌肉（尤其是耻骨尾骨肌）的能力数据。历史上，许多运动从业者、治疗师、护士和医生通过指导练习者主动收缩或提升骨盆底肌肉（凯格尔运动）来教授骨盆底练习。我们的研究想探究普拉提教练是否能准确激活骨盆底肌肉。理论上，如果有一群人知道如何激活骨盆底肌肉，那就是普拉提教练。我们招募了 45 位经验丰富的女性普拉提教练，要求她们主动提起她们的骨盆底肌肉。通过超声波观察，我们发现其中 21 位（几乎一半）要么将骨盆底向下推，要么根本没有收缩（图 3-6A 和 3-6B）。有趣的是，当她们被提示做一次完整的吸气和呼气时，95% 的女性普拉提教

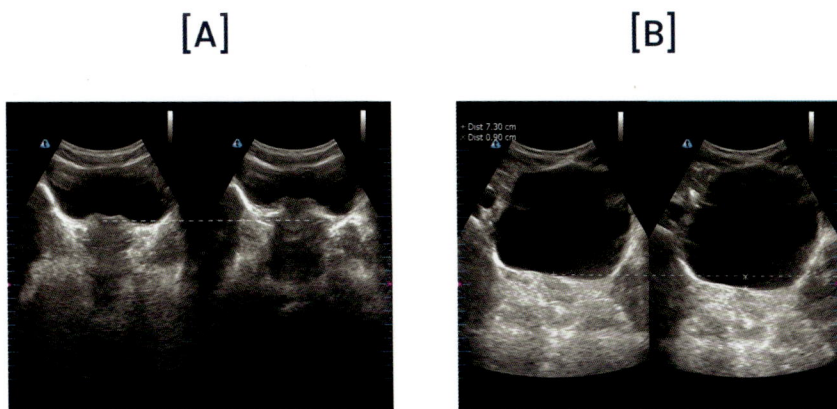

[A]

[B]

图 3-6　A. 盆底超声显示正常提升盆底伴盆底肌收缩；B. 盆底超声显示，当参与者认为她们在提升盆底时，盆底下降

练的盆底肌反应正确：吸气时，盆底肌下降；呼气时，盆底肌上升。基于这些结果，我认为刻意指导盆底肌的收缩通常无法达到自发和正确激活盆底肌的期望结果。想想有多少女性在做抱孩子等动作时发生尿失禁。如果她们在这些动作中仅仅提高呼吸意识，结果会有所不同吗？膈肌的运动可以影响盆底肌的运动，它们协同工作以调节腹内压。研究表明，姿势肌肉的主动收缩可能会干扰胸腔和骨盆肌肉的自然和自发的神经肌肉组织。我们无意中的提示是否让客户的运动效率降低了呢？

当我们观察在呼吸过程中负责移动肋骨笼的肌肉（图 3-7A~D）（包括肋间肌、腹肌、上后锯肌、下后锯肌、肋提肌，以及辅助呼吸肌，如斜角肌和胸锁乳突肌）时，会发现这些肌肉协同工作，以移动肋骨笼。

吸气

膈肌和肋间外肌是吸气肌，当它们收缩时，会导致胸廓扩张。肋间外肌帮助肋骨向上提升和向外扩张，而膈肌则向下移动。上后锯肌和下后锯肌在吸气和呼气过程中帮助形成力偶。如前所述，这些肌肉的收缩会产生压力变化，从而将空气带入肺部。

另一组吸气肌是辅助呼吸肌（图 3-7D），包括胸锁乳突肌、斜角肌和颈部其他前侧肌肉。虽然这些肌肉通常不被认为是主要的呼吸肌，但它们可以改变上部肋骨笼的形状，并产生足够的压力变化以帮助气体交换。出现辅助呼吸常与呼吸模式障碍相关，尤其是当它成为休息状态下呼吸的主要策略时。我们经常在吸烟者和姿势不佳的个体中观察到这种模式。希望拥有狭窄肋骨笼和纤细腰部的运动爱好者中也常出现辅助呼吸。这种呼吸类型的问题在于它常会导致颈椎的次生问题。辅助呼吸最常见的问题之一是，它在斜角肌之间的臂丛周围神经产生的压迫可能导致手臂放射痛，并最终导致严重的病理变化，例如前文讨论过的 CRPS。人们可能会问，如果辅助呼吸机制如此低效且可能有害，为什么我们会生来就有？答案在于"辅助"这个名称。想象一下，在马拉松的终点，你只需要再多一点氧气（O_2）就能冲过终点线，这时这种呼吸模式可能会派上用场。在 C3 以上的脊髓损伤中，唯一可用的呼吸类型是辅助呼吸，因为其他肌肉已瘫痪。演员克里斯托弗·里夫在一次事故中遭受 C2 骨折，只有辅助呼吸能力。他大部分时间需要使用呼吸机，当呼吸机被移除时，他只能通过辅助呼吸短暂维持气体摄入。患有哮喘和慢性阻塞性肺疾病（COPD）的人在无法通过正常的肋骨和肺部扩张呼吸时，会使用这种呼吸策略。辅助呼吸有其适用场合，但它未

[A]

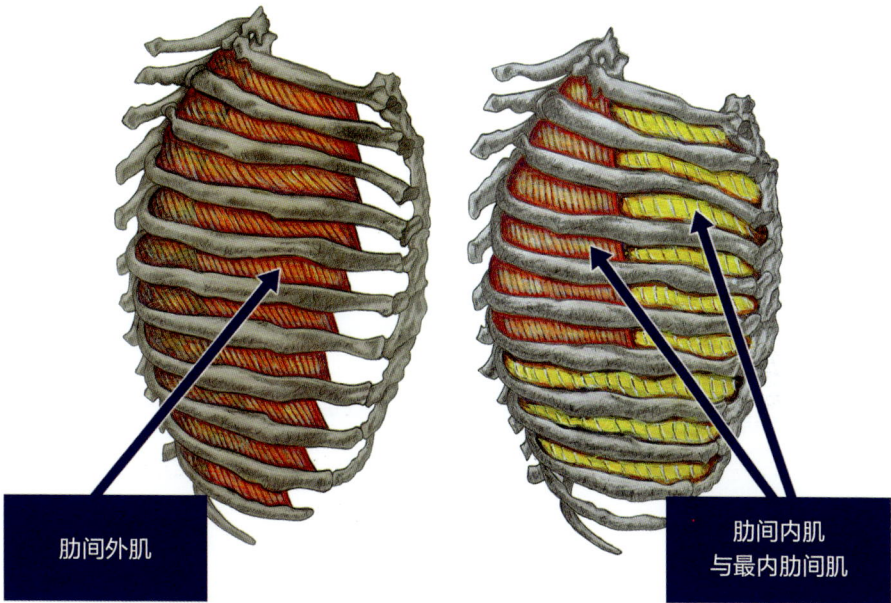

肋间外肌

肋间内肌
与最内肋间肌

[B]

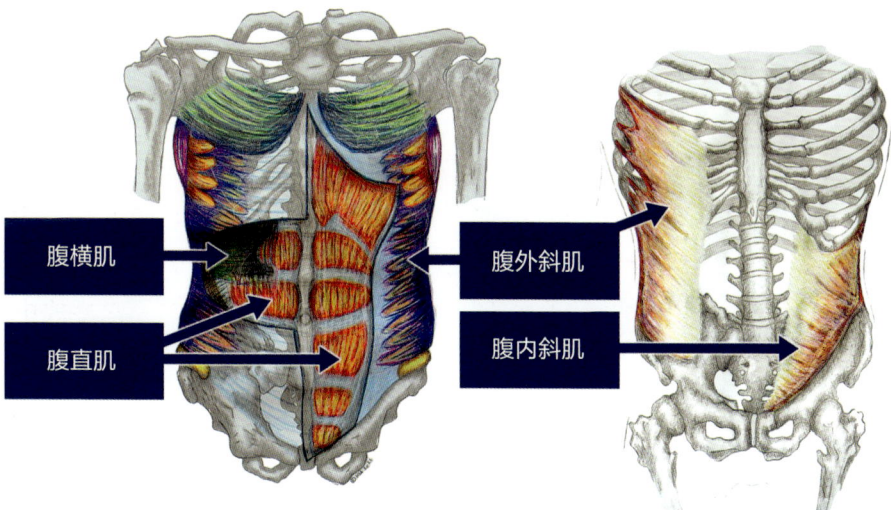

腹横肌

腹直肌

腹外斜肌

腹内斜肌

图 3-7　呼吸肌：肋间肌（A）和腹肌（B）

[C]

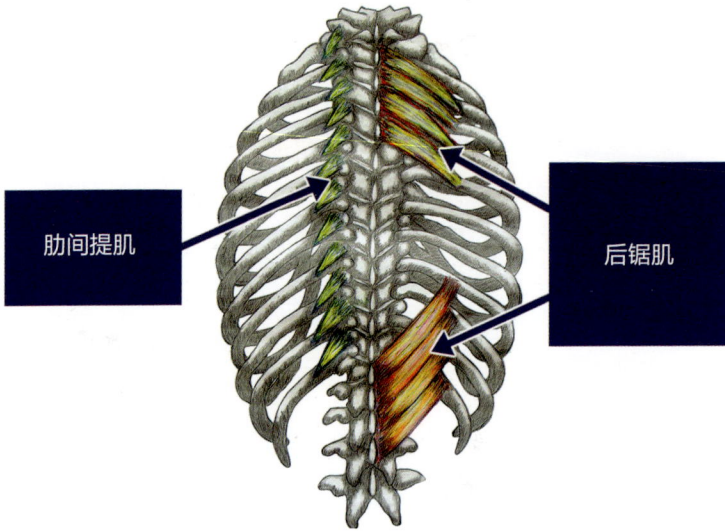

肋间提肌

后锯肌

[D]

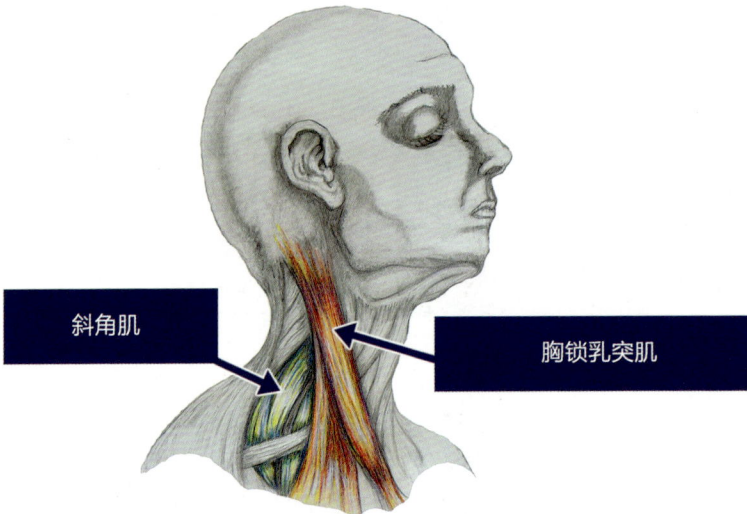

斜角肌

胸锁乳突肌

图 3-7 （续）呼吸肌：后锯肌和肋间提肌（C）和辅助呼吸肌（D）

能达到约瑟夫·普拉提所说的深度呼吸的效果。无法完全呼气并进行良好的气体交换可能会增加呼吸系统感染的发病率，因为病原体和废物的内部清除不足可能会导致病原体和废物被困在肺部循环不良的部分（如在COPD中所发现的），并导致疾病。在医院中，患者最常见的死因之一是由肺炎引起的呼吸衰竭。我认为这是因为我们无法促进完整和彻底的呼吸，约瑟夫·普拉提称之为"内部沐浴"。

呼气

呼气时，主要的呼气肌肉包括腹部肌肉、肋间内肌和后下锯肌——构成了肋骨移动的力偶（图3-7C）。当腹部肌肉收缩时，它们会缩小腹部和肋骨笼的底部。这增加了腹内压，将内脏推向放松的膈肌下方，并增加肺内的压力，从而促进呼气。肋间内肌位于下肋骨，与腹内斜肌在同一平面上。当肋间内肌收缩时，它们会将肋骨向下拉，增加胸腔的狭窄压力并促进呼气。肋间肌只有在上方有相等且相反的力时才能工作，这个力允许下肋向下方的笼子和中心轴线移动。坐姿下的调息练习显示了脊柱长度对优化呼吸的重要性，因为当脊柱轴向延伸时，肌肉和筋膜自然组织起来，允许肋骨笼有效且动态地移动。保持良好的姿势是促进健康和轻松吸气、呼气的最佳方式之一。试着弯腰进行一次完整的呼吸，然后坐直再做一次。良好的垂直姿势在呼吸期间提供了在所有平面上更大的运动能力；膈肌可以下降得更低，肋骨和胸椎可以有更大的位移，从而在吸气和呼气时创造更大的肺部位移。

在胸腔和腹部的两端各有两个膈肌。肺部和胸腔上方是声带（图3-8），腹腔下方是骨盆底（图3-9）。这些区域可以对肺部和腹部施加压力，从而直

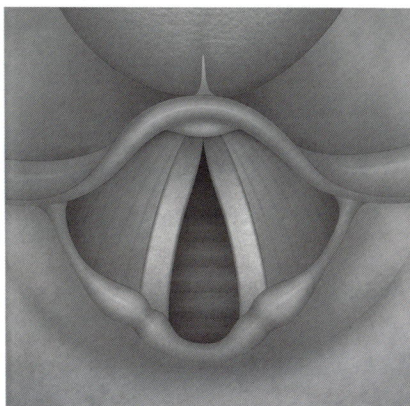

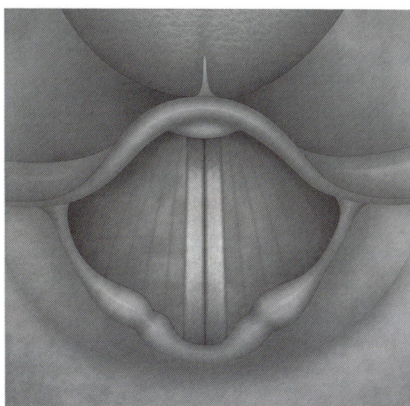

图3-8　声带

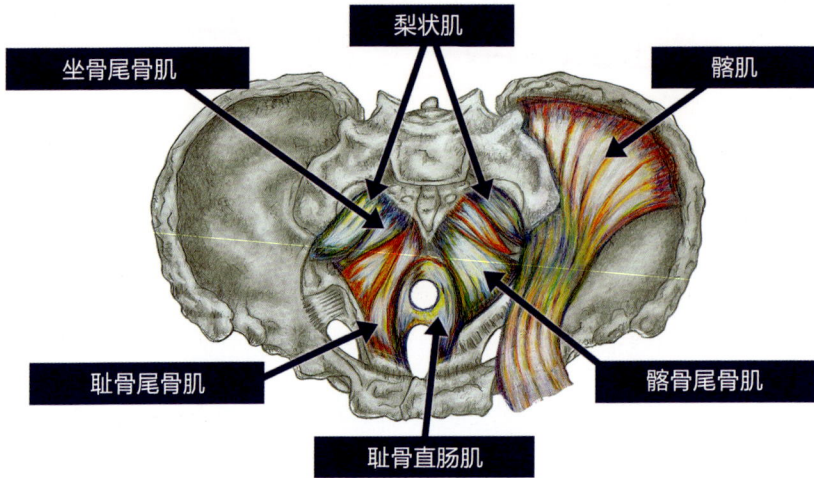

图 3-9 骨盆底部肌肉

接影响呼吸、运动和稳定性。

声带运动经常被亚历山大技巧、普拉提和费登奎斯方法的教师用作执行运动序列时，维持腹部压力的方式。声带的收缩和（或）嘴唇的噘起可以控制逸出空气的量和持续时间，从而可更好地控制腹内压。凯西·格兰特曾向约瑟夫·普拉提学习，并在美国纽约大学帝势艺术学院教学。她让学生们在进行某些普拉提练习时，比如卷腹动作，边唱歌边背诵地址。唱歌和说话可确保腹内压保持恒定，显著提高运动质量。你不

能屏住呼吸并强行完成动作。关闭会厌、屏住呼吸，或者快速呼气使肺部没有任何空气，会显著降低动作的质量，尤其是需要脊柱关节活动的运动。

为了体验呼吸和屏气如何影响运动，请花一点时间进行卷腹练习（图3-10A~C），使用提示 3-1 中描述的唱歌呼吸模式来感受腹内压的一致性或不一致性。

如前所述，骨盆底在呼吸和核心控制中是一个非常重要的区域。我经常感觉我们过分强调尝试主动使用骨盆底肌

图 3-10 普拉提卷腹。A. 仰卧；B. 双臂向前伸展；C. 以长坐姿结束

提示 3-1

大声唱歌或说话可以提供稳定的气流，并且能够帮助我们在做卷腹时提高脊柱灵活度和动作流畅性。相反，使用瓦式呼吸法（即用力屏气）做卷腹会极大地限制脊柱的活动度。在这个试验中，用两种呼吸方式尝试进行卷腹。

1. 在卷起时屏住呼吸，到达顶部时再次吸气，并在卷下时屏住呼吸。
2. 在卷起时从数字 1 唱到 8，卷下时从 8 唱到 1（例如，哆 - 来 - 咪）。确保唱出的每个数字音质相同，并且计数覆盖整个动作的节奏。过程中保持声音响亮且充满力量。

观察：这两种呼吸方式是否对灵活度、力量要求和动作轻松程度有影响？如果有，哪一种对你来说更容易？

肉以增强核心控制。与躯干的许多深层肌肉一样，这些肌肉已被证明在无意识和次最大收缩的状态下运作。

我并不是说骨盆底肌肉不重要，事实上恰恰相反，它们在呼吸、控制和姿势中扮演着非常重要的角色。我使用呼吸、身体排列和负荷作为运动方式来影响骨盆底肌肉和躯干其他肌肉的正常自发收缩。这将在第六章中进一步讨论，其中将介绍控制原则。骨盆底的一个作用是在需要长时间维持腹内压时，从腹部底部提供动态压力。普拉提练习中的"百次练习"就是一个以呼吸为中心的完美示例（图 3-11）。

百次练习的目标是维持身体姿势，并在做 100 次手臂部动作的同时呼吸20 次（每次吸气和呼气各拍击 5 次手臂），因此得名"百次练习"。这听起来十分简单，但有许多因素增加了挑战性。腿部伸展并平行于地面，这会对躯

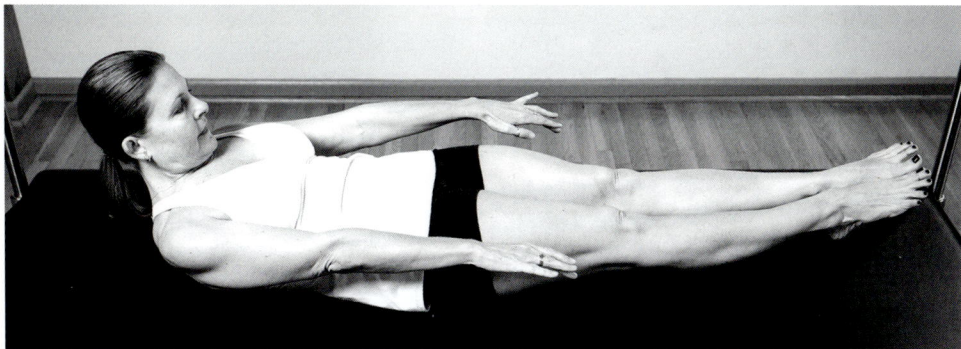

图 3-11　百次练习

干和髋屈肌持续施加负荷。卷腹或胸椎屈曲姿势需要使用腹部肌肉，然后是呼吸和手臂拍击的协调。教练们常常错误地提示强烈收缩腹部肌肉，这几乎使气体交换变得不可能。请记住，膈肌需要能够移动。为了在吸气时保持安全的腹内压，腹壁和骨盆底肌肉必须以离心收缩或拉长的方式保持动态恒压以维持持续负荷。呼气时，相反的情况也会发生；膈肌放松，腹壁和骨盆底肌肉以向心收缩的方式保持恒压。这种腹部和骨盆底肌肉的离心和向心收缩的交替，使我们能够呼吸并维持脊柱和腿部的正确排列和负荷，这就是为什么我喜欢百次练习。

另一个持续负荷的例子是搬运重物100米（图3-12）。箱子的负荷是恒定的，人在行进100米的过程中需要维持适当的负荷/刚性关系，并进行多次呼吸。这时人能自然地呼吸并维持适当的腹内压吗？这应该能够做到，但有很多人做不到，你会看到他们屏住呼吸或不得不频繁休息。这并不是因为他们缺乏力量，而是因为他们不理解呼吸、负荷和耐力之间的关系。他们经常使用瓦尔萨尔瓦呼吸法（也称"瓦式呼吸法"）或屏气方法快速耗尽肺部的空气，而不是采用轻松呼吸且可持续的动态躯干控制方法。

呼吸生理学

呼吸的生理控制受到化学感受器的

图 3-12　搬运箱子，负荷持续且恒定，在这种情况下，需要持续的动态控制

调节，尤其是在我们的颈动脉和主动脉中。这些感受器监测我们血液中的二氧化碳（CO_2）含量。当体内组织使用血液中的 O_2 后，CO_2 作为废物积累。当 CO_2 水平足够高时，会触发呼吸反射。O_2 和 CO_2 之间的化学交换通过简单扩散在肺泡和血液之间发生。O_2 从肺泡扩散到血液中，CO_2 从血液扩散到肺泡中。

O_2 和 CO_2 这两种气体的交换只能在肺泡中进行。这一点很重要，因为细支气管内的空气不进行气体交换（图 3–13）。这部分解释了自由潜水者和瑜伽士为何能够利用屏气技术持续屏气达 10 分钟之久。这是通过降低心率和重新分配肺内的 O_2 来实现的。还有一种现象，即鼻腔内的湿气可以刺激自主神经系统反应，引起外周血管收缩，限制

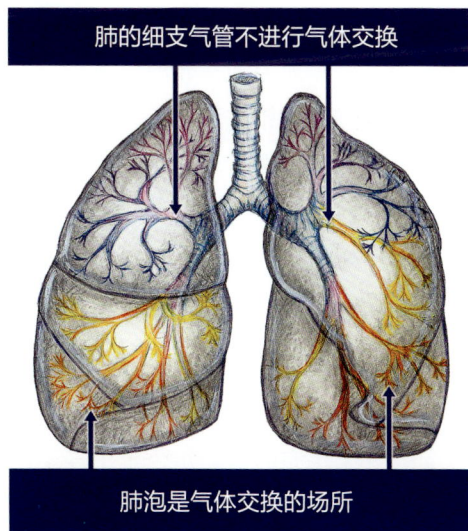

肺的细支气管不进行气体交换

肺泡是气体交换的场所

图 3-13　肺的细支气管不进行气体交换；肺泡是气体交换的场所

四肢和所有器官的血流，以保留血液中的 O_2，供心脏和大脑使用。

通常，我们体内有充足的 O_2，但如果我们过度呼吸（也称呼吸过度），我们可能会头晕或晕厥。当我们因为过度呼吸而导致体内的 O_2 过多时，供应大脑和其他重要器官的动脉会收缩，减少送往大脑的 O_2 量，我们会感到头晕。我记得小时候在操场上曾和朋友们试图引发这种效果。我们会过度呼吸，然后在朋友挤压我们的胸部直到我们晕厥前吐出所有空气，几秒后我们会自发地恢复意识，有微醺的感觉。当然，我建议你不要做这样的事。你是否有过这种情况，在瑜伽或普拉提课上，教练试图强制你执行与该练习相关的呼吸模式，以至于当你完成后感到头晕？在北极星的课程中，我们常说"呼吸是工具，不是规则！"身体天生可自我调节 CO_2 和 O_2 之间的平衡。身体只使用组织所需的 O_2 量。实际上在瑜伽中，已经证明使用较少的空气量可以提高思维清晰度和警觉性。在生理学中，这被称为波尔效应，其中体内 O_2 较少或 CO_2 较多与通气不足相关。结果，血管扩张以增加对大脑和重要器官的 O_2 供应，从而提高思维清晰度和警觉性。这引出了以下问题：我们是想让我们的客户为了呼吸而呼吸，还是想有目的地将呼吸作为一种方法来促进运动和节约能量？

研究显示，医院内患者死亡的主要原因是呼吸衰竭。当由于呼吸习惯不良、体能减退或疾病导致陈旧空气停留在我们的肺部时，呼吸道感染（尤其是医院和长期护理设施中存在的耐药菌株引发的感染）的暴露风险增加。我常常想，如果我们能够为急性护理患者提供配合呼吸的辅助运动练习指导，是否可以降低呼吸衰竭的发生率？约瑟夫·普拉提在其著作中提到的深度呼吸，是指每天进行几次深吸气和深呼气以清洁血管。我们可以为了肺部清洁而应用深度呼吸。

呼吸的生物力学

肋骨笼和胸椎的生物力学允许通过多个关节的灵活性和运动，使得在所有方向的运动中呼吸成为可能。我们有12个胸椎关节，每个节段都能在所有平面上移动——屈曲、伸展、侧屈、旋转、平移和环绕运动。

每侧脊柱有12根肋骨，直接连接到相应部分的横突。肋骨是身体中最灵活的骨骼，通过胸骨肋软骨连接（第1至第7肋骨），下部肋骨（第8至第10肋骨）连接到第7肋骨的肋软骨；下部肋骨常被称为假肋。第11和第12肋骨被认为是浮肋，通过软骨与其他肋骨相连，并有肌束附着在膈肌上（图3-14A）。

了解肋骨与脊柱的生物力学是必要的，但在讨论呼吸时却常常被忽略。我们可以从了解肋骨的解剖结构和它们的连接方式开始。每根肋骨的头部与相应的椎骨、椎间盘和上方的椎骨相连（图3-14B）。

肋骨头与椎间盘之间的关系创造了肋骨的第一法则——椎间盘［或髓核（NP）］去哪里，肋骨就跟到哪里（图3-15）。如果椎骨屈曲，椎间盘就会向后移动，并且按照肋骨的第一法则，肋骨头也会向后滑动。如果椎骨伸展，则NP和肋骨头会向前移动。如果运动部分向右侧屈，NP和两侧肋骨头将向左移动；向左侧屈时，情况相反，NP和两侧肋骨头向右移动。旋转通常不会使椎间盘向任何方向移动；然而，肋骨将跟随椎骨的旋转方向移动。

肋骨的第二法则与肋骨颈上的关节面有关，这个关节面与相应椎骨的横突相连，被称为肋椎关节（图3-16）。在这个连接处，当脊柱屈曲时，肋骨将向后移动，如肋骨的第一法则所讨论的，肋骨的前侧将靠近上方的肋骨。当部分伸展时，根据第一法则，NP和肋骨头将向前移动，并且向远离上方部分肋骨的方向倾斜。不理解这个规则会导致提示无效，无法完成运动指令且出现不理想的运动模式。

我们观察到最常见的错误运动模式是肋骨笼缺乏节段运动。这通常可在进

[A]

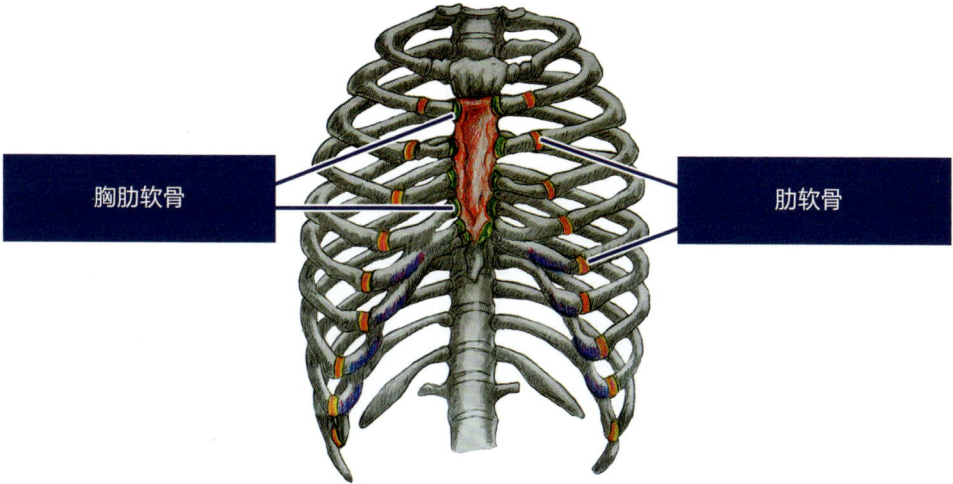

胸肋软骨

肋软骨

[B]

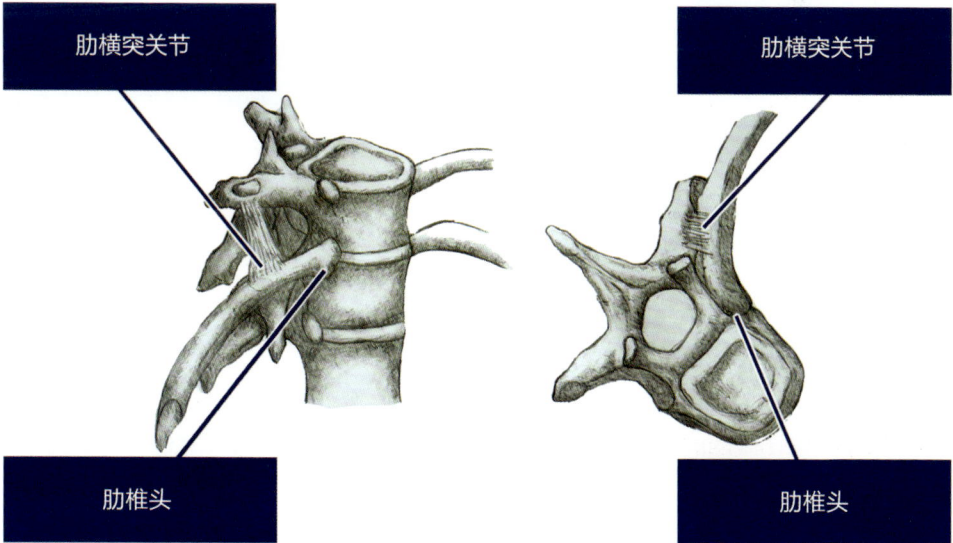

肋横突关节

肋横突关节

肋椎头

肋椎头

图 3-14　结缔组织（A）和胸椎关节和肋横突关节（B）

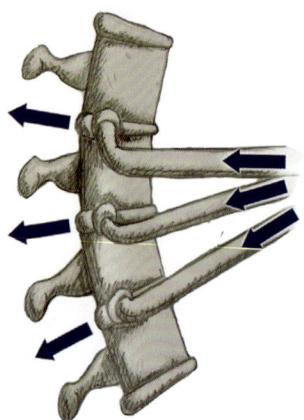

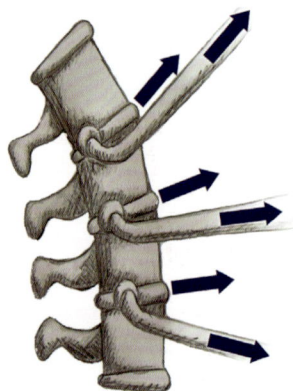

图3-15　肋骨的第一法则

行上肢运动的人中观察到（例如，网球、排球甚至游泳），在这些运动中，脊柱和肋骨的灵活性尤为重要。有些人可能认为他们通过抬起胸部来伸展脊柱，并想象肋骨提升，但他们只是在胸廓僵硬的情况下伸展了下背部。如果所有肋骨一起抬起，那么就没有关节动作，运动的力量就会向下传递到腰椎或向上传递到肩关节。我们要避免在关节活动范围末端对脊柱或肩膀造成负荷。

如果有2个或3个额外的胸椎部分有动作产生并遵循肋骨的法则，腰部和肩部的压力将大大减小。肋骨的第二法则也适用于侧屈时。如果我向右侧屈，则该节段的两根肋骨将向左移动。左侧肋骨由于附着在下方横突上而向下倾斜，而右侧肋骨相对向上倾斜。这体现了胸椎的两个非常重要的原则：增加脊柱的轴向延伸和节段性运动。

最后一个与肋骨第二法则相关的运动是旋转。我们需要依赖哈里森·弗莱特（Harrison Fryette）提出的生物力学法则，该法则指出，在胸椎下段和腰椎中，一个运动节段的椎骨会向相反的方向旋转和侧弯。如果L3~L4运动节段向右侧弯，该节段会自然地倾向于向左旋转。同样的情况也发生在胸椎段。在普拉提和瑜伽中，我们认为旋转是单独发生的，没有这种运动耦合。因此，当我们旋转时，必须保持脊柱轴向延伸，以优化所需方向（即旋转）的运动，并尽量减少不希望的方向（即侧屈）的运动。

许多人仅仅通过应用肋骨法则的概念，就会发现他们的总旋转幅度显著增加，而且旋转变得更加容易。高尔夫球手和网球运动员会花很多钱获取这方面的信息。

如前所述，一个常见的错误运动策略是腰椎，尤其是L4-L5-S1区域的运动过多。增加脊柱节段的运动，即

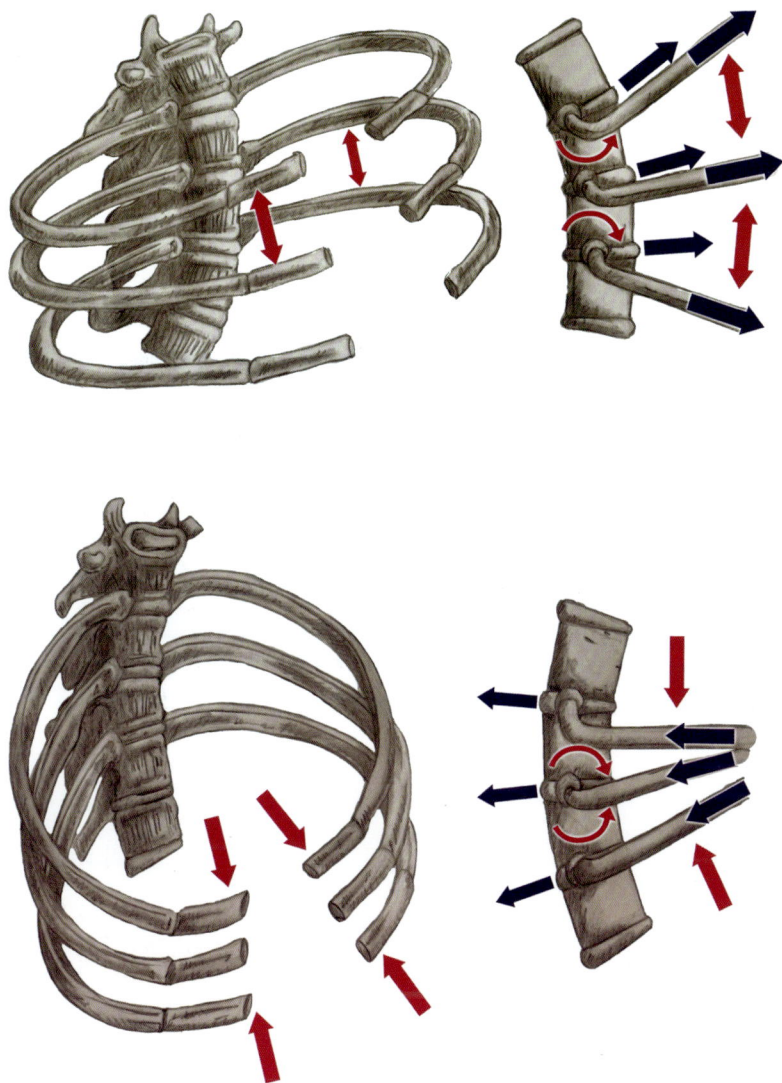

图 3-16　肋骨的第二法则，上图所示为伸展状态，下图所示为屈曲状态

使仅在上腰椎和胸椎的 2~3 个新节段中，也可以显著减少通过腰椎传递的力量。随着时间的推移，让有限的几个节段反复运动和承受过多的力量会导致其过度使用和退行性变。改善脊柱的灵活性可能是练习普拉提、瑜伽、婵柔、费登奎斯方法以及其他有意识的运动训练项目的最大好处之一。这些运动形式都注重三维呼吸策略，从而改善脊柱的灵活性。从理论上讲，与仅仅几个关节可承载负荷相比，如果更多脊柱节段和四肢关节参与动作并可控，就可以减少身体承受不必要的过度的力。这种动作的分配可以最大限度地减少通过腰椎、胸

椎和颈椎以及肩部和髋部传递的不良或过度力量，并增加执行日常任务的运动学习选择。这在第四章中有更深入的讨论。

当我们观察肋骨的运动性质时，前7根肋骨称为真肋骨，在下方椎骨横突的小关节面内具有旋转倾向。在第8到第10根肋骨中，肋骨的小关节面更平面化，具有侧向滑动的倾向，从而扩展肋骨笼的侧面。注意，我使用"倾向"这个词，因为所有肋骨都能够进行旋转，这有助于肋骨笼的前部扩展，同时它们也能够进行侧向滑动，这有助于肋骨笼的侧面扩展（图 3-17）。尽管每个关节都可以旋转和侧向滑动，但上部肋骨更倾向于向胸部前侧的位移，这通常被比作旧式水泵的手柄（图 3-18A），下部肋骨的侧向位移则可以比作水桶柄（图 3-18B）。

记住，在呼吸过程中，运动发生

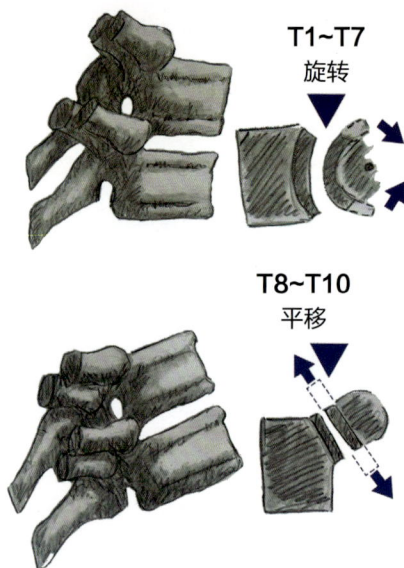

图 3-17　横肋关节面

在 3 个平面：垂直（上下）、冠状（左右）和矢状（前后）。我们可以从理解肋骨笼的上下维度开始。当我们呼吸时，膈肌收缩，肺部和下肋骨笼向下和向前扩展，这是由它们与下肋骨的附着角度导致。当我们使用辅助呼吸肌抬起

[A]   [B]

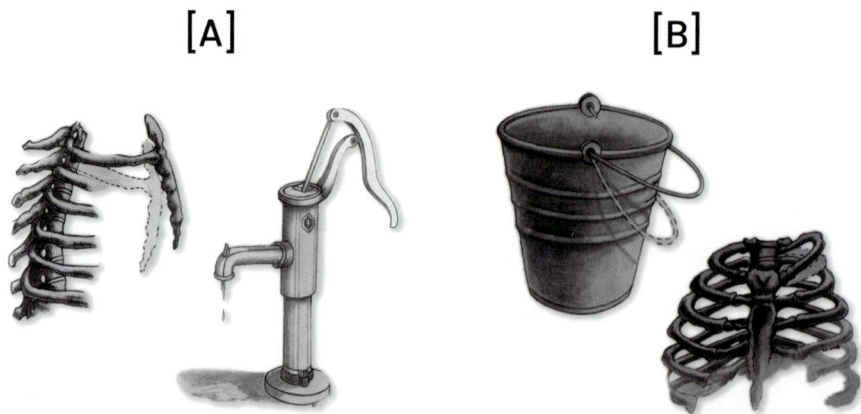

图 3-18　水泵手柄机制等同于胸骨和肋骨的前移（A）和桶柄机制等同于肋骨的侧移（B）

肋骨时，就会发生上部的垂直位移（图3-19）。如前所述，辅助呼吸并不是最有效的呼吸方式，因为与其他形式的有效空气交换相比，抬起肋骨所需的工作量较大，这常常与错误的呼吸习惯有关。肋骨笼的侧向扩展发生在冠状平面上，第8到第10肋，通常被称为水桶柄呼吸。然而，侧向扩展并不限于第8到第10肋。例如，如果你把右手放在头后并向左侧弯，你会注意到大部分运动发生在下肋骨笼，然而，你也会注意到上肋骨有运动。通过将呼吸引导到右肺的上部并应用肋骨第二法则的概念，可以进一步增强这种运动。最后，肋骨笼的前后扩展或矢状面上的扩展在上胸廓最为明显。通常，我们的肋骨更倾向于向前扩展而不是向后扩展，但需要注意的是，肋骨笼和椎骨可以向后扩展。

这种呼吸模式通常与胸椎的屈曲有关；同样，肋骨笼的前移通常与胸椎的伸展有关。胸廓的柔韧性和运动选项越多，运动和呼吸就越有可能是自发的、流畅的和自动的。

应用

运动控制

肺部的大部分气体交换是由膈肌的收缩完成的。正如我们之前探讨的那样，膈肌的穹顶通过中央腱附着于肺的胸膜。当肌纤维收缩时，它们会根据膈肌的角度将中央腱向下和向前拉，平展膈肌，降低肺内压力，促进吸气。你应该注意到，腹部会随着膈肌的运动而扩展和放松。因此，腹壁对于健康呼吸、

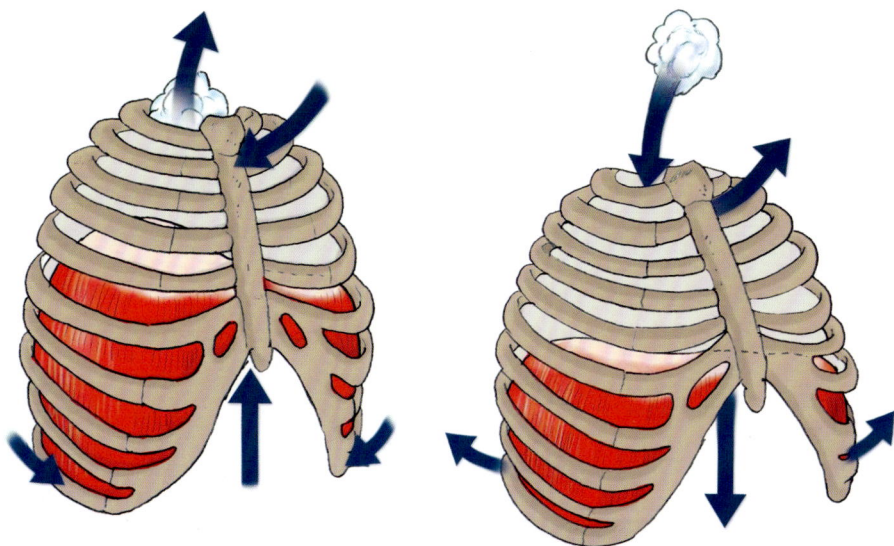

图 3-19　三维呼气和吸气

腹内压（IAP）调节和脊柱控制非常重要，并且需要与骨盆底和膈肌相结合。它们必须有一个动态关系，允许膈肌在吸气过程中向内脏区域扩张而不改变腹内压。理想情况下，这会导致膈肌向心收缩和压缩内脏，而腹壁和骨盆底离心收缩。呼气是膈肌放松并因弹性记忆恢复到静止位置的过程。离心和向心收缩的量取决于运动类型、活动负荷以及完成该任务所需的腹内压。同时，还需要考虑到执行任务时身体的工作量对呼吸的需求。如果需要强迫吸气或呼气，腹部、骨盆底和肋间肌将适当地响应，以根据当前任务预期的负荷来维持所需的腹内压。

我有很多患者和客户自称是"呼吸不好的人"。当我问他们是谁告诉他们呼吸不好时，他们通常回答说是他们的治疗师、私人教练、普拉提老师或瑜伽老师。考虑到这些人的权威身份，他们的话对患者和客户自我认知的影响很大，这非常有趣。认知可以影响多达80%的结果，因此我们有必要创造积极的影响，并记住客户和患者会认真听取我们的意见。毕竟，告诉某人他某方面做得不好有什么好处呢？当一个客户或患者告诉我他呼吸不好时，我通常会说这是不可能的。为什么？因为我认识的每一个呼吸不好的人都已经去世了。我们能学会更有效地呼吸并提高我们的功能性呼吸能力吗？答案是肯定的！

客户和患者通常对特定的呼吸模式有偏差。我们可以利用动作来促进具有挑战性的呼吸模式，特别是胸廓受到限制的区域。身体姿势可以大大影响呼吸的发生位置。例如，婴儿式可以促进胸部后侧的呼吸，并改善前后维度的呼吸能力。我也可以让主要使用辅助呼吸的患者保持脊柱屈曲坐好。通过低头保持屈曲状态，剥夺他们使用辅助呼吸策略的能力。然后我要求他们开始深呼吸，这可能会令他们感到恐慌，因为他们必须找到另一种呼吸策略，但十有八九他们会通过使用膈肌或扩展下的肋骨笼重新发现一种古老的、更有效的呼吸模式。当你改变客户的呼吸模式时，他们可能会感到非常不舒服，所以要耐心并允许他们根据需要调整姿势。移动肋骨笼并恢复脊柱的灵活性可能需要时间，但随着持续的练习，模式会改变，呼吸会变得更加轻松和有效。一位熟练而善良的老师会进行适当的指导，帮助客户尝试不同的身体姿势以找到新的呼吸策略。我们不希望有人晕厥或感到非常不适，所以记住使用动作和姿势来改善呼吸效率和能力，并以客户为中心。

那么，是什么收束或限制了客户在所有维度上呼吸的能力呢？可能是他们的运动策略，即他们在各个方向上都有活动能力，但不能有效组织身体的意识或训练。有些人可能有真正的结构限制，需要结构性干预，例如筋膜松解、关节松动，甚至在某些极端情况下需要手术。是什么导致结构限制？结构限制可能源于先天性姿势偏差，例如脊柱侧弯，手术、放射治疗或受伤后的瘢痕组织。限制也可能源于长期的不良姿势。在肌筋膜科学中，连接到身体所有非流体细胞的动态筋膜器官总是在重新塑造自己。它可以被认为是一个三维打印机，根据施加在组织上的负荷不断重塑筋膜。如果我们长期保持不良的姿势，我们的筋膜器官（一些研究认为存在于每个非流体细胞中，包括软骨、骨骼、椎间盘和韧带）会形成新的形状。即使在电影院里坐得太久，在刚站起来的几分钟内我们也很难站直。埃里克·富兰克林说："我们的练习塑造了我们自己。"你正在练习什么？

与呼吸相关的一个考虑是，呼吸是否干扰或影响了运动的质量。我们看到的 3 个常见的运动或姿势错误如下。

（1）辅助呼吸。如我们已经探讨过的，辅助呼吸通常是由不良姿势、吸烟和慢性阻塞性肺疾病（COPD）造成的。弯腰驼背、圆肩和头前引的姿势会导致唯一的呼吸选择是使用辅助呼吸肌肉，因为这种屈曲的姿势限制了膈肌和腹壁的运动（图 3-20）。重要的是要记住，在耐力活动中，或存在结构姿势问题、患有系统性呼吸疾病（如哮喘或COPD）的情况下，辅助呼吸可以用来补充最大呼吸容量。

（2）肋骨外翻。肥胖、怀孕和随着年龄增长导致的胸腔和骨盆之间的连接丧失，通常是肋骨外翻的罪魁祸首。肋

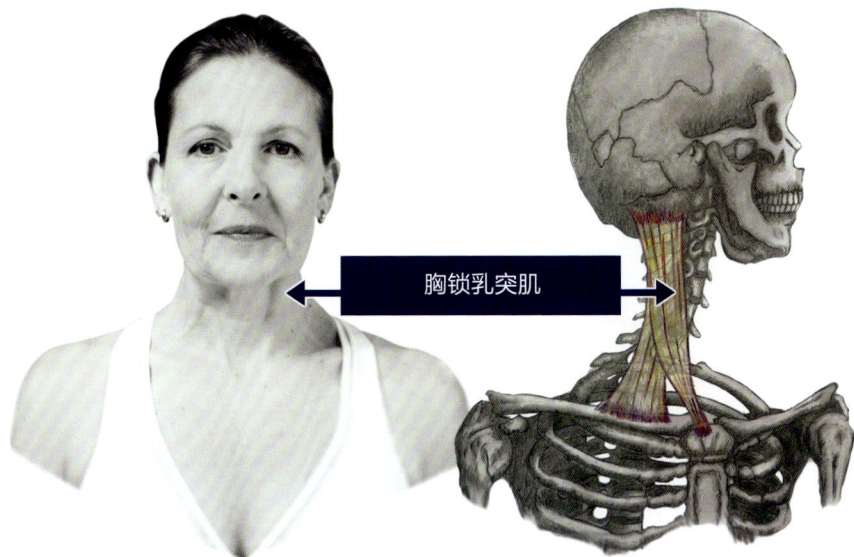

胸锁乳突肌

图 3-20 辅助呼吸器官

骨外翻可能是由下肋骨和骨盆上缘之间缺乏张力造成的。张力或张力结构是腹部和背部肌筋膜连接的健康关系的结果。肌筋膜连接有助于使肋骨与骨盆对位，提供必要的弹性，并在我们正常的、各种各样的日常运动任务中允许适当的力分布。在肋骨外翻的情况下，肋骨不会向下倾斜，而是会提升到更水平的方向，失去与骨盆的对位。我们可以用一个管道或圆柱举例说明，其中管道的直径与胸腔和骨盆的直径相同（图3-21A）。我们的目标是创造一个躯干和骨盆之间的周长相等的关系。在肋骨外翻的例子中，胸腔的周长远大于骨盆外缘（图3-21B）。它看起来更像一个漏斗，肋骨底部的开口更宽。想象一下这如何影响呼吸能力，并可能由于肺下

叶的循环减少而增加患呼吸系统疾病的风险。当下肋骨外翻并且无法收窄时，肺下叶会充满陈旧的空气，无法排出。这在产后女性中很常见，在肥胖者中也经常观察到。理想情况下，剑突与下肋骨的角度约为90°，而肋骨外翻时可以达到180°（图3-22A和3-22B）。

（3）膈肌的机械性不足。许多健身爱好者误解了腹肌的作用。他们不是通过动态的腹壁来有效管理腹内压，而是为了美观（例如，"看看我的6块腹肌"）过度使用腹肌，导致腹部挛缩（腹肌过度紧绷和受限）。当肌肉长期处于这种收缩状态并且前腹壁发生挛缩时，肌肉将无法离心性地延长，这给内脏的扩展留下很小的空间。当膈肌过于受限时，它常常会变得功能不足，无法下移或扩

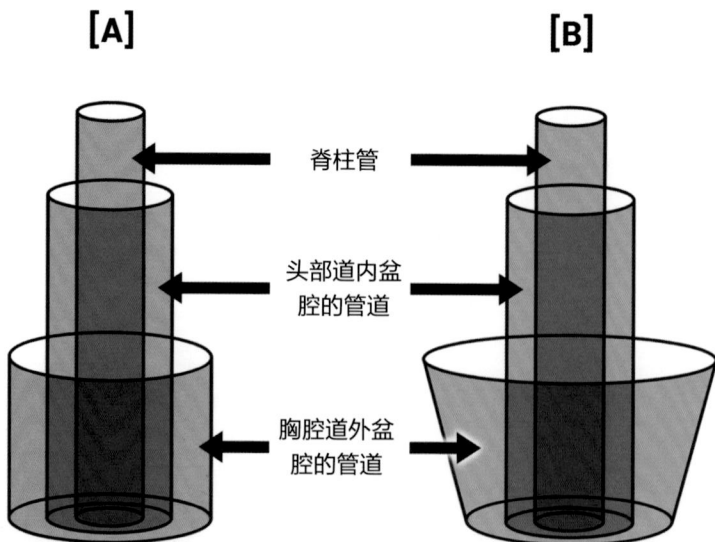

图3-21　3根管子：未张开的（A）和已张开的（B）

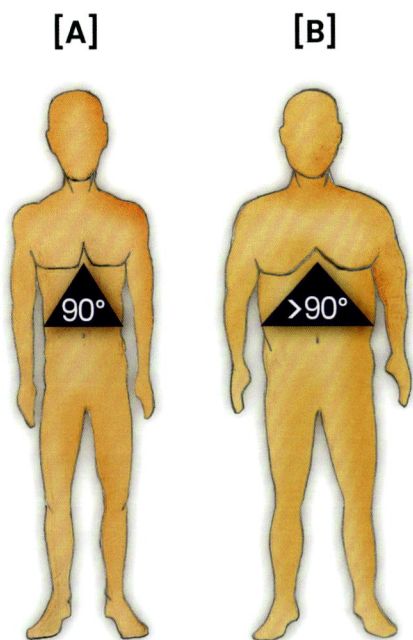

图 3-22 正常胸腔（A）和肋骨外翻（B）

展，导致其他代偿性呼吸策略。这种错误的运动策略与肋骨外翻相反，肋骨底部的角度在这种情况下小于90°。

生物能量学

根据罗伯特·埃德温·斯沃博达（Robert Edwin Svoboda）的说法，"呼吸、Prana 和心灵在本质上是相互关联的，培养好其中一个，其他两个也会随之而来"。他还指出，普拉那是驱动生命的能量，使身体充满活力，激发心灵，鼓舞灵魂。Prana 是生命的灵感、基础和韧性所在，它是掌舵时稳妥的手，是明智的忠告，是渴望将我们的身体变成避风港，让我们能够避开现代繁忙世界的风暴，实现健康与和谐的力量。普拉那在每个活体生物的每个细胞中时刻发挥着作用。

呼吸的实际应用

呼吸可以用来促进和抵抗所有方向的动作。记住，呼吸的方向总是与肋骨笼和膈肌的三维位移有关。

灵活性

吸气到上肋骨笼有助于脊柱的伸展，而吸气到下肋骨笼有助于脊柱的屈曲，特别是当脊柱已经偏向于屈曲时。呼气主要促进脊柱屈曲；单侧呼气有助于同侧的侧屈。向一侧肺部的呼吸会影响肋骨笼和脊柱的侧屈。

稳定性

利用腹壁呼气可以抵抗四肢远离身体中心移动时脊柱伸展的趋势；吸气可以用来抵抗四肢向身体中心移动时脊柱屈曲的趋势（图 3-23A 和 3-23B）。

产生力量

强迫呼气可以增加腹内压（IAP），收窄肋骨笼，并增加躯干在发力（如踢、上举和挥动动作）时的稳定性。学习新动作时，往往会过度使用肌肉，从而降低呼吸的效率，而这种效率正是复杂运动所需要的。呼吸和动作的配合越高效、越协调，产生的力量就越大，换句话说，你会把球击得更远。

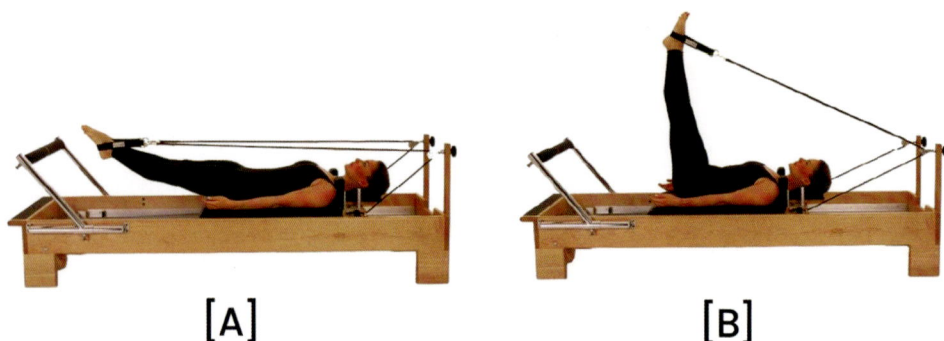

[A]　　　　　　　[B]

图 3-23　普拉提器械上的双脚蹬带练习：双腿远离身体中心（A）和双腿靠近身体中心（B）

开放式问题

1　用你自己的话描述呼吸的 3 个机械维度。呼吸方向偏差如何影响脊柱运动？举个例子。

2　解释膈肌的收缩如何影响肺的运动和肺的内部压力。

3　画一张膈脚的图，并展示它如何跨过腰椎的顶端。这与躯干的控制有什么相关性？

4　用你自己的话描述腹肌、膈肌、肋间肌和背肌如何影响腹内压（IAP）的增加和减少。这与液压放大器有什么关系？

5　解释瓦尔萨尔瓦呼吸技术如何干扰正常运动。如果不屏住呼吸或有意收缩腹肌，应该如何保持腹内压（IAP）？

6　耻骨尾骨肌和膈肌如何协同工作？在解剖学上，它们有什么共同点？

7　描述无意识和次最大收缩与最大主动收缩之间的区别。

8　列出负责移动肋骨笼/肺部的肌群。

9 同样的呼吸肌可以实现什么样不同的动作或控制？

10 用你自己的话描述肋骨的第一法则及其与各个方向运动的关系。

11 用你自己的话描述肋骨的第二法则及其与各个方向运动的关系。

12 解释吸气期间第 1 到第 7 肋的生物力学 / 运动也称为"水泵机制"。

13 解释吸气期间第 8 到第 10 肋的生物力学 / 运动也称为"水桶柄"运动。

14 阐述肋骨法则和肋椎关节的生物力学特性，以及它们如何促进多方向运动（如挥动高尔夫球杆）。

15 解释声带、膈肌和骨盆底理论上如何协助保持直立姿势。

16 解释本章描述的百次练习和搬运重物 100 米的相似之处。呼吸和控制如何相互关联？

17 你的呼吸方式偏向是什么？与伴侣或伙伴的偏向有何不同？

18 区分结构性限制与策略性限制对运动质量的影响。

19 你会如何描述胸腔和骨盆周长之间的健康关系？

20 追求"6 块腹肌"的策略如何干扰正常的膈肌运动？描述它如何影响腹内压（IAP）。

21 讨论如何利用呼吸促进灵活性和控制 / 稳定性，产生力量以及放松。

22 解释呼吸的能量概念如何与解剖学、生理学和运动科学相结合。关于呼吸对感知、信念和精神的影响，我们可以从中学到什么并将其教给客户？

参考文献

1. Genesis 2:7 (KJV).
2. Morgan BJ, Crabtree DC, Palta M, Skatrud JB. Combined hypoxia and hypercapnia evokes long-lasting sympathetic activation in humans. *J Appl Physiol (1985)*. 1995;79(1):205-213.
3. Calais-Germain B. *Anatomy of Breathing*. Eastland Press; 2006.
4. Borg-Olivier S. *Applied Anatomy & Physiology of Yoga*. Warisanoffset.com; 2006.
5. Pilates JH, Miller WJ, Robbins J, Van Heuit-Robbins L. *Pilates Evolution: The 21st Century*. Presentation Dynamics; 2012.
6. Pilates JH. *Return to Life Through Contrology*. J. J. Augustin Publisher; 1945.
7. Craighero S, Promayon E, Baconnier P, Lebas JF, Coulomb M. Dynamic echo-planar MR imaging of the diaphragm for a 3D dynamic analysis. *Eur Radiol*. 2005;15(4):742-748.
8. Williams PL, Warwick R, eds. *Gray's Anatomy*. Churchill Livingston; 1980.
9. Harrison DE, Jones EW, Janik TJ, Harrison DD. Evaluation of axial and flexural stresses in the vertebral body cortex and trabecular bone in lordosis and two sagittal cervical translation configurations with an elliptical shell model. *J Manipulative Physiol Ther*. 2002;25(6):391-401.
10. Kolar P, Sulc J, Kyncl M, et al. Postural function of the diaphragm in persons with and without chronic low back pain. *J Orthop Sports Phys Ther*. 2012;42(4):352-362.
11. Hodges PW, Cresswell AG, Daggfeldt K, Thorstensson A. In vivo measurement of the effect of intra-abdominal pressure on the human spine. *J Biomech*. 2001;34(3):347-353.
12. Norris C. Spinal stabilisation, 1. Active lumbar stabilisation–2. Limiting factors to end-range of motion in the lumbar spine–3. Stabilisation mechanisms of the lumbar spine. *Physiother J*. 1995;81(2):61-79.
13. Lederman E. The fall of the postural-structural-biomechanical model in manual and physical therapies: exemplified by lower back pain. *J Bodyw Mov Ther*. 2011;15(2):131-138.
14. Hewitt J. *The Complete Yoga Book: Yoga of Breathing, Yoga of Posture, and Yoga of Meditation*. Schocken Books; 1978.
15. Massery M, Hagins M, Stafford R, Moerchen V, Hodges PW. Effect of airway control by glottal structures on postural stability. *J Appl Physiol*. 2013;115(4):483-490.
16. Hodges PW, Richardson CA. Inefficient muscular stabilization of the lumbar spine associated with low back pain: a motor control evaluation of transversus abdominis. *Spine*. 1996;21(22):2640-2650.
17. McGill S. *Low Back Disorders: Evidence-Based Prevention and Rehabilitation*. 2nd ed. Human Kinetics; 2007.
18. Bosco G, Rizzato A, Martani L, et al. Arterial blood gas analysis in breath-hold divers at depth. *Front Physiol*. 2018;9:1558.
19. CDC/NCHS. National Hospital Discharge Survey. 2000, 2005, 2010.
20. Harrison DE, Cailliet R, Harrison DD, Janik TJ. How do anterior/posterior translations of the thoracic cage affect the sagittal lumbar spine, pelvic tilt, and thoracic kyphosis? *Eur Spine J*. 2002;11(3):287-293.
21. Harrison DE, Colloca CJ, Harrison DD, Janik TJ, Haas JW, Keller TS. Anterior thoracic posture increases thoracolumbar disc loading. *Eur Spine J*. 2005;14(3):234-242.
22. Lee D, Delta Orthopaedic Physiotherapy Clinic. *Manual Therapy for the Thorax: A Biomechanical Approach*. DOPC; 1994.
23. Tsang SM, Szeto GP, Lee RY. Normal kinematics of the neck: the interplay between the cervical and thoracic spines. *Man Ther*. 2013;18(5):431-437.
24. Dickey JP, Kerr DJ. Effect of specimen length: are the mechanics of individual motion segments comparable in functional spinal units and multisegment specimens? *Med Eng Phys*. 2003;25(3):221-227.
25. Saker E, Graham RA, Nicholas R, et al. Ligaments of the costovertebral joints including biomechanics, innervations, and clinical applications: a comprehensive review with application to approaches to the thoracic spine. *Cureus*. 2016;8(11):e874.
26. Beyer B, Sholukha V, Dugailly PM, et al. In vivo thorax 3D modelling from costovertebral joint complex kinematics. *Clin Biomech (Bristol, Avon)*. 2014;29(4):434-438.
27. Lee DG. Biomechanics of the thorax - research evidence and clinical expertise. *J Man Manip Ther*. 2015;23(3):128-138.
28. Bayliss J. Spinal mechanics. 2005. http://spinalmechanics.com/fryette.html
29. Harrison DE, Janik TJ, Cailliet R, et al. Upright static pelvic posture as rotations and translations in 3-dimensional from three 2-dimensional digital images: validation of a computerized analysis. *J Manipulative Physiol Ther*. 2008;31(2):137-145.
30. Lackner JM, Carosella AM. The relative influence of perceived pain control, anxiety, and functional self efficacy on spinal function among patients with chronic low back pain. *Spine (Phila Pa 1976)*. 1999;24(21):2254-2260; discussion 2260-2261.
31. Lee KJ, Roper JG, Wang JC. Demineralized bone matrix and spinal arthrodesis. *Spine J*. 2005;5(suppl):217S-223S.
32. Franklin EN. *Conditioning for Dance*. Human Kinetics; 2004.
33. Svoboda RE. Cultivating prana. 2000. https://drsvoboda.com/articles/ayurveda/cultivating-prana/

活动性

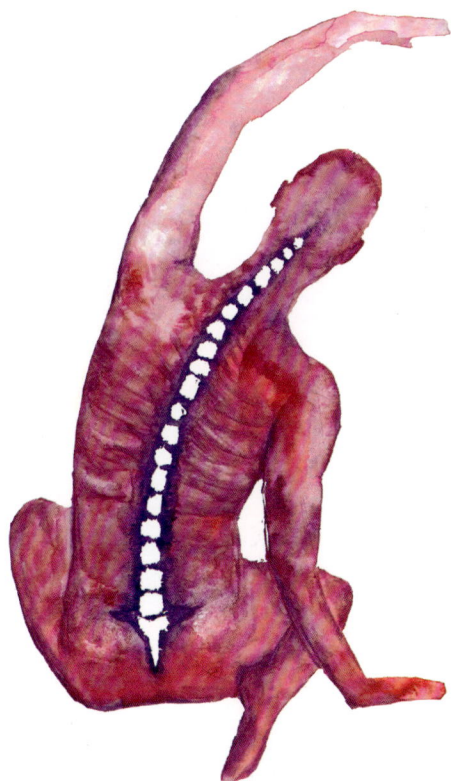

动作的分布等于力的分布。

第四章

本章目标

1 了解活动性如何直接影响运动效率和功能。

2 定义与颈椎、胸椎和腰椎的不同结构和活动方向有关的不同运动特性。

3 理解神经肌肉系统对关节活动性和控制的影响。

4 应用中轴骨骼和四肢的生物力学来获得和（或）恢复功能性运动。

5 区分骨运动学和关节运动学，并确定如何观察两者的功能和障碍。

6 运用上下肢的生物力学特性，并将其融入躯干运动中。

关键词			
• 关节运动学	• 收束法	• 整体肌肉	• 非收缩性
• 关节	• 骨节律	• 局部肌肉	• 旋转
• 轴向延伸	• 滑动	• 活动性	• 螺旋

活动性是实现身体良好控制的先决条件，而稳定性则是活动性的基础。作为一名拥有30余年教学经验的运动教练，我始终对恢复身体活动性所带来的积极影响感到惊叹。在神经肌肉系统能够控制活动性之前，活动性本身必须先存在。缺乏活动性，我们的身体将变得僵硬，运动选择也将受到极大限制。在临床实践中，我发现许多看似结构性的运动限制实际上源于策略性的限制。因此，本章我们将深入探讨如何区分结构性运动限制与策略性运动限制。练习者对这两种限制的识别效率越高，就越能够有效地恢复功能性运动，并将潜在的风险降至最低。

动作的分布等于力的分布

本章的核心议题是动作分布与力量分布的等效性。从本质上讲，这表明通过在多个部位进行有效的运动，可以减少对周围关节的压迫，这种压迫常常是导致关节病变和退化的诱因。约瑟夫·普拉提曾深刻指出："如果你的脊柱在 30 岁时已经失去弹性，变得僵硬，那么你的身体就已经步入老年。相反，如果到了 60 岁，你的脊柱依然能够保持完全的灵活性，那么你的身体就依然充满活力。"这种洞察力是极为宝贵的。我们往往可以通过脊柱的活动性来衡量身体的状态——年轻或衰老。作为一名物理治疗师，我经常观察到这种现象。我接触过一些年逾八旬的客户，他们之所以显得年轻，是因为他们将提升身体活动性作为日常生活的重中之重。对于那些膝关节疼痛的患者，如果治疗策略能够增加至髋关节和踝关节的活动性，而不仅仅局限于膝关节，那么治疗效果往往会更为显著。通过增加邻近关节的活动来减轻疼痛或病变关节的

负担，是一种值得采纳的治疗策略。这种方法不仅能够直接减轻疼痛或受伤关节的压力，还能增强其功能性。在许多情况下，仅需调整蹲下、伸展或提举等动作的策略，使其与周围关节相适应，便足以缓解那些被感知为疼痛的关节的压力。

基础科学

中轴骨的活动性：脊柱

在教授动作时，我倾向于从骨骼结构入手。为了做到这一点，我们必须深入理解骨骼和关节的解剖学及生物力学特性。让我们首先探讨令人赞叹的脊柱解剖学。脊柱可以分为 4 个主要部分。首先是骶骨，即脊柱的底部（图 4–1A 和 4–1B）。骶骨是一块三角形的骨骼，

[A]　　　　　　　　**[B]**

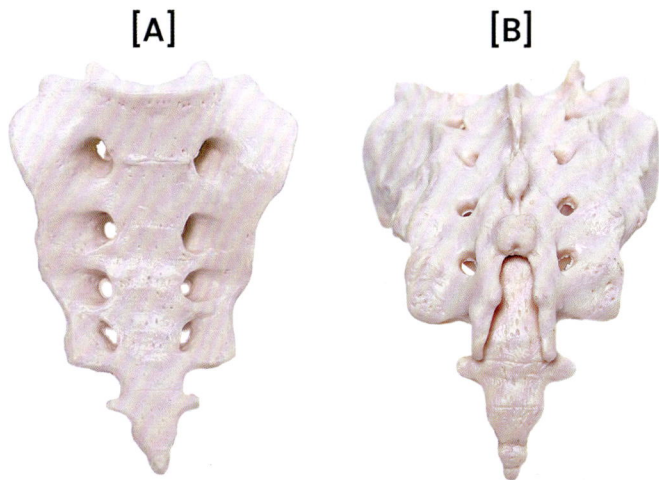

图 4–1　骶骨。骶骨前面观（A）和骶骨后面观（B）

由多块较小的骨骼融合而成。它通过一系列粗壮的韧带与骨盆相连（图 4-2A 和 4-2B）。骶骨与骨盆之间的活动相对较少。骨盆由 2 块较大的骨骼——髂骨构成，这两块骨骼通常被称为无名骨。髂骨在后端与骶骨相接，形成骶髂关节（SIJ）。髂骨的前部通过耻骨横突与耻骨间盘相连，形成耻骨联合（图 4-3）。

许多人将包括骶髂关节在内的腰骶区域视为运动的起源或核心区域。骶髂关节的主要功能是在运动过程中吸收和释放势能。关于骶髂关节的运动能力，学术界存在广泛的争议。手法治疗师普遍认为骶髂关节具有一定的活动度，能够进行"点头"和"反点头"；然而，大多数解剖学家则持相反观点，认为骶髂关节几乎没有活动能力。为了本书的讨论，我将这两种关于骶髂关节活动性的观点进行折中。我们假设骶髂关节能够吸收和释放下肢与脊柱之间的地面反作用力。

脊柱是由 24 节椎骨和 23 个椎间盘构成的复杂结构（图 4-4）。位于骶骨正上方的 5 节椎骨称为腰椎（图 4-5），它们主要承担着身体的重量。腰椎的椎体既挺拔又坚固，以适应其承重的功能。这些椎骨在矢状面上垂直排列，允许脊柱进行屈伸运动，即前后方向的弯曲和伸展。除了屈伸之外，腰椎还具备一定程度的侧屈以及非常有限的旋转能

力，即围绕垂直轴的旋转。

胸椎共有 12 节，每侧各有 12 根肋骨与之相连（图 4-6）。胸椎在提升上肢和颈部的活动性方面扮演着至关重要的角色。此外，这一区域还承担着保护胸腔内诸多重要器官的职责。尽管我们在讨论手臂运动时可能不会立即联想到胸廓，但实际上，肋骨和胸椎对上肢运动的质量有着直接且显著的影响。

如果我们通过刻意驼背来限制胸廓的活动度，然后尝试将头部转向一侧或将手臂举过头顶，就会发现这两个动作都受到了明显限制，并且可能会伴随不适感。相反，如果我们保持胸廓更垂直的姿势，再进行头部转动或手臂举起的动作，它们的活动范围会更大，同时我们也会感觉更舒适。通过观察网球运动员的发球动作或棒球投手的投掷动作，我们可以进一步理解这种协调性。在这些运动中，胸腔、头部、肩部和手臂的协调配合是创造和分配力量与动作的关键。缺乏这种协调，肩部很可能会成为首先承受力量的部位，从而增加受伤的风险。

颈椎由 7 个节段组成（图 4-7）。在所有脊柱节段中，颈椎的自由度最高，为头部提供了广泛的活动度。这种活动度对于我们的感知能力至关重要，尤其是视觉和听觉。颈椎中段的 C3~7 的关节面呈约 45° 倾斜，而最上部的两节颈椎，即 C1（寰椎）和 C2（枢椎），

[A]
后方

骶髂后韧带

骶结节韧带

坐骨韧带

[B]
前方

骶髂前韧带

髂腰韧带

骶结节韧带

耻骨联合

闭孔膜

髂股韧带

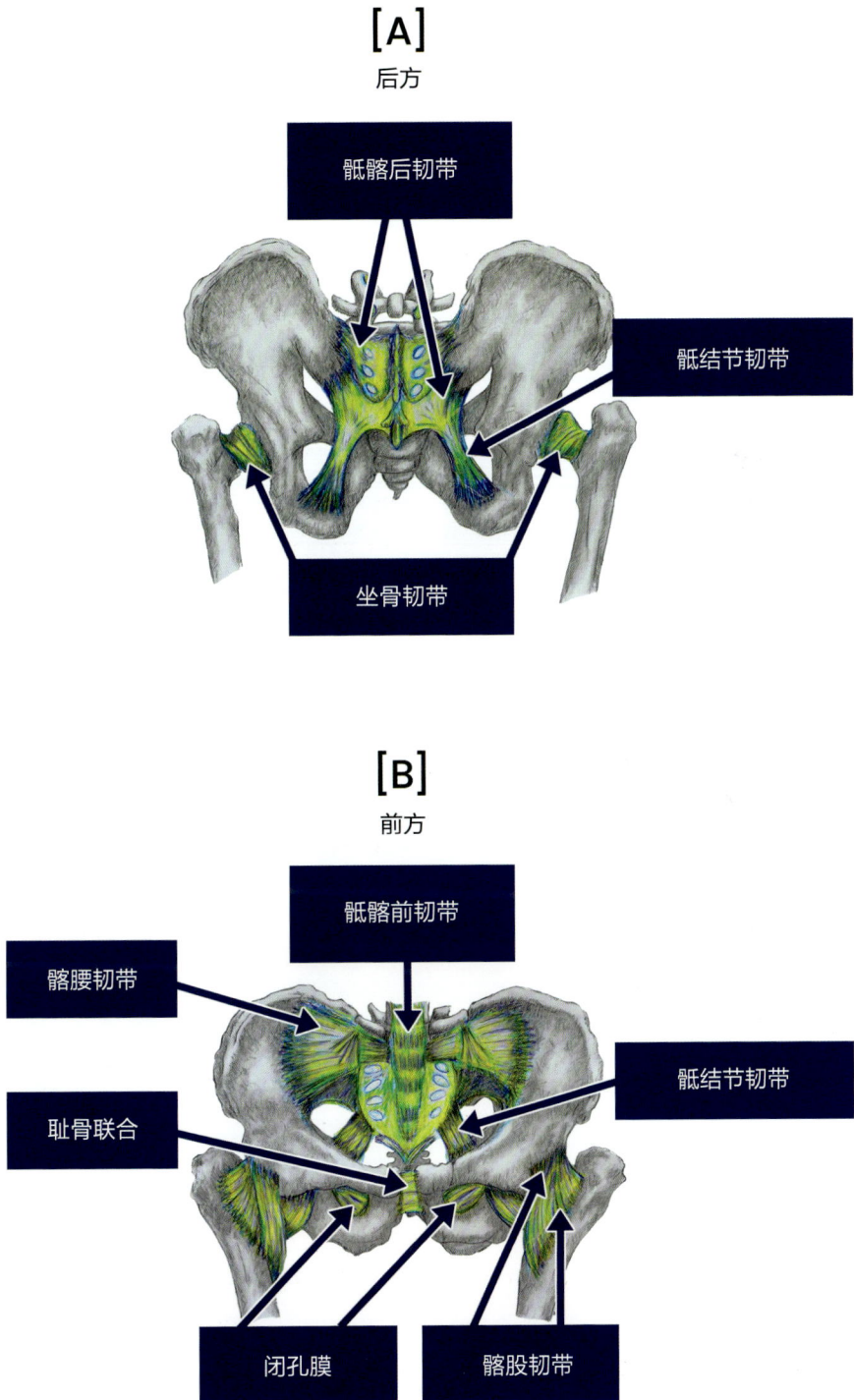

图 4-2 骶髂关节后方韧带（A）和骶髂关节前方韧带（B）

（凯利·安德森绘）

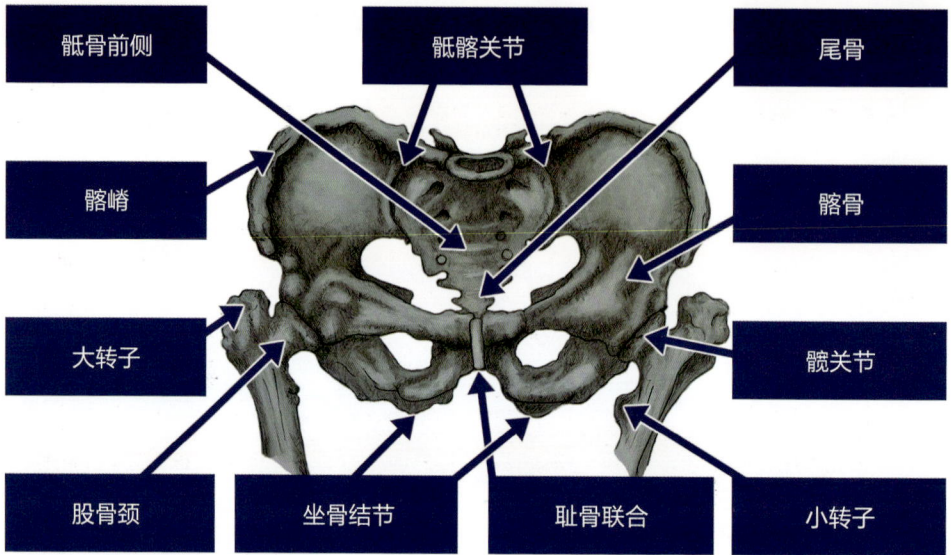

图 4-3　骶髂关节前方和耻骨联合
（凯利·安德森绘）

骶骨前侧　骶髂关节　尾骨

髂嵴　髂骨

大转子　髋关节

股骨颈　坐骨结节　耻骨联合　小转子

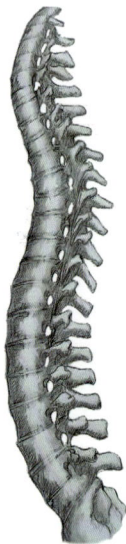

图 4-4　脊柱

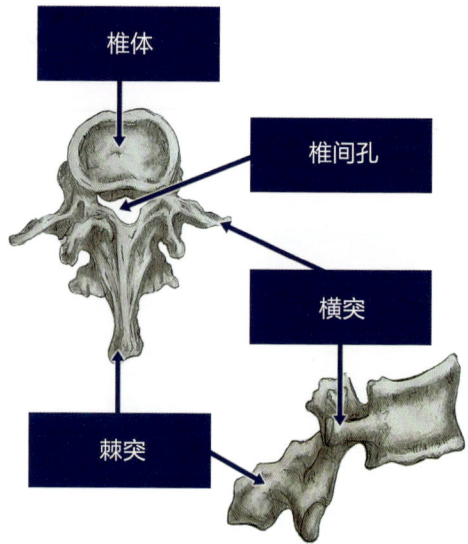

椎体

椎间孔

横突

棘突

图 4-5　腰椎

以及头部的关节面大致保持水平方向（图 4-8）。C1 和 C2 节段在颈部的旋转和侧屈动作中扮演着关键角色，承担了超过 50% 的颈部旋转和侧屈活动度。

脊柱肌肉

在头部、髋部、骨盆和脊柱的骨骼

上，附着着许多肌肉，它们对中轴骨的运动和支撑起着至关重要的作用。我们通常将这些肌肉分为两大类：整体肌肉和局部肌肉。整体肌肉，也称为浅层肌肉，其功能是在收缩时产生定向的运动。当我们讨论躯干的整体肌肉时，常见的肌肉包括腹直肌、腹外斜肌和腹内斜肌（图4-9和3-7B）、腰方肌（QL）、胸最长肌以及腰髂肋肌（属于背部竖脊肌群的一部分，图4-10）。这些肌肉覆盖了脊柱的多个节段，部分肌肉延伸至腰椎和胸部。如果这时腰椎段的稳定肌失能，那么这些浅层肌肉就会在腰椎段施压并产生剪切力。当整体肌肉收缩时，它们能够产生旋转、伸展、屈曲或压迫脊柱的力量。例如，如果我仰卧时想要坐起，我可以向心收缩腹直肌来弯曲脊柱。这些肌肉还能通过离心收缩

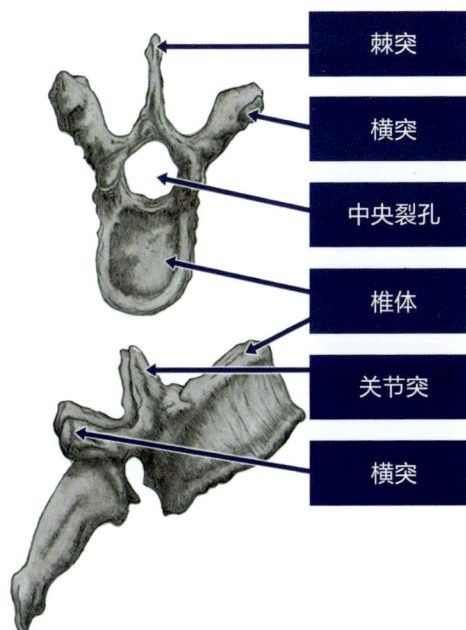

棘突

横突

中央裂孔

椎体

关节突

横突

图 4-6　胸椎

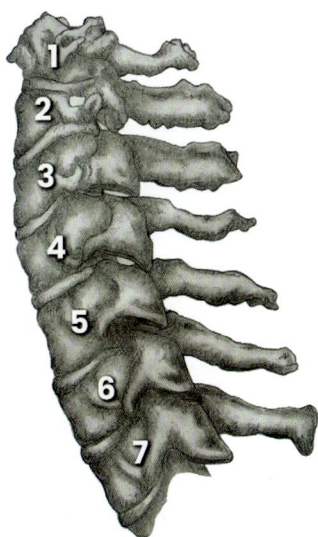

图 4-7　颈椎

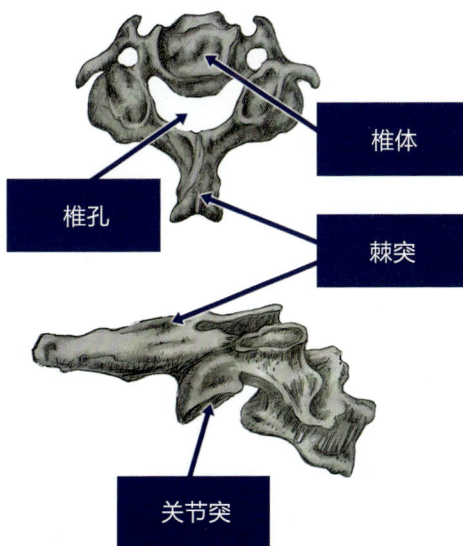

椎体

椎孔

棘突

关节突

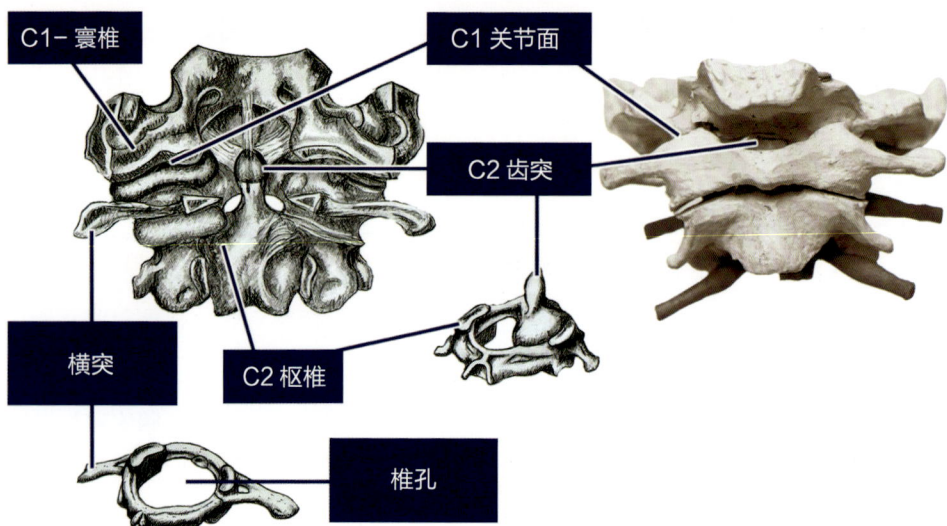

图4-8 C1~C2

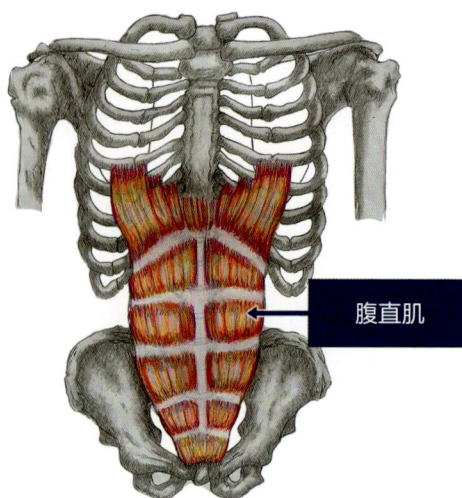

图4-9 腹直肌

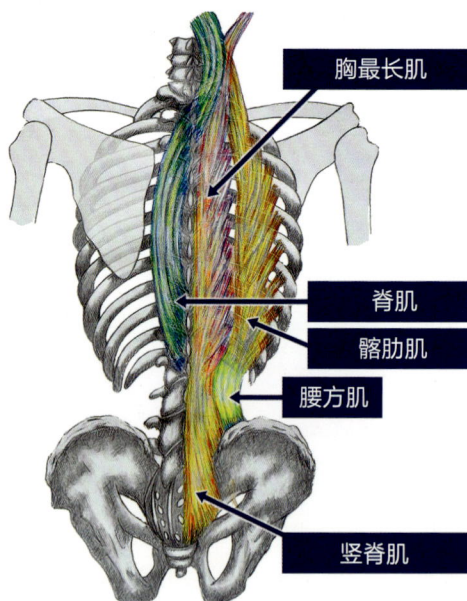

图4-10 背部浅层肌肉

（即有控制地拉长），以减缓或制动运动。如果我站立时向前弯腰，我的脊柱伸肌，即竖脊肌，会进行离心收缩，帮我对抗地心引力，防止我向前跌倒。同样，如果我从站立姿势进入后弯状态，腹直肌会离心收缩，控制脊柱的后弯运动。我们根据功能将肌肉分为两类。当肌肉进行向心收缩时，我们称其为"整体驱动肌"；而当肌肉进行离心收缩时，我们则称其为"整体稳定肌"。

局部肌肉，也称深层肌肉，具有独特的功能。这些肌肉并不直接产生运动方向，而是在脊柱关节周围提供稳定和协同收缩的作用。局部肌肉通过收缩实现脊柱的节段活动，使得脊柱的某一区域能够灵活移动，而相邻区域则保持稳定。我们通常将这些肌肉的协同作用称为"力偶"，而在瑜伽中，这被称为"收束法"。这种力偶作用在不知不觉中为四肢或躯干的运动做好了准备，为预期的负荷创造了适当的强度。这意味着局部肌肉会根据动作或任务的需求，调整其收缩的程度。例如，拿起一个沉重的箱子时，需要的策略和局部肌肉的刚度与捡起一串轻巧的钥匙时是完全不同的。

深层肌群包括腹横肌、腹内斜肌（图3-7）、骨盆底复合肌（图3-9）、多裂肌（图4-11）、腰方肌的内侧纤维以及腰大肌（图4-12）、胸最长肌和髂肋肌（图4-10）。你会发现这些肌肉既属于整体稳定肌，又可以是局部稳定肌。这种分类取决于它们的纤维与脊柱的相对距离，以及它们影响的脊柱节段数量——通常在2~5个节段之间。通常情况下，与脊柱距离最近的短纤维肌肉更倾向于作为稳定肌而非运动肌。以腰大肌为例（图4-12），它能够屈曲髋关节，因此常被视为一种产生运动的整体肌肉。然而，腰大肌的上内侧纤维附着在跨越2~4个椎体节段的脊柱上，

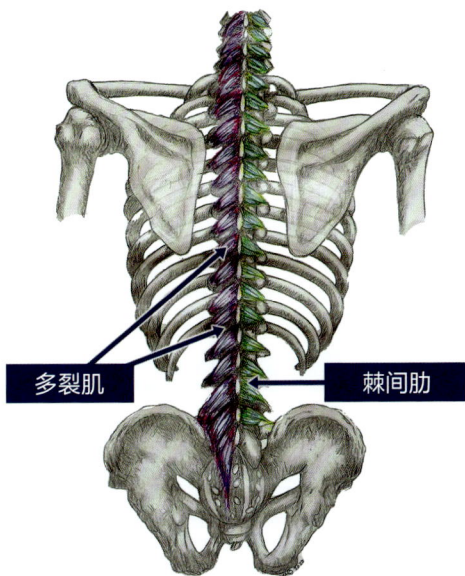

图 4-11 背部深层肌肉

在这里，它们作为局部肌肉为下胸椎和上腰椎提供前外侧的稳定性。

这些深层肌肉通过高度集中的肌梭纤维与中枢神经系统相连，提供重要的本体感觉反馈。可以说，局部肌肉或深层稳定肌的主要功能是为关节复合体提供与任务相适应的本体感觉和刚度。西蒙·博格-奥利维尔将这一概念与瑜伽中的收束法（或称为关节复合体协同收缩）联系起来，我们将在后续章节中进一步探讨这一主题。

控制脊柱的活动性，关键在于肌肉能够在所需运动区域的上方和下方产生适当的刚度。这是一个非常动态的过程，需要训练者能够自发地、熟练地组织肌肉活动。如果训练者试图自主保持或稳定局部肌肉，可能会影响自然和自

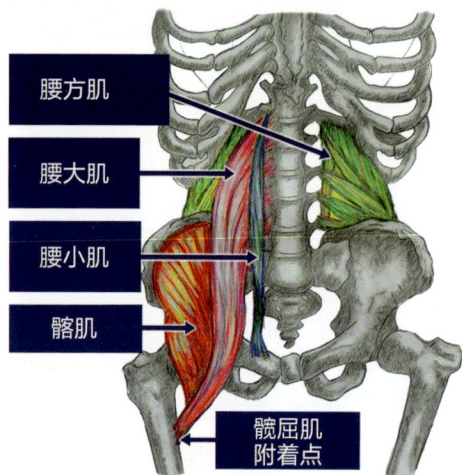

腰方肌

腰大肌

腰小肌

髂肌

髋屈肌
附着点

图 4-12　腰大肌前方视图

发的肌肉收缩时机。霍奇斯和理查德森在 1996 年进行的一项著名研究中发现，腹横肌的激活时间始终比目标整体肌收缩提前 50 毫秒。这表明，神经肌肉的激活可能是脊髓对预期负荷的一种快速反应，因为即便是最快的有意识的收缩反应也需要约 300 毫秒才能完成。此外，这也可能是一种基于预期、通过本体感觉系统调节的习得性预编程激活模式。我将在运动控制部分进一步阐述这一概念。

让我们回到脊柱的肌肉解剖。可以想象，在拥有 24 个运动节段的脊柱中，任何平面内脊柱的节段活动都需要节段的稳定性和活动性来实现运动的流畅性。这就像在一次漂亮的高尔夫挥杆动作中所观察到的那样，高尔夫挥杆的动作伴随着整个中轴骨（包括上肢和下肢）的旋转和反旋转。随着挥杆的加速，高

尔夫球手精准击中球。顺便提一句，如果一个高尔夫球手在挥杆时考虑到每一个关节和每一块肌肉，那么完成一杆可能需要花费数小时。

我一直在强调适当的刚度和预期负荷的重要性。预期负荷是基于个体经验的，它随着我们对动作序列的熟悉程度而逐渐形成。我们对一个动作序列练习得越多，局部稳定肌的工作效率就越高，从而能够创造出最佳的动态稳定效果。关键在于持续练习。通过反复练习，我们的神经系统能够更好地预测和适应即将到来的运动需求，使得局部稳定肌能够及时、准确地响应，为关节提供必要的支持。这种练习不仅提高了动作的效率，还有助于预防因稳定性不足而导致的运动损伤。

脊柱的非收缩结构

除了深层肌肉和浅层肌肉，人体还包含许多非收缩结构，如韧带、骨骼、肌腱、椎间盘和筋膜。这些结构在我们的身体中发挥着至关重要的作用。重要的是要认识到，人体所有的组织都是动态整合且能够维持张力的。在第五章中，我们将更深入地探讨生物张力模型。从理论上讲，生物张力模型揭示了活体组织中存在的自我调节原则。这些组织的持续张力不仅对维持我们的直立姿势至关重要，还发挥着非连续性压缩

的作用。如果没有周围产生张力的肌肉以及抗张力的肌腱、韧带和筋膜的支持，骨骼和软骨几乎无法支撑我们的身体。

前纵韧带是位于脊柱前方的一条非常结实的韧带（图4-13）。它在防止腰椎塌陷或前移方面发挥着关键作用，这对我们这种两足动物来说至关重要。在腰椎曲线的后方，还有一条韧带，称为后纵韧带（图4-13）。从图中可以看出，相较于前纵韧带，后纵韧带较为细小。这种结构与具有脊柱双曲线的两足动物的生物力学效率相匹配。在站立、行走、跳跃或奔跑时，脊柱的前凸侧不需要太多的韧带支撑。然而，随着生活方式的变化，我们对后纵韧带的需求也在增加。在过去的100年里，随着久坐不动成为一种常态，对后纵韧带的需求

也随之增加。不幸的是，我们的解剖结构尚未完全适应这种久坐的生活方式。这种生活方式正在成为一种流行病。因此，我们观察到下背部病变、肥胖和其他代谢性疾病的发病率正在上升。

黄韧带是脊柱中一条重要的韧带（图4-13）。这种韧带之所以被称为"黄韧带"，是因为其内部含有较多的弹性蛋白，弹性蛋白赋予了它黄色的色泽和良好的弹性。黄韧带位于椎管的后方，与前纵韧带和后纵韧带相比，它具有独特的伸展和回缩能力。这种弹性使得黄韧带能够在脊柱节段的中轴线后方提供非收缩性的稳定性，即使在脊柱的正常运动范围内也是如此。

除了主要的韧带之外，还有一些较小但同样重要的韧带，如棘间韧带和横突间韧带。这些韧带在脊柱的节段之间

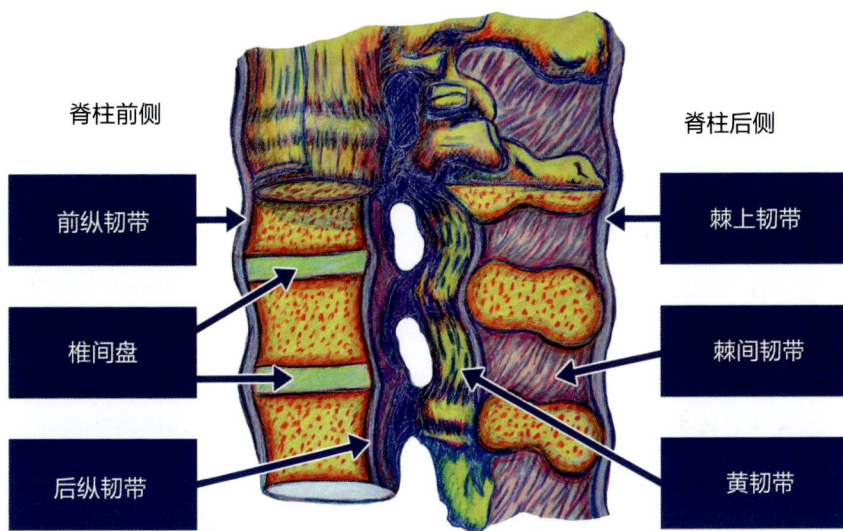

脊柱前侧　　　　　　　　　　　　　　脊柱后侧

前纵韧带　　椎间盘　　后纵韧带　　棘上韧带　　棘间韧带　　黄韧带

图 4-13　脊柱的韧带

起到连接横突和棘突的作用，它们在脊柱活动范围的末端提供一种称为惰性稳定性的支撑。与膝关节或踝关节的韧带不同，我们通常不会讨论脊柱韧带，但它们的作用同样重要。为了更好地理解脊柱韧带的功能，我们可以将其与踝关节的韧带进行比较。踝关节扭伤是最常见的骨科损伤之一，当韧带因过度拉伸而变形或更严重地断裂时，它们不仅失去了提供稳定性的能力，还失去了通过韧带组织中的机械感受器向神经系统提供准确本体感觉反馈的能力。受损的韧带无法为关节提供必要的机械稳定性，尤其是在关节运动范围的末端。脊柱韧带同样如此，如果它们受到足够严重的拉伤，也可能会发生变形或断裂。根据马诺哈尔·潘贾比提出的稳定性三角理论（该理论涉及收缩性组织、惰性组织和运动控制），当惰性或非收缩性结构受损时，神经和收缩性组织必须进行代偿。这可以类比于一个人失去了一种感官的情况。例如，如果一个人失去了视力，他的其他感官的灵敏度可能会提高，以起到代偿作用。同样地，当惰性或非收缩性稳定结构受损时，局部和整体稳定肌需要经过再教育，以提供适当的刚度和稳定性。

椎体活动节段由 2 个相邻的椎体和它们之间的椎间盘构成。椎间盘本身由 2 个主要部分组成：中间是一种凝胶状物质，称为髓核（图 4-14）；而椎间盘的外围则是由纤维环构成。这些纤维环主要由胶原蛋白组成，它们在多个平面上像编织篮子的柳条一样交错排列。这种结构使得椎间盘能够抵抗所有运动平面上的作用力，同时在多个方向上维持脊柱的稳定性（图 4-15A）。

脊柱的生物力学和关节运动学

在深入探讨脊柱的生物力学之前，让我们先来讨论一下运动的 3 个基本平面：矢状面、冠状面（也称为额状面），以及水平面（或称为横断面）。我将借助一些图像来帮助大家理解我们是如何通过这些平面在空间中进行运动的。

身体的所有屈曲和伸展动作都发生在矢状面上（图 4-16）。设想你站立时，有一块玻璃板将你的身体分成左右两半。如果你的动作与这块玻璃板平行，那么你就是在矢状面上运动。还有一种记忆矢状面的方法是将其与马鞍联系起来。当你骑在马鞍上时，你的运动方向是向前和向后，即涉及屈曲和伸展的动作。矢状面上的运动包括行走、前后摆动手臂，以及翻跟头等。

接下来我们讨论的是冠状面，也称为额状面。设想有一块玻璃板垂直于地面，将你的身体分为前后两部分。所有的侧屈运动都发生在这个平面上。在这个平面上，你的四肢进行的所有内收

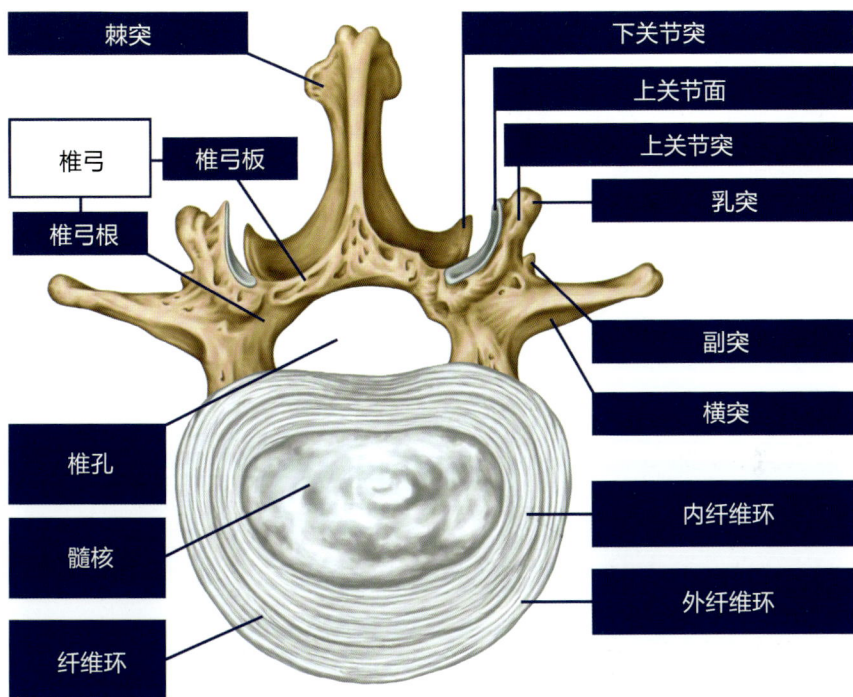

棘突

椎弓

椎弓板

椎弓根

椎孔

髓核

纤维环

下关节突

上关节面

上关节突

乳突

副突

横突

内纤维环

外纤维环

图 4-14 带有髓核的椎间盘

和外展运动也被归类于冠状面的运动（图 4-16）。例如，侧手翻、开合跳这类动作，都是典型的在冠状面上进行的运动。

第三个基本的运动平面是水平面，也称为横断面。设想有一块玻璃板横向穿过你的身体，将你分为上半身和下半身。与这个平面相关的主要运动类型是旋转运动，包括身体的轴向旋转以及四肢的旋转。所有的旋转动作都发生在水平面或横断面上（图 4-16）。例如，当你转头看向自己的肩膀时，你的头部就在进行水平面上的旋转运动。

在医学或专业领域描述运动或练习时，我们通常会根据相应的运动平面来定义动作。起始位置通常指的是解剖学位置，这是一种标准的身体姿态，其中身体的各个部位都处于中立位置（图 4-16）。运动平面的确定与身体本身的方位有关，而与重力的方向无关。这种描述方式使我们可以更加精确和清晰地讨论动作模式和练习，有助于我们进行准确的比较。例如，无论是站立、翻滚、下蹲还是躺在垫子上做仰卧起坐，这些练习都涉及脊柱在矢状面上的屈曲运动。尽管做这些动作时身体与地面的关系有所不同，但它们在矢状面上的运动本质是相同的。

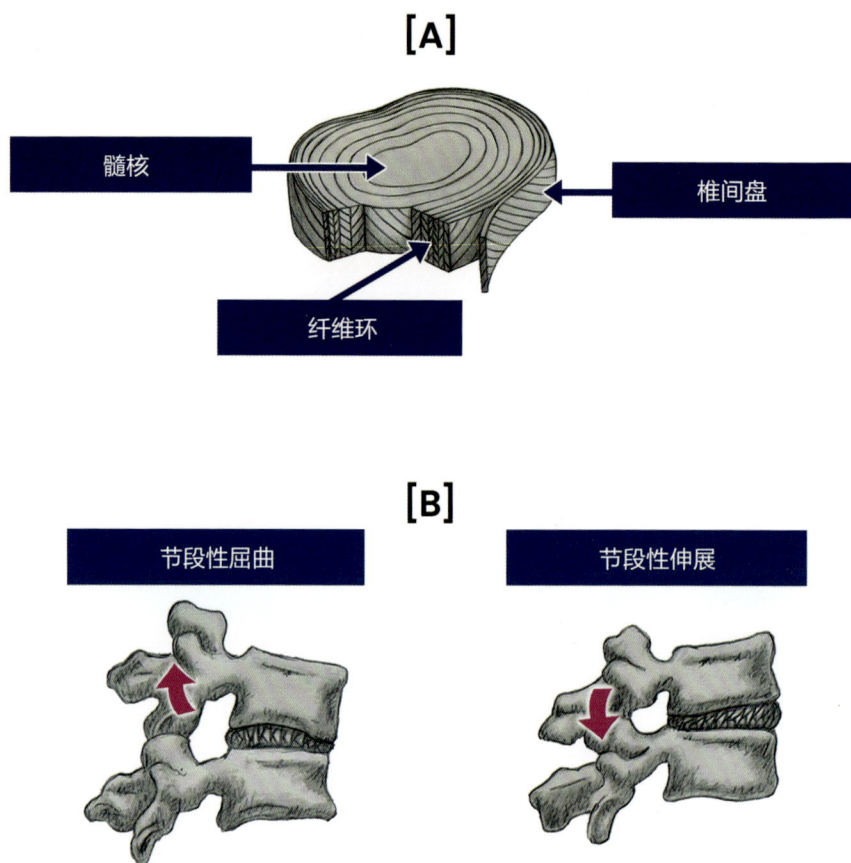

图 4-15　A. 带有纤维环和髓核的椎间盘；B. 椎节之间的三角承重，前方通过椎间盘，后方通过切面

让我们深入探讨脊柱的关节突，因为了解这些关节突对于充分理解脊柱的活动性至关重要。椎骨的关节突从椎骨的基底部向后外侧突出，形成椎骨间的连接（一个椎骨与另一个椎骨相连）。小面关节，也称为关节突关节，是脊柱后部的一个重要结构，由上位椎骨的下关节突和下位椎骨的上关节突组成（图4-15B）。这些关节是典型的滑膜关节，具备软骨覆盖的关节面、滑膜以及关节

液，并被关节囊所包围。

正如我在前面所强调的，椎骨关节突的角度对于决定脊柱不同节段的运动方向至关重要。在脊柱的每个节段中，我们都可以观察到独特的力学特性。这些特性不仅揭示了脊柱活动的范围，也决定了其运动的方向。

在腰椎节段中，椎骨的关节突在矢状面上是垂直的（图4-17A）。当腰椎进行屈曲运动时，上位椎体以椎间盘为

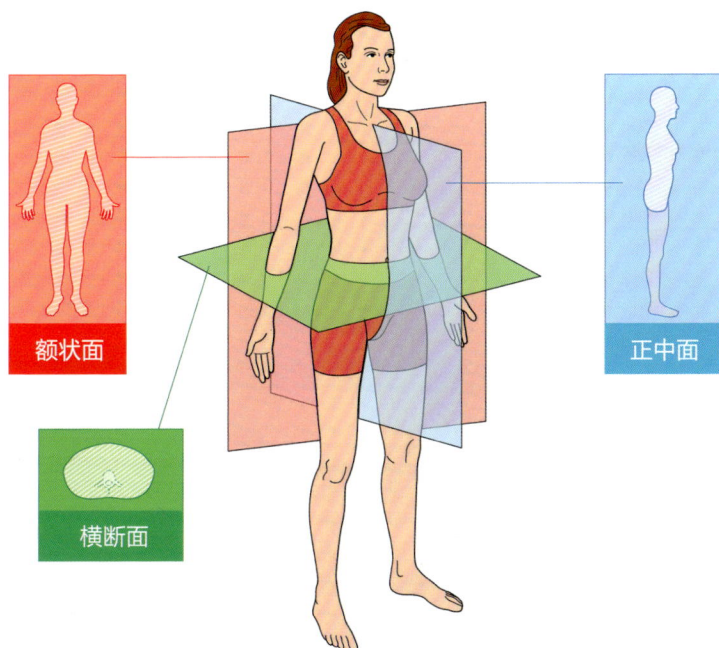

图 4-16 运动平面示意图：正中 / 矢状面、横断 / 水平面和额状 / 冠状面

支点进行旋转，同时其下关节突沿下方椎体的上关节突向前滑动。这种屈曲运动受到关节囊和韧带的张力限制。相反，腰椎的伸展运动通常受到小关节闭合和棘突间距的限制。腰椎的屈曲和伸展是通过椎骨关节面在双侧的相对滑行实现的。如果这种滑行是单侧进行的，则会导致侧屈。侧屈可以被视为腰椎运动的次要活动形式，而矢状面上的屈伸则是其主要活动形式。由于腰椎关节突的垂直特性和与矢状面呈近乎 90° 的角度，腰椎的旋转运动相对受限。每个腰椎节段的旋转角度通常只有 3~5°。

与腰椎类似，胸椎小关节的主要运动方式也是屈伸。通过观察图 4-17A

到图 4-17C，我们可以了解如何通过椎骨关节突的滑动来实现胸椎屈伸。胸椎与腰椎的主要区别在于单侧运动时的运动特性。在胸椎，单侧运动会导致冠状面上的旋转，而不是像腰椎那样的侧屈或侧弯。需要牢记的是，腰椎和胸椎的主要区别在于它们的小关节的方向和角度。胸椎的侧屈能力是有限的，就像腰椎小关节限制旋转一样，胸椎小关节也限制侧屈，这与肋骨之间的空间方向有关。如果你曾经测量过侧屈活动度，你可能会注意到，尽管单个胸椎节段的侧屈幅度不大，但胸椎的 12 个节段累积起来，总体上仍可产生明显的侧屈活动范围。

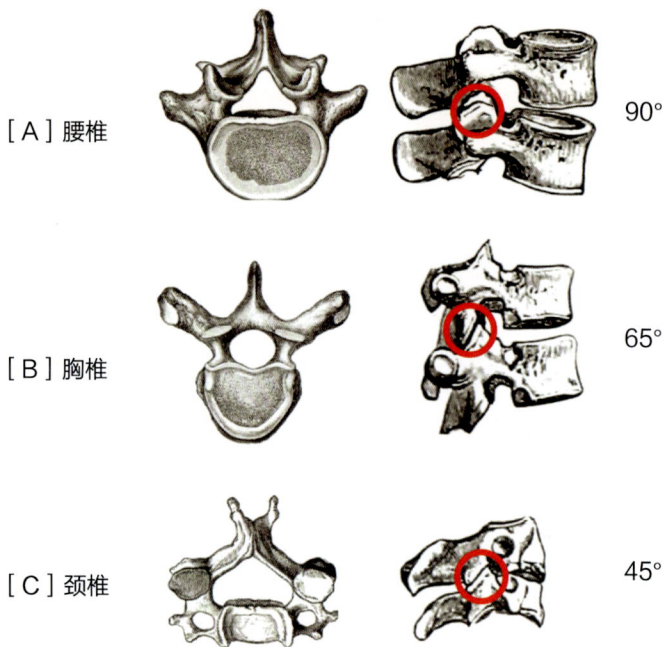

图 4-17   脊柱的小面关节：腰椎（A）、胸椎（B）和颈椎（C）

胸椎具有一些独特的运动特性，这些特性在胸、腰椎的交界处尤为显著。虽然我们通常将胸、腰椎的过渡关节称为 T12~L1，但实际上，过渡发生在 T11~L1 之间。在这个过渡区域，椎骨小面关节的方向从接近 90° 的矢状面逐渐变化到大约 65° 倾斜的冠状面（图 4-17B）。特别是在 T12 椎骨上，存在一个显著的后突，这个后突标志着从矢状面到冠状面方向的变化（图 4-18）。这种解剖特征使得 T11~L1 成为一个关键的过渡节段，它结合了胸椎和腰椎的运动特性。在两足动物的活动中，如人类的行走和跑步，腰骶区域的侧向运动可转化为胸廓的旋转动能。这种能量转换对于增强上肢的运动表现至关重要。

值得注意的是，胸椎的不同节段在运动特性上存在差异。在下胸椎区域，主要的运动形式依次为屈伸、旋转和侧屈。而在上胸椎（即 T1~T7），主要的运动形式则有所不同，首先是旋转，其次是屈伸，最后是侧屈。上肢的力量实际上源自下肢。力量的传递始于下肢，经过骨盆和腰椎，继续向上通过胸椎，经过肩胛骨传递至上肢。这一过程也可以反向进行，即力量从上肢通过肩胛骨传递至上胸部、下胸部、腰椎、骨盆以及下肢。例如，在投掷棒球时，整个身体协同工作以支持上肢的挥臂动作。仅使用上肢投球的效率相对较低，而利用

侧面观

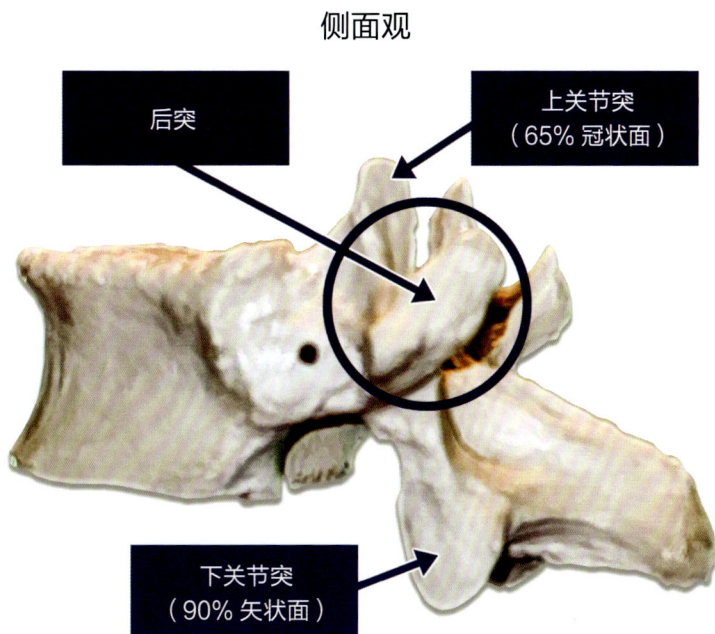

后突

上关节突
（65% 冠状面）

下关节突
（90% 矢状面）

图 4-18　T12

全身力量则能够投出更快更远的球。从解剖学角度来看，肩胛骨位于前 7 根肋骨之上，上胸腔为肩胛骨和上肢提供了结构性支撑。上胸椎的旋转能力使我们在日常生活中使用上肢时更加灵活和自如。在讨论对齐原则和上下肢生物力学时，我们将对这些概念进行更深入的探讨。

C3~T7 节段的小关节在冠状面上的夹角大约是 45°，这使得颈椎能够在所有 3 个运动平面上充分活动（图 4-17C）。C1（寰椎）和 C2（枢椎）的解剖结构和生物力学特性非常独特。C1 和 C2 的结构可以类比为相互叠加的两块板，其中 C2 椎骨上有一个特殊的骨性突起，称为"齿突"（图 4-8）。

颅骨与 C1 之间的生物力学关系可以比作一个球体在浅碗中移动，这种结构类似于一个浅的球窝关节。颅骨能够在 C1 的凹槽内自由移动，类似于一个球体在光滑的碗中滑动；这种结构允许头部进行多方向的运动，包括前后和左右的转动。

随着我们对脊柱生物力学的深入了解，特别是对椎骨小关节的认识，我们开始更加深刻地认识到脊柱在不同运动平面上的活动能力。正如我非常欣赏的表演团体——太阳马戏团所展现的那样，得益于中轴骨，尤其是脊柱的精妙构造，我们的动作和运动组合的可能性几乎是无限的。

提示 4-1 脊柱力学概要

腰椎：腰椎的核心功能在于支撑人体的重量。其主要的运动形式是屈曲和伸展，而侧屈则是次要运动形式。旋转运动在腰椎中是最为受限的，因为腰椎的功能主要是提供直立姿势的稳定性。

下胸椎：在下胸椎区域，主要的运动形式也是屈曲和伸展，与腰椎相似。旋转和侧屈作为辅助运动形式，相对于屈伸运动来说，它们的活动范围较小。

上胸椎：上胸椎的主要运动形式是旋转，这对于支撑上肢的活动至关重要。屈曲和伸展运动形式紧随其后，而侧屈则是上胸椎中活动范围最小的运动形式。

颈椎：颈椎的主要功能是支撑头部并允许头部在各个方向上灵活运动。C3~C7颈椎的小关节在冠状面上大约呈 45° 角，这些节段共同承担了头部在 3 个运动平面上约 50% 的活动。而枕骨、C1（寰椎）和 C2（枢椎）则负责头部剩余 50% 的运动，它们在头部的精细调节和复杂运动中起着关键作用。

本概要基于脊柱处于理想姿势的假设。圆肩、胸椎后凸（驼背）以及头部前倾等不良姿势，都可能减小头部和上下肢的活动范围。这主要是因为颈椎的关节囊和韧带在这些不良姿势下失去了部分活动度，导致整体可动范围减小，并增加了在活动范围末端造成损伤或退化的风险。

椎间盘力学

朱利叶斯·沃尔夫定律在生物力学中扮演着至关重要的角色。沃尔夫定律指出，我们的骨组织会根据施加在其上的压力发生适应性变化。这与"用进废退"或"熟能生巧"的格言有异曲同工之妙。研究显示，不仅骨骼，我们的结缔组织，包括椎间盘组织，也会对施加在其上的压力做出适应性反应。为了实现适当的适应性，椎间盘组织需要定期承受三维负荷。

在多种运动形式（如普拉提、婵柔、瑜伽和武术）中，练习的序列设计旨在使脊柱和身体组织在所有平面和方向上活动并承受负荷。限制或避免在某些平面上的运动与人类运动的本质是相悖的。作为运动实践者，探索在所有平面（包括组合平面）上的活动性是至关重要的。这样做可以促进椎间盘纤维、骨骼、肌腱和韧带的功能性组织适应，增强它们在日常生活的功能性活动中对压缩力和拉伸力的抵抗能力。负荷调整是关键，这将在第六章中进一步讨论。通过适当的负荷调整，我们可以更有效地促进身体组织的适应性和健康。

在此，我必须对多平面运动提出一些说明。如果你或你的客户长期处于久坐不动的生活方式，并且主要参与的是矢状面上的运动（例如，长时间坐在椅子上或弯腰穿鞋），那么身体组织需要一个渐进的运动恢复计划，来适应多平面运动带来的负荷。正如参加马拉松比赛需要让所有身体系统进行充分的准备一样，通常需要 6~12 个月的时间来调整身体状态，使其适应比赛的要求。这一原则同样适用于我们要求身体进行的任何新活动。一个常见的情况是，一个人一直保持在办公桌前久坐的生活方式，数年后，他突然开始参与像网球或高尔夫球这样的运动。正如马拉松训练需要从慢跑开始，逐步增加跑步里程一样，提高身体组织对于网球挥拍或高尔夫击球动作的旋转要求也需要一个循序渐进的过程。这可能需要 6 个月到 1 年的时间，通过分级负荷和分级活动恢复计划，来（重新）培养健康、有弹性的组织，使其能够执行正常的人体功能。在北极星课程中，我们称之为维护人的活动权。

我们的身体运动很少局限于单一平面；大多数活动实际上是在多个运动平面的组合中进行的。为了更深入地理解这一概念，我们可以借助哈里森·弗莱特定律，这是脊柱治疗领域，尤其是手法治疗中经常引用的生物力学原理。弗莱特的第三定律强调，当身体在一个平面上进行运动时，可能会影响（减少）在其他两个平面上的活动范围。让我来具体解释一下。例如，如果脊柱的某个节段上先进行屈曲运动（如向前弯腰），随后在同一节段进行旋转运动（如转身去系鞋带），那么相比于从脊柱的中立位置直接进行的屈曲或旋转，这个节段的屈曲和旋转范围将会减小。这是因为初始的屈曲运动已经部分占用了该节段的可动范围，从而限制了随后的动作的幅度。

在高尔夫挥杆动作中，成功的一击依赖于脊柱和四肢的协调旋转。理想的旋转应该均匀分布在全身各部位：首先是胸椎特别是上胸椎段，然后是腰椎段有限的旋转，最后是下肢。根据弗莱特定律，如果高尔夫球手以圆肩、平背和骨盆后倾的姿势进行挥杆，他们会发现脊柱和髋关节的旋转能力受到了显著限制。因此，许多高尔夫球手遭受腰部、肩部、髋部和膝部疼痛，甚至出现肘部和腕部问题，这并不令人意外。如同水流会选择阻力最小的路径，运动也会沿着阻力最小的路径进行，即使这并非最安全或最有效的策略。脊柱和四肢的轴向延伸和正确的排列可以增加各节段的活动度，特别是在挥杆所需的旋转平面上，这有望提升高尔夫球手的表现（图 4-19）。我总是向打高尔夫的客户承诺，通过改善他们的挥杆技术，他们的开球距离可以增加 20 码（约 18 米），尽管我不能保证球的确切方向。现在，你知道了我的秘诀。

图 4-19 高尔夫球手的挥杆动作

[A] 侧面观

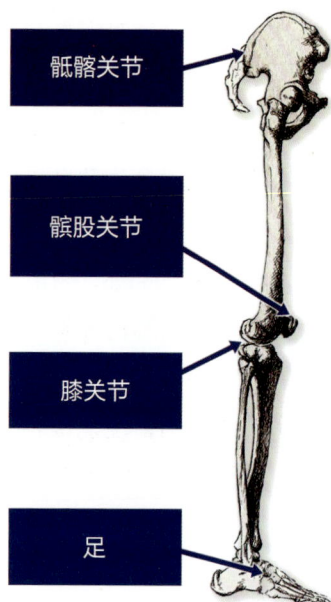

骶髂关节

髋股关节

膝关节

足

下肢解剖学和生物力学

下肢骨性解剖

现在，让我们深入了解下肢的解剖结构（图 4-20A 和 4-20B）。骨盆是下肢负重的中心，也是连接中轴骨的关键环节。所有来自地面的反作用力都会通过骨盆传递到脊柱。骨盆的形状类似于一个贝壳或碗状结构，承载我们内脏的重量。骨盆与支撑我们躯干、头部和上肢的脊柱相连。骨盆以股骨头为支点，保持整体平衡，这种结构使得我们的身体能够在重力作用下实现单脚站立，这本身就是一种奇迹。如果你尝试过用直立的木棍搭建一个结构并使其保持平衡，就会发现它通常需要外部支撑或将其以某种方式固定。同样，我们体内的

[B] 正面观

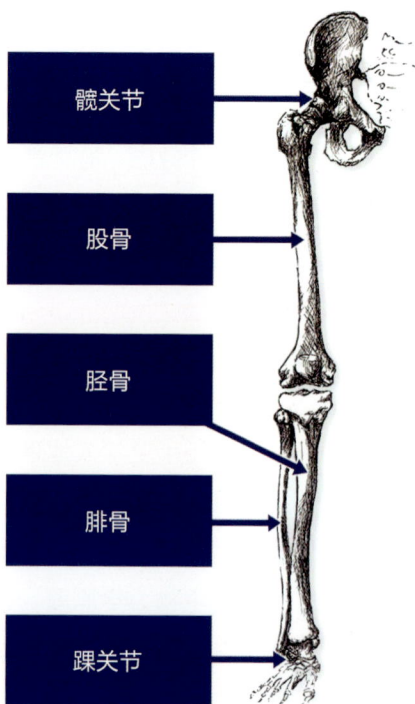

髋关节

股骨

胫骨

腓骨

踝关节

图 4-20 下肢骨骼

肌筋膜系统的生物张力能够提供恰当的张力和压力，使我们垂直的骨架能够保持平衡，实现单脚站立。

在所有直立姿势中，骨盆与股骨头之间的关系至关重要。股骨头的平衡点大致位于骶骨的正下方。当我们开始单脚站立时，仅需轻微调整重心，便能找到平衡。从髋关节的球窝结构开始，股骨颈在冠状面上向下和侧方倾斜，形成了一种高效的肌筋膜力偶，这使得单腿负重变得可能。接着，股骨干向后倾斜，与胫骨相连。股骨髁及其与胫骨平台的连接是下肢生物力学设计中的另一个精妙之处。在我看来，股骨髁在决定整个下肢的关节运动学中扮演着关键角色。内侧髁比外侧髁更大，它们在胫骨

顶部保持平衡。胫骨是小腿的主要承重骨，从膝关节向下延伸，与腓骨一起在踝关节处与距骨相连。胫骨腓骨远端与足部的距骨共同构成距小腿关节。距骨的穹顶前部略宽，这样的设计有助于在步态周期中足尖离地时，在足背屈以及前足旋后阶段产生惰性张力。

足部解剖学是一个复杂而精细的领域，其复杂性足以写成一本专著。我特别喜欢观察足部，并对其功能进行细致的分析。足部可以大致分为两个主要部分。足外侧（图 4-21）主要由跟骨构成，跟骨与位于其前方的骰骨相接。骰骨进一步与第 4 和第 5 跖骨及趾骨相连。与足外侧相关的主要运动包括足内翻和足外翻，这些运动对于行走和站立

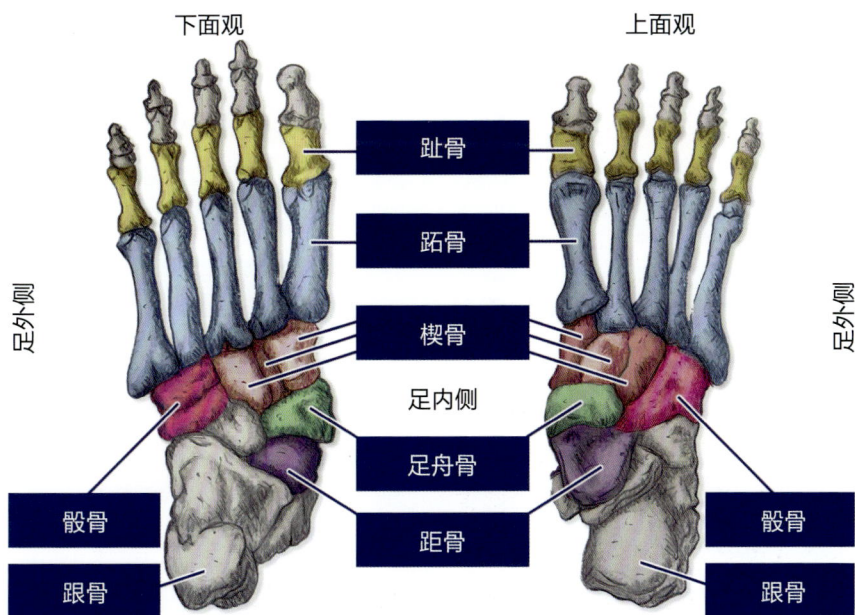

下面观　　　　　　　　上面观

足外侧　　　　　　　　足外侧

趾骨

跖骨

楔骨

足内侧

足舟骨

距骨

骰骨　　　　　　　　骰骨

跟骨　　　　　　　　跟骨

图 4-21　足部视图

时的稳定性至关重要。足内侧则由距骨构成，距骨与前方的足舟骨相接。足舟骨继续与楔骨相连，楔骨则与第1、第2和第3跖骨相连，最终与趾骨相接。足内侧的主要运动是旋前和旋后，这些运动在步态周期中发挥着关键作用，尤其是在提供推进力和吸收冲击时。通过了解这些基本结构和它们之间的相互作用，我们可以更好地理解足部在支撑身体、行走和跑动中的作用。

下肢肌肉

下肢肌肉可以分为3个主要区域：前侧、内侧和后侧。前侧区域由一系列肌肉组成，包括股外侧肌、股中间肌、股内侧肌、股直肌以及缝匠肌（图4-22和4-23）。内侧区域主要由内收肌群构成，包括大收肌（图4-22和4-23）。后侧区域则由腘绳肌群组成，包括半腱肌、半膜肌、股二头肌的短头和长头，以及大收肌，这些肌肉共同协助控制髋关节的伸展和膝关节的屈曲（图4-22A和4-22B）。注意观察图4-23A中肌肉周围的筋膜和结缔组织的关系。

如果你现在站立并感受你的腿部肌肉，你会发现它们并非僵硬不动。当你将重心转移到其中一条腿上并抬起另一条腿时，你会感受到肌肉张力的增加。每条肌纤维都被筋膜所包裹，而大腿筋

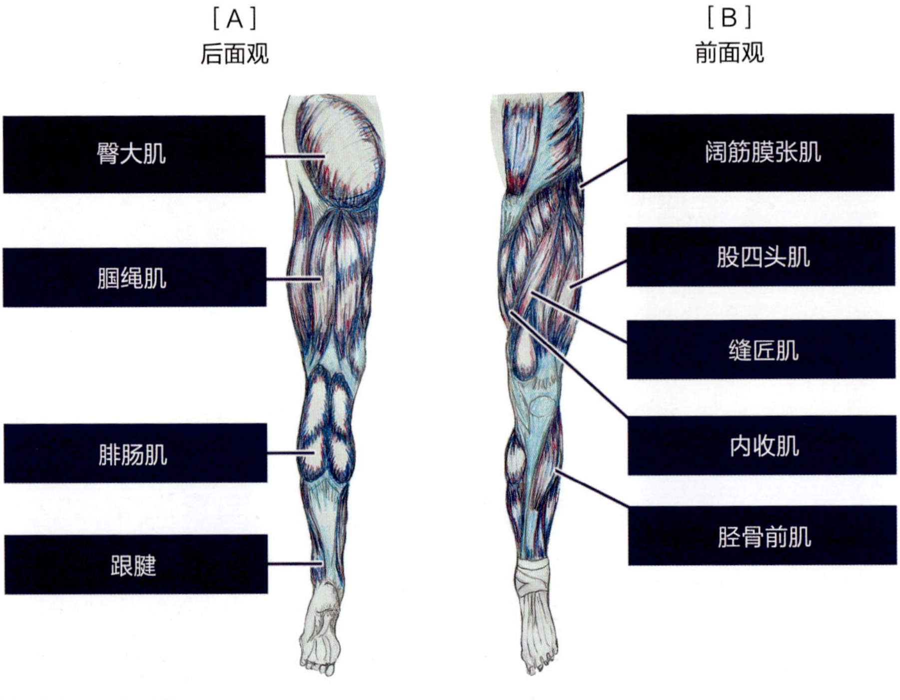

[A]
后面观

[B]
前面观

臀大肌		阔筋膜张肌
腘绳肌		股四头肌
		缝匠肌
腓肠肌		内收肌
跟腱		胫骨前肌

图4-22　下肢肌群

[A]
大腿横截面

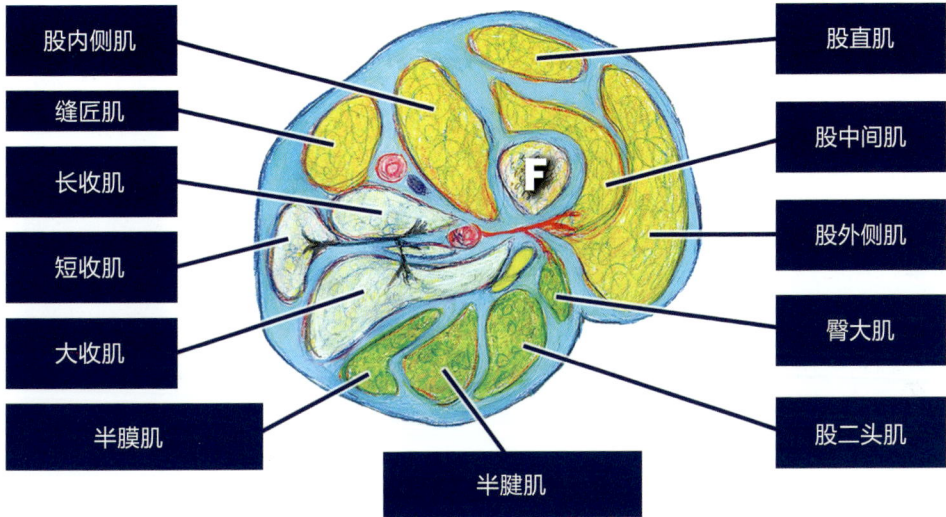

股内侧肌
缝匠肌
长收肌
短收肌
大收肌
半膜肌
半腱肌

股直肌
股中间肌
股外侧肌
臀大肌
股二头肌

内

外

[B]
小腿横截面

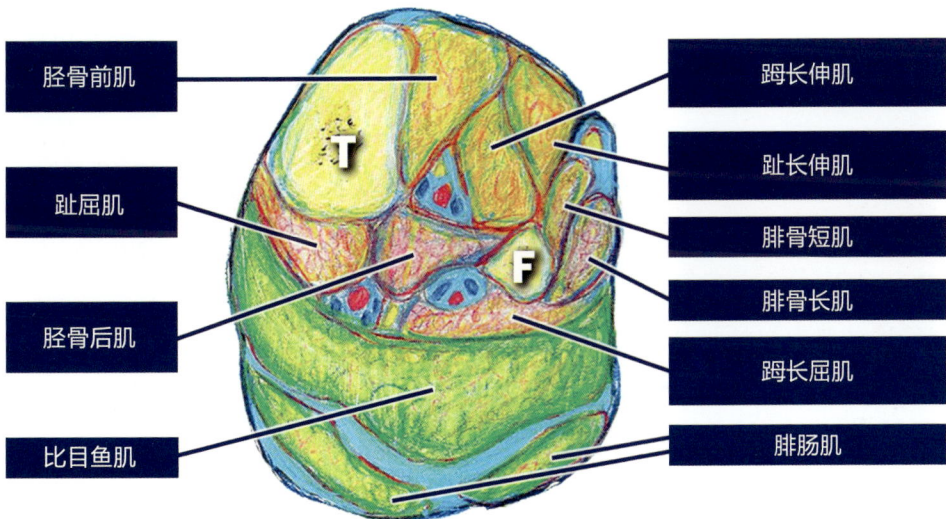

胫骨前肌
趾屈肌
胫骨后肌
比目鱼肌

蹬长伸肌
趾长伸肌
腓骨短肌
腓骨长肌
蹬长屈肌
腓肠肌

图 4-23 下肢肌肉

膜环绕整个大腿，并由髂胫束从侧面加强。这些肌肉协同工作，产生必要的力量来完成单腿站立等任务。尝试有意识地控制肌肉的收缩程度往往效果不佳。正如你在单腿站立时所体验到的，大腿肌肉会变得稍微僵硬，以帮助你保持平衡。当你恢复到双腿站立时，肌肉又重新放松。这是一个动态的过程。

回想一下你最后一次走路、跑步或将物品放到高处是什么时候。我敢打赌，你没有在心里与身体进行过这样的对话："当我向前迈步时，我需要收缩股四头肌来伸直膝关节，哦，还有我的臀部外侧肌肉来保持直立。我需要使用腘绳肌来帮助我屈膝。"如果真的这样做，你将无法有效行动。通常，行走是依靠重力和动量完成的。在步态中，我们主要使用肌肉来减速，以避免摔倒。我们身体的纵轴倾斜度越大，重力就越能推动我们进入跑步步态。我们的轴线越垂直，我们就越可能保持行走状态。我经常把走路和跑步比作一种有控制的跌倒——我们运动得越快，就越依赖于肌筋膜组织的弹性。

小腿的肌群同样可以根据其位置划分为不同的区域（图 4-23B）。前侧区域主要由胫骨前肌和趾伸肌组成，这些肌肉负责足部的背屈和足趾的伸展。外侧区域的肌肉包括腓骨长肌和腓骨短肌，它们对于足部的稳定和运动至关重要。后侧深层则由足和踝的长屈肌、比目鱼肌组成，紧接着是位于较浅层的腓肠肌（图 4-23B）。

小腿肌肉的协同工作不仅提供必要的刚度和运动控制，还有助于速度的调节，同时本体感受器确保我们对身体在空间中的位置和与地面的关系有清晰的认识。与大腿相似，小腿也被筋膜所包围，这包括从肌肉筋膜到覆盖整条腿的筋膜（图 4-23B）。小腿的许多肌肉跨越多个关节，其中的肌梭纤维和高尔基体提供动态的本体感觉，反映身体在空间中的位置。

筋膜中也分布着高尔基体，它们的主要作用是提供对抗重力的意识。当一个人因下肢受伤而暂时失去通过筋膜、肌腱和肌纤维的反馈机制时，他可能会感到困惑，甚至说出"我不知道这是谁的腿"或"哇，我几乎无法用腿站立"这样的话。随着康复的进行和反馈机制的恢复，他会忘记自己曾经面临过的问题。

一个引人入胜的概念是，我们的肌肉系统可以高效地进行协同工作以维持我们的直立姿势，保证运动效率。例如，单纯的股四头肌训练，尽管可能旨在提高爬楼梯的效率，却永远无法达到实际爬楼梯的训练效果。这是因为在执行功能性动作时，需要该区域所有肌肉的协调合作，而不是依赖单一肌肉的独立作用。在自然界中，肌肉不会孤立行动；它们总是作为一个团队，通过精细的协调来完成复杂的动作。这种协同作用不仅提高了运动的效率，还有助于分散力量，减少受伤的风险。正如我们在日常生活中所体验到的，无论是爬楼梯、走路还是跑步，我们的身体都是以一种协调统一的方式在运动。

我们长时间久坐不动的生活方式可能会导致一系列运动障碍，例如，踝关节背屈能力减弱、髋关节侧向稳定性降低、站立时髋关节伸展受限，以及躯干和骨盆的排列出现问题。这些障碍会严重影响我们的活动性、排列性和负荷耐受性，从而削弱我们有效参与日常活动的能力。日常活动在很大程度上依赖于骨骼的正确动态排列、结缔组织的恰当张力，以及通过重复练习直到获得自发和自然形成的动作模式。丧失这些能力不仅会限制我们的身体表现，也可能对我们的整体健康和生活质量产生负面影响。

下肢生物力学

让我们从髋部开始探讨。髋关节是一个典型的球窝关节（图 4-24），具有强壮的韧带。围绕关节的韧带和关节囊厚实而有力，但弹性较小。这些结构共同作用，将股骨头牢牢固定在位，确保关节面之间保持一致性，这有助于优化重量分布和关节内部的力量吸收。在关节学中，"一致性"是一个描述关节两个关节面之间最佳接触程度的术语。如果关节的一致性较差，它将承受异常的组织负荷，可能导致关节的退行性变化。类似地，如果关节表面没有适当地承重，也可能因为关节营养不良而发生退行性变化。这可以类比于汽车轮胎的不均匀磨损，这种磨损通常是由于轮轴未校准，或者没有定期给轮胎定位导致的。髋关节的盂唇是关节的一个重要组成部分，它通过加深髋臼的深度来增加关节的稳定性，并起到缓冲外力的作用。如果关节排列不当或髋关节周围的神经肌肉组织功能不佳，旋转扭矩可能会产生异常力量，这可能会损伤关节软骨或盂唇（图 4-25）。

膝关节虽然外观简单，但其结构和

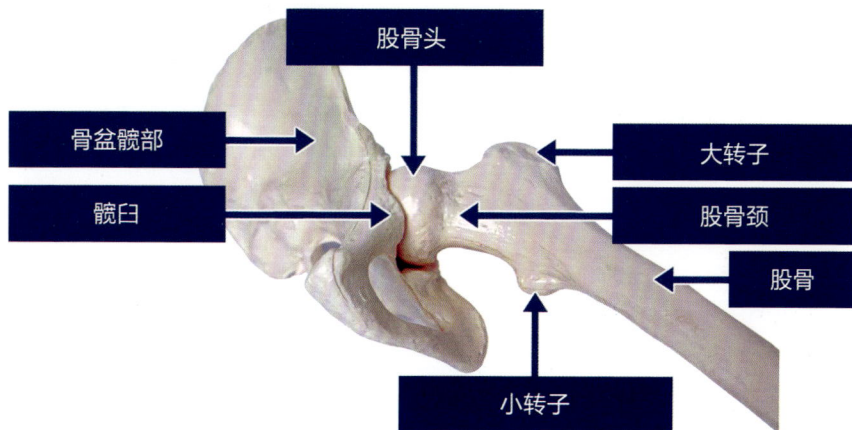

图 4-24　髋关节

功能却相当复杂。它是一个双髁铰链关节，如前所述，内侧髁比外侧髁更大。当膝关节进行屈曲和伸直运动时，股骨和胫骨之间的运动轨迹呈现出一种独特的螺旋形态（图 4-26A 和 4-26B）。对这一点的理解至关重要。我们可以将膝关节的运动比作一辆有两个轮子的手推车，其中一个轮子明显大于另一个。当手推车向前或向后移动时，较大的轮子会带动较小的轮子，形成螺旋状的运动轨迹。膝关节的这种运动并非典型的生理性旋转（如内旋或外旋），而是一种辅助性的运动。当膝关节屈曲时，内侧髁会向外侧旋转，带动股骨也向外侧旋转。这种相互作用导致胫骨内侧发生螺旋运动，类似于打开或拧紧罐子盖子的过程（图 4-27A 和 4-27B）。拧动盖子需要盖子和罐体向相反方向转动。膝关节中的这种螺旋力不仅增加了关节的稳定性和硬度，还有助于维持关节表面的一致性，这对于关节的健康和功能至关重要。

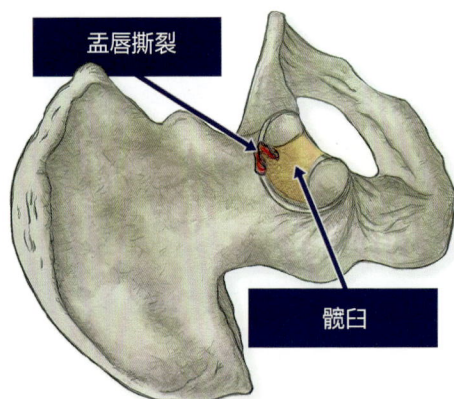

图 4-25　盂唇撕裂

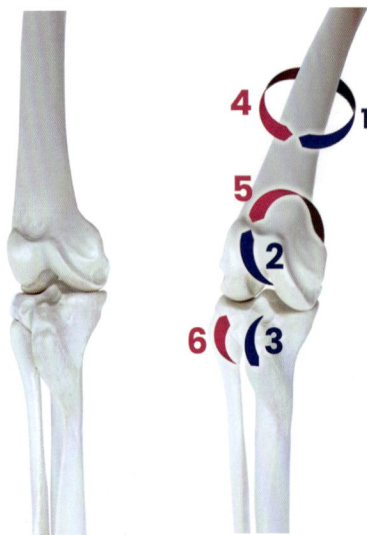

关节动力学 - 屈曲
1. 股骨向外侧旋转
2. 髁向后滚动
3. 髁向前滑动

关节动力学 - 伸展
4. 股骨向内侧旋转
5. 髁向前滚动
6. 髁向后滑动

图 4-26　右膝关节动力学。中立位（A）和闭链屈伸膝（B）

[A]
打开盖子

[B]
拧紧盖子

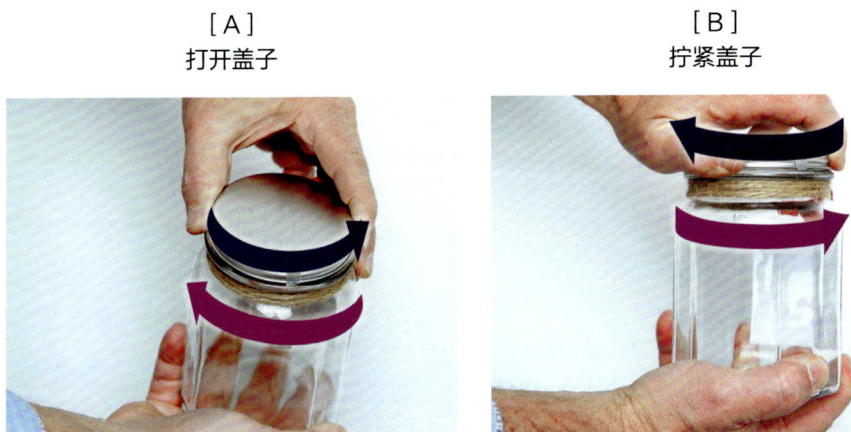

图4-27　A.打开盖子需要相等和相反的力；B.拧紧盖子需要相等和相反的力

如前所述，膝关节的一个髁部大于另一个髁部会导致附属关节运动，这在关节运动学或附属关节运动学中是一个重要的概念。附属运动与生理性运动（如屈曲、伸展、外展、旋转和前倾）不同，附属运动发生在关节内部，以促进生理性运动的实现。附属运动通常包括旋转、滚动、滑动和螺旋等类型。膝关节的螺旋运动是其附属运动中的一种，它在多个平面上对筋膜产生特定的张力。当我们站立和移动时，筋膜张力在骨盆和上半身之间形成了一种精妙的平衡，有助于我们维持直立姿势。这种平衡关系对于我们的运动和姿势至关重要。值得一提的是，我们人类是唯一拥有双曲线脊柱的直立行走动物。与我们血缘相近的灵长类动物的脊柱呈现"C"形曲线（图4-28），这限制了它们实现有效的直立姿势。

当下肢关节的运动学功能正常时，

颈曲

胸曲

腰曲

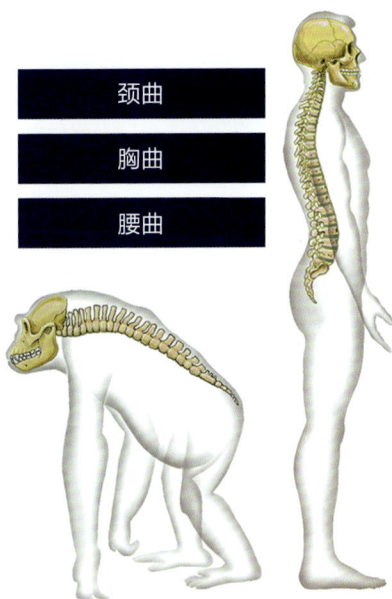

图4-28　灵长类动物和人类的对比

这些关节不仅排列整齐，还能提高整体的力量输出。通过这种正确的动态排列，膝关节内的半月板和韧带也得到了适当的保护。然而，如果股骨和胫骨都发生向内的螺旋运动，就可能导致外翻

提示 4-2   下肢骨节律训练

站立时，将双脚分开至与肩同宽，并轻微外展双腿。这样做的主要目的是让关节按照正常的关节运动学或骨节律进行运动。正如罐子和盖子的关系所示，关节两侧的骨骼需要进行相反方向的旋转以实现最佳配合。

为了完成健康的深蹲动作，使用以下意象来比较自然与非自然的运动模式。

（1）想象在下蹲时，骨盆螺旋向内（表现为耻骨间距收窄，坐骨结节间距变宽），股骨向外螺旋，而胫骨向内螺旋。

（2）想象在下蹲时，骨盆螺旋向外（表现为耻骨间距变宽，坐骨结节间距变窄），股骨向内螺旋，胫骨向外螺旋。

（3）想象在下蹲过程中，骨盆、股骨和胫骨同步向外螺旋；起身站立时，反向进行这个螺旋运动。

（4）想象在下蹲过程中，骨盆、股骨和胫骨同步向内螺旋；起身站立时，反向进行这个螺旋运动。

哪一种让你感觉最自然？在尝试这 4 种策略时，你分别注意到下蹲深度、肌肉张力和关节受力方面有何不同？

调整方法：如果你发现踝关节背屈能力不足，无法完成深蹲，可以在脚跟下放置一个 2~3 英寸（5~7.6 cm）的垫高物，并再次进行深蹲练习。

应力，从而使韧带和半月板面临退化和损伤的风险。在舞蹈和运动领域，关节运动学有时也被称为"骨节律"。这个术语强调了关节运动的协调性和节奏性，这对于运动表现和舞蹈技巧至关重要。

踝关节由胫骨和腓骨的下端与距骨相接形成（图 4-29）。这是一个结构复杂的关节。距骨的上方，即穹顶，其形状类似于一个马鞍形（图 4-30），其前端比后端更为宽阔。当胫骨和腓骨的下关节面与距骨的穹顶在背屈时相衔接，宽大的前部穹顶会增加距骨韧带的张

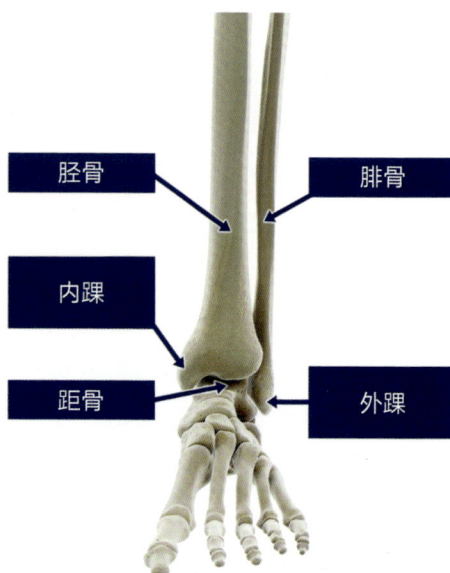

图 4-29   踝关节

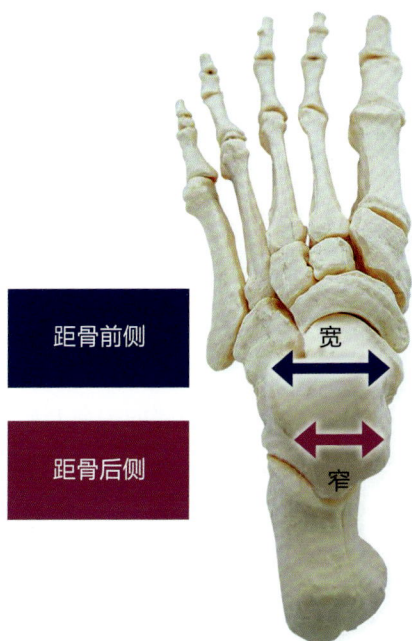

距骨前侧

距骨后侧

宽

窄

图 4-30　距骨穹顶

力，从而起到杠杆的作用。这种杠杆作用在步态周期中的迈步前期特别有用，有助于推动身体前进。

韧带结构和关节运动学对于自然的行走、跑步和跳跃至关重要。当我们注意到足部出现长时间的旋前或其他异常排列模式时，重要的是要审视整个动力链，特别是膝关节和髋关节的功能。我们需要确定是否存在向内侧旋转的运动模式——例如，股骨和胫骨都向内螺旋，导致所有重量内陷使足部内旋。面对这种情况，我们不应该仅仅治疗足部或髋部，而是应该全面考虑。通常，当患者被诊断为足部过度旋前时，常见的首要治疗措施是使用矫形器或穿着特制

的鞋子。然而，更有效的方法应该是恢复下肢的正常骨节律，并在运动的减速或加载阶段加强髋关节的旋转和伸展能力。通过这种方式，我们不仅能够解决足部的异常排列，还能够提高整个下肢动力链的协调性和效率，从而形成更健康、更自然的运动模式。

上肢解剖和生物力学

上象限（包括头部和颈部）的组织状况是判断运动效率的一个重要指标。通常，通过观察一个人的面部或肩部，我们可以初步判断他是运动新手还是经验丰富的老手。如果进行过专业的运动评估训练，我们甚至可以更深入地评估肩胛带与胸廓、颈椎和头部之间的空间组织关系。这种评估可以帮助我们了解个体的运动控制能力、姿势排列以及个体在运动中的整体协调性。例如，一个经验丰富的运动员可能会展现出更加流畅和协调的动作，而新手可能在做动作时表现出更多的紧张和不稳定性。通过细致的观察和评估，教练和训练师能够更精准地制订个性化的训练计划。这样的计划不仅可以提升运动员的运动表现，还能有效降低其受伤的风险。

普拉提、瑜伽、体操和多数武术形式都涉及上肢的大量负重。如果我们不能正确地组织上肢（或身体的任何部位），就可能在缺乏神经肌肉支撑的情

况下，主要依赖非收缩性组织，从而产生不必要的压力。在上肢负重的情况下，这种压力可能导致肘部和腕部的过度伸展。过度伸展会拉伸韧带，引发腕部、肘部或肩部的活动度异常，表现为活动度过大或过小，以及关节的不稳定。这解释了为什么许多刚开始练习武术、普拉提或瑜伽的人常常会抱怨手腕无力和疼痛。这种现象是对"要么使用，要么失去"这一格言的另一种诠释。如果我们不恰当地训练和利用神经肌肉支撑，关节就会过度依赖韧带来提供支撑。这种做法是不科学的，最终可能导致结构的磨损和撕裂。

上肢骨骼解剖

上肢的解剖结构起始于脊柱，一些理论甚至认为它与骨盆有着直接的联系。在筋膜科学的视角下，我们认为动力链和筋膜链贯穿全身，连接着身体所有平面和方向上的各个肢体（图4-31）。为了实际应用，我们从肩胛骨及其与头部、颈部和胸部的关系开始探讨。肩胛胸壁关节并不是一个传统意义上的关节。肩胛骨似乎是靠在或漂浮于肋骨之上，它缺乏关节囊、关节软骨、韧带或滑液等典型关节结构。尽管如此，它的运动和功能却类似于一个关

多平面肌筋膜连接示例

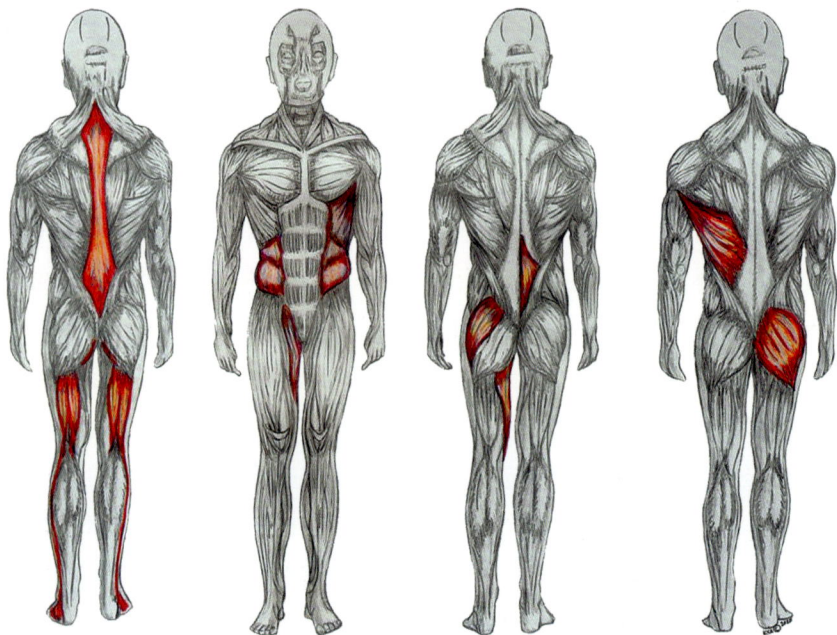

图4-31　肌筋膜链

节。可以想象肩胛骨由肌筋膜组织从多个方向固定，以保持与肋骨的协调，并有效地分配来自上肢或通过上肢传递的力量。

肩胛骨的骨性解剖结构颇具特色，它通常被通俗地描述为一种刀片状或板状结构（在英语中称为 shoulder blade，在西班牙语中称为 omoplato）。肩胛骨的这种弧形和板状特性是实现肩部稳定的关键。一方面，它可以让灵巧的上肢在其活动范围内保持正确的排列，并与肱骨头保持一致；另一方面，它还能将大部分力量传递到躯干和上肢。在瑜伽、马戏和跑酷等表演艺术中，表演者用单手平衡全身重量的能力令人印象深刻。我总是仔细观察肩胛骨与胸廓之间的肌筋膜连接是如何实现这种平衡和控制的，以及盂肱关节以及上肢其他长骨的排列和协调。

肩胛骨的形状让人联想到南美大陆的轮廓。要深入理解肩胛骨的组织结构，先要识别其骨性标志。我们可以从肩胛骨的内侧缘和外侧缘开始识别，然后向下至肩胛骨的下角。肩胛冈起始于内侧缘，沿着肩胛骨的上缘向外延伸，最终形成肩峰。肩峰是与锁骨远端相接的部位。值得注意的是，上肢与躯干之间唯一真正的关节连接是胸锁关节。从肩胛骨的形态上看，它的外侧边缘隆起并形成关节盂，这是与肱骨头相接的部位。如果从肩胛骨的前面观察，你还会

注意到一个叫作喙突的显著突起，这里正是胸肌和手臂肌肉的附着点（图 4-32A 和 4-32B）。

锁骨是与上肢活动度密切相关的一块重要骨骼。这块呈拉长的"S"形的骨骼，与胸骨的锁切迹以及肩胛骨的肩峰相连接，构成了肩部与胸廓之间的唯一真正的关节。锁骨和肩胛骨的协同运动对于维持盂肱关节的一致性至关重要。图 4-33 展示了锁骨及其与肩胛冈的关系，以及它们如何指向肱骨头，形成一个"V"字形。"V"字形的方向对于评估肩关节的排列情况非常有用，它可以帮助我们确定肩胛骨–锁骨复合体的一致性，或排列不佳是否可能导致盂肱关节承受过大的压力。如果一个人呈圆肩状态，肱骨头和关节盂之间的一致性就会丧失，此时"V"字形会指向前方。相反，如果一个人过度矫正姿势，如军事训练中的军姿会将肱骨向后拉，"V"字形则可能指向后方。理想情况下，我们希望"V"字形尽可能地指向两侧，这表明肩关节处于良好的排列状态。请记住，改善这个区域的排列需要时间和耐心，包括提升意识和改变软组织的状态。因此，如果你试图纠正某人的排列方式，一定要采取温和的方法。通过观察骨骼的排列，我们可以对盂肱关节是否有拉伤或损伤的风险进行初步评估，这是一个实用技巧。

让我们继续探讨肱骨及其解剖特

[A]
前面观

[B]
后面观

肩峰

喙突

盂肱关节

肩胛骨前侧

桡骨

指骨

锁骨

肱骨

尺骨

腕

肩胛冈

肩胛下角

肘

掌骨

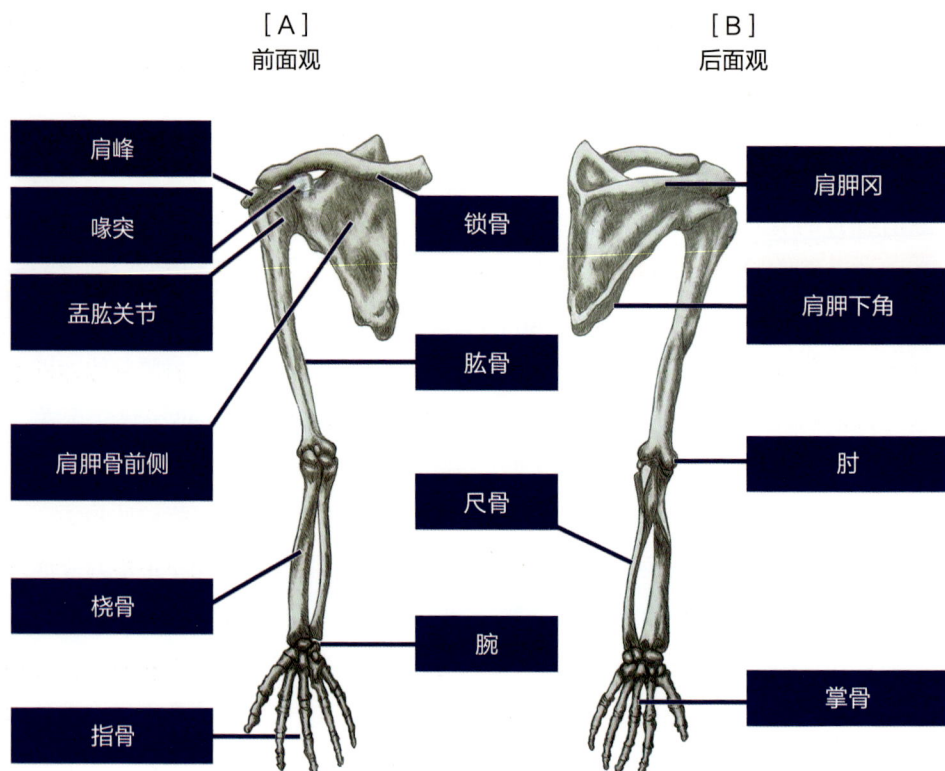

图 4-32   上肢骨骼解剖

征（图 4-32）。肱骨头的体积相对于它的关节盂——肩胛骨的关节窝来说是相当大的。肱骨头周围有 2 个显著的突起，即大转子和小转子，肩袖的肌肉就附着在这些突起上（图 4-34）。盂肱关节是一个典型的球窝关节，它与髋关节类似，拥有 6 个自由度，允许广泛的运动范围。与髋关节相比，上肢的韧带和关节囊较为松弛，这为上肢提供了更大的活动性，而这种活动性与负责支撑体重的腰椎骨盆区域和下肢的功能不同。肱骨的远端通过独特的关节面与尺骨和桡骨相连，形成了单平面的肘关节，即

肱骨、尺骨和桡骨的关节。肘关节的运动主要限制在矢状面上，这主要由于肱骨滑车、尺骨的滑车切迹以及冠突的结构特性。桡骨和肱骨的关系与它和尺骨的关系不同。注意肱骨小头的凸起形状和桡骨头的圆形浅窝，这种结构使得前臂能够进行旋前和旋后的动作。此外，桡骨头还与尺骨外侧的桡切迹相连，这有助于前臂的旋前旋后动作的完成。

尺骨和桡骨的远端与腕骨的近端相连，其中大部分骨性连接发生在桡骨远端。尺骨远端通过一个类似椎间盘的结构与腕骨近端内侧的骨骼（豌豆骨、三

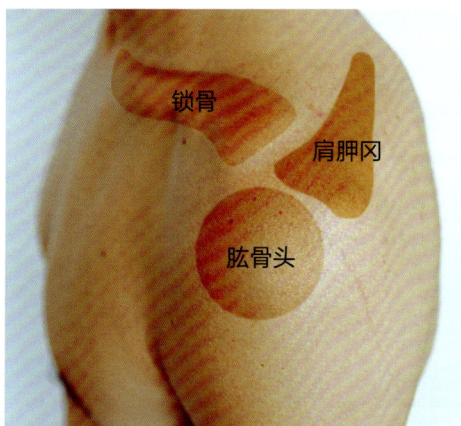

图 4-33 肩胛带上面观

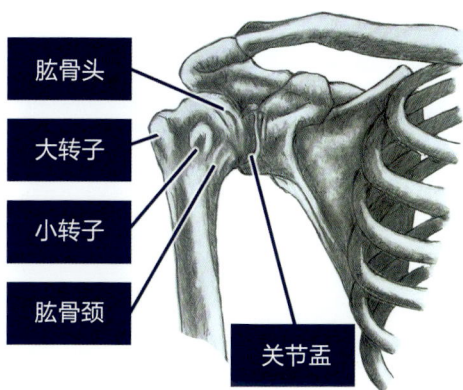

图 4-34 盂肱关节骨性标志

角骨、月骨）相连（图 4-32）。腕骨的远端进一步与 5 块掌骨相连。腕骨中最外侧的大多角骨与第一掌骨或拇指相连，形成一个类似胸锁关节的"U"形关节，这使得拇指能够完成活动度较大的对掌动作。掌骨与手指的近节指骨、中节指骨和远节指骨相连，构成了我们的手指和拇指。值得注意的是，拇指的结构与其他手指不同，它缺少中节指骨，只有近节指骨和远节指骨（图

4-32）。上肢的这种解剖结构赋予了我们参与需要精细运动和灵活性的活动的能力，如进食、工作和玩耍。上肢解剖结构的独特性还使我们能够执行多种类型的运动，包括闭链活动（如平板支撑）、悬垂运动（如引体向上、攀岩）以及开链运动（如投球、挥高尔夫球杆）。这些运动类型展示了上肢在功能性和适应性方面的高度多样性。

上肢肌肉解剖

在肩带区域，我们可以识别出 3 组主要肌肉。第 1 组肌肉负责将肩胛骨或锁骨与头部、颈部和躯干相连；第 2 组肌肉则将肩胛骨与肱骨相连；第 3 组肌肉则连接胸廓与肱骨。

让我们从浅层到深层逐步了解第 1 组的后方肌群（图 4-35）。斜方肌是一块大而有力的肌肉，起于颅底、颈韧带以及 C2 至 T12 的所有棘突，止于肩胛冈。尽管许多人认为斜方肌仅仅是横跨肩部的一块肌肉，但实际上它的面积非常大，一直延伸到胸椎的底部。在斜方肌之下，还有大菱形肌和小菱形肌，它们连接 C7 至 T5 的棘突，并延伸至肩胛骨的内侧缘。肩胛提肌则起始于前四节颈椎的横突，并插入肩胛骨的内侧缘。

这些肌肉的复杂排列和广泛的连接显示了它们在维持肩带的稳定性和支持上肢运动中的重要作用。

第1组前侧肌肉（图4-36）主要包括胸锁乳突肌和胸小肌。胸锁乳突肌起始于胸骨和锁骨，止于颞骨的乳突上，是颈部最为明显的肌肉之一。胸小肌则连接第3至第5肋骨的前部和肩胛骨的喙突，参与保持肩胛骨的稳定和上肢的运动。

第2组（图4-37A和4-37B）是

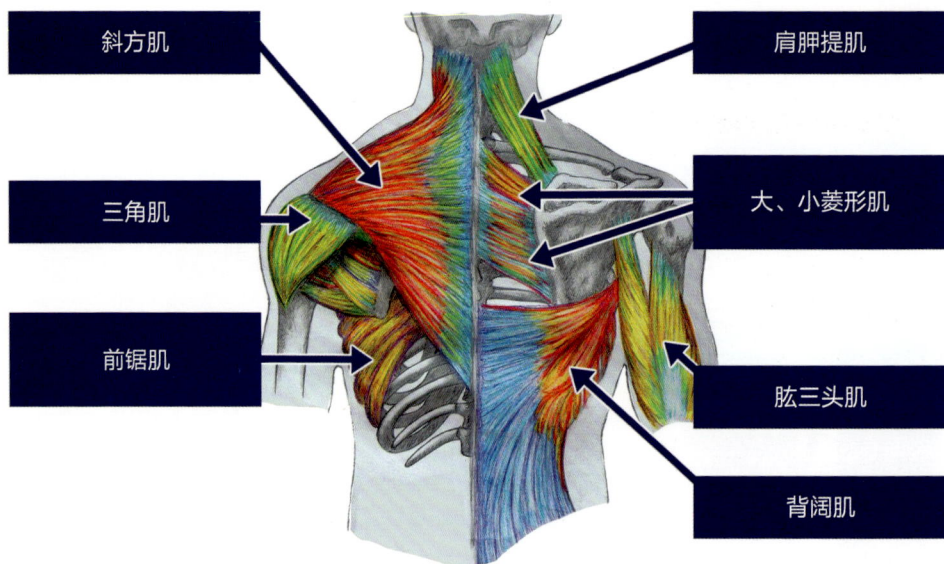

斜方肌

肩胛提肌

三角肌

大、小菱形肌

前锯肌

肱三头肌

背阔肌

图4-35 肩胛带后侧肌群

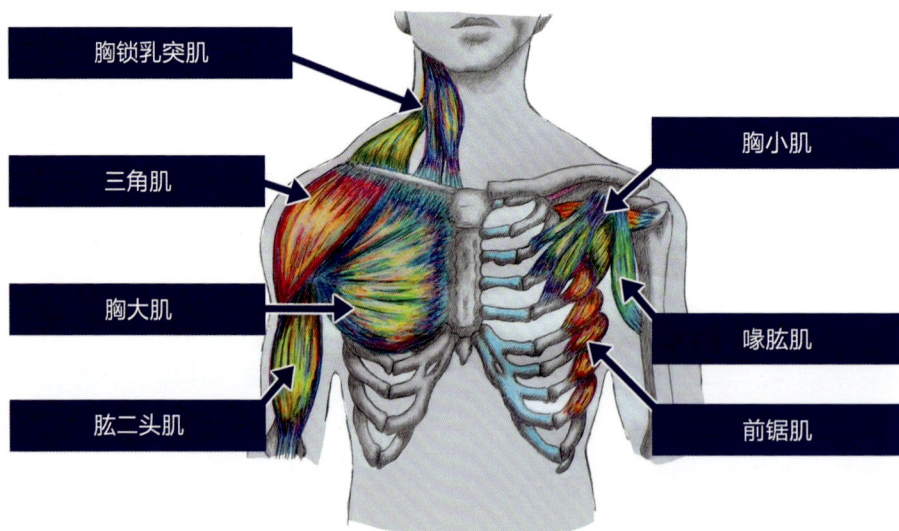

胸锁乳突肌

胸小肌

三角肌

胸大肌

喙肱肌

肱二头肌

前锯肌

图4-36 肩胛带前侧肌群

我们通常所说的肩袖肌群，包括冈下肌、冈上肌、小圆肌和肩胛下肌，这些肌肉对于肩关节的稳定和运动至关重要。此外，这组肌肉还包括三角肌、大圆肌，以及肱二头肌和肱三头肌的长头，它们共同支持肩部和上臂的复杂运动。

第 3 组由连接躯干和肱骨的肌群组成。在后部，背阔肌是一块大而有力的肌肉，它将肱骨与胸腰筋膜相连（图 4-38），对于上肢的拉力和稳定性起着关键作用。在前部，胸大肌是强大的推进肌，它将肱骨与前侧肋骨和胸骨连接起来（图 4-36），在上肢的运动和胸壁的外观形成中扮演重要角色。有趣的是，背阔肌和胸大肌构成了斜向筋膜链的主要部分。

影响肘部和腕部的肌肉有许多，为了更好地理解它们的功能，可以将它们按照功能进行分类，具体如下：肘部的

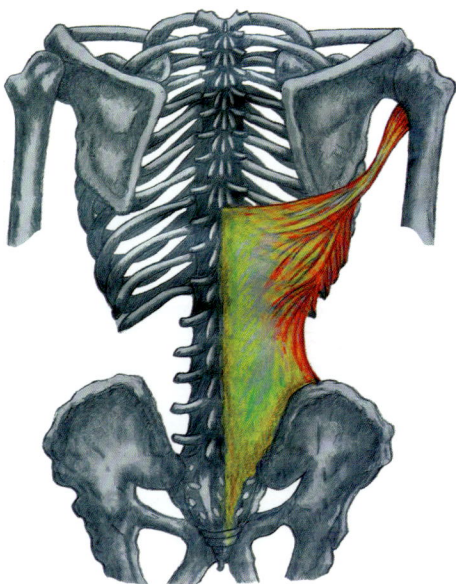

图 4-38　背阔肌

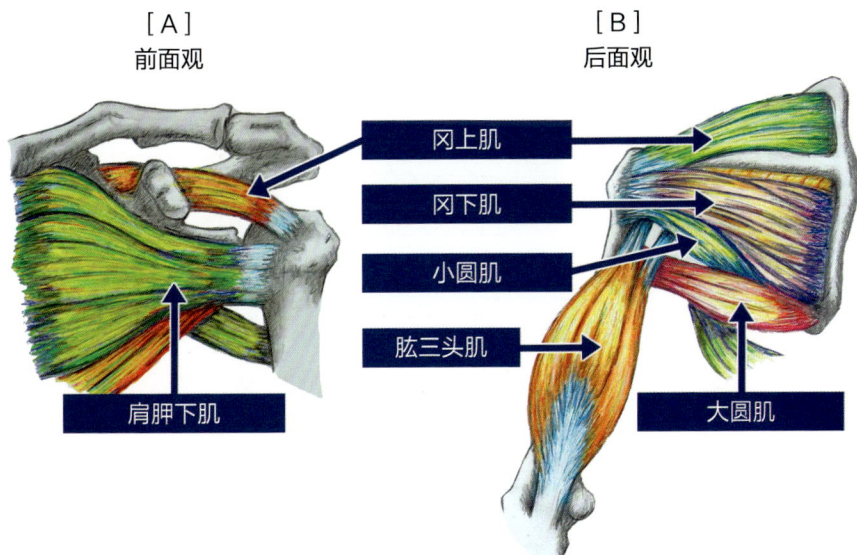

[A] 前面观　[B] 后面观

冈上肌　冈下肌　小圆肌　肱三头肌　肩胛下肌　大圆肌

图 4-37　肩袖肌群

屈肌和伸肌、前臂旋前肌、旋后肌和腕屈肌，以及伸肌、内收肌和外展肌，还有手指的屈肌、伸肌、内收肌和外展肌（图 4-39A 和 4-39B）。我们经常将手部和足部的深层内在肌与手部和足部的浅层及跨多关节长肌进行比较（图 4-40A 和 4-40B）。这种比较有助于我们理解肌肉的不同作用。深层肌肉主要负责支撑骨骼，尤其是支撑四肢和整个身体，而浅层肌肉则主要负责产生动作和减速。

请铭记，深层肌肉在维持身体姿势和稳定性方面扮演着至关重要的角色。它们默默地工作，支撑我们的骨骼结构，为我们的行动提供稳固的基础。浅层肌肉则活跃在舞台前沿，它们在动态运动和需要快速反应的动作中发挥主导作用，赋予我们的动作敏捷性和力量。正是这些肌肉层的和谐协作，确保了手部和足部能够执行精细的微动作以及复杂的协调动作。从灵巧的手指操作到双足在不平坦地面上迈出的稳健步伐，这种肌肉间的精密配合是我们进行日常活动不可或缺的一部分。

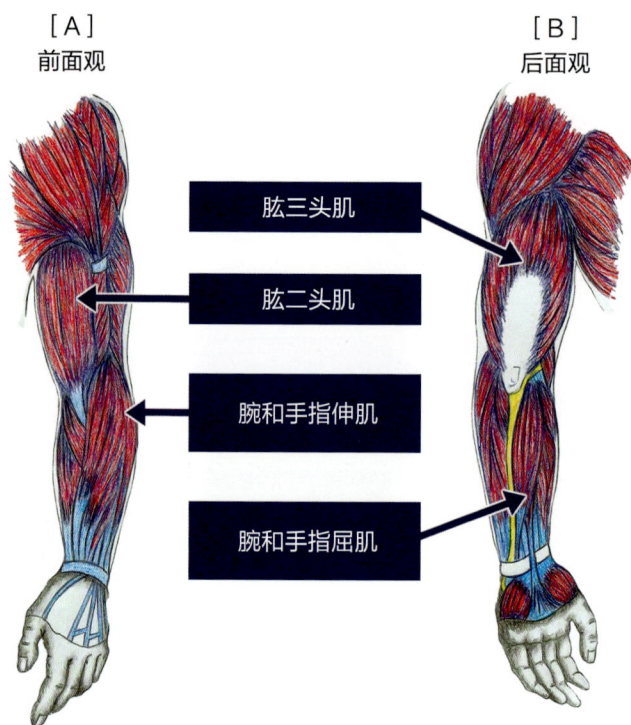

[A] 前面观　　　[B] 后面观

肱三头肌

肱二头肌

腕和手指伸肌

腕和手指屈肌

图 4-39 上肢浅层肌群

[A]
后面观

[B]
前面观

深层伸肌

深层屈肌

拇长伸肌和拇短伸肌

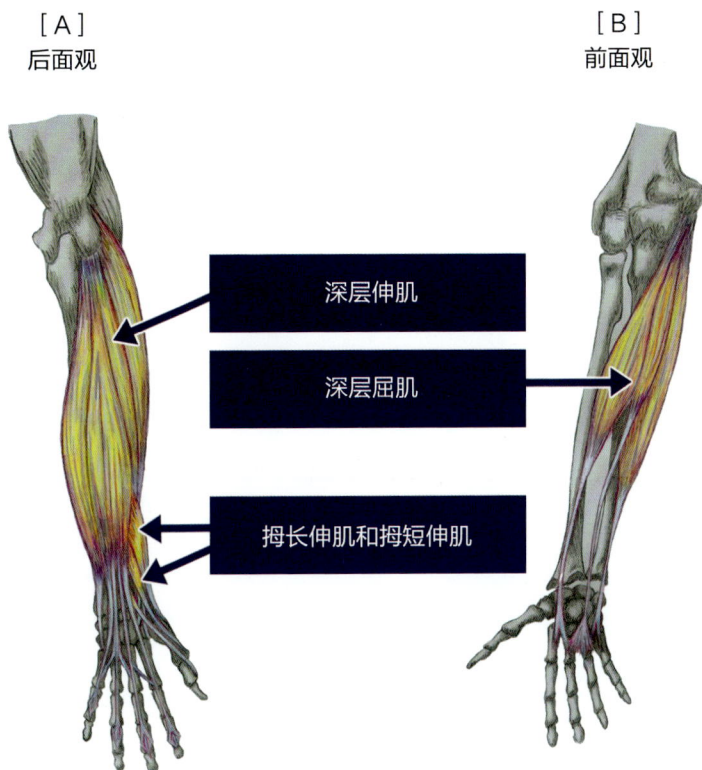

图 4-40　上肢深层肌群

上肢生物力学

上肢拥有一些独特的生物力学特性，这些特性对于我们从事闭链运动教学和涉及上肢运动项目指导的从业者来说至关重要。我们先来深入了解上肢的主要关节。正如前面所定义的，肩胛胸壁关节虽然是一个假关节，但它在提供上肢活动所需的活动性和控制性之间达到了平衡，这一点非常重要。肩胛骨必须围绕其中心轴进行旋转，即执行上回旋和下回旋的动作（图 4-41A 和 4-41B）。

肩胛骨和锁骨的协同运动使得盂肱关节保持一致性成为可能，特别是在进行上举动作时。例如，当需要将肱骨举过头顶时，肩胛骨会向上旋转并沿胸壁滑动。这一动作有助于保持关节盂与肱骨头之间的动态排列。肩胛骨的这种运动能力依赖于胸椎和肋骨的灵活性。如果脊柱的伸展能力受限，肩胛骨将难以实现上回旋和下沉运动，从而无法与肱骨头建立最佳的力学共轴关系。为了抬手过头，人们可能会强行增加关节活动范围，这可能会对躯干远端的关节造成不必要的压力，例如，导致盂肱关节半

[A]
上旋

[B]
下旋

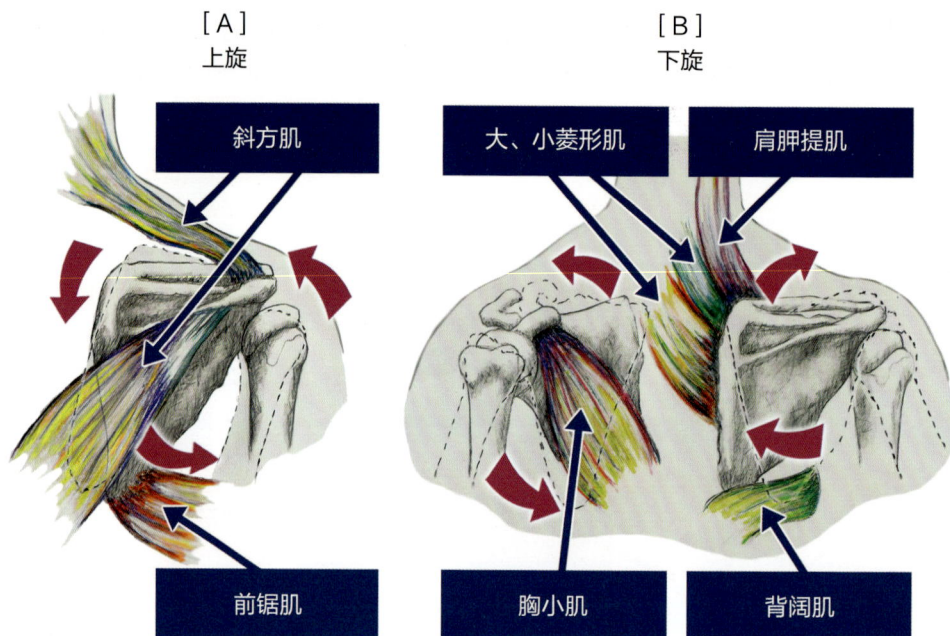

斜方肌

大、小菱形肌

肩胛提肌

前锯肌

胸小肌

背阔肌

图 4-41　肩胛骨旋转

脱位或肘部、前臂和腕部的损伤。

　　肘部、前臂和腕部构成了上肢的独特生物力学特性之一，为上肢提供了极大的活动性。尽管肘关节本身是一个简单的铰链关节，主要负责屈伸运动，但桡尺关节在肘部和腕部的功能中扮演着特殊的角色。桡骨头在其韧带结构内绕尺骨旋转，这一机制使得前臂能够进行旋前和旋后的动作。这种前臂的旋前和旋后动作同样依赖于桡尺关节远端的相互关系。

　　值得注意的是，虽然上肢的骨骼和关节动力链在某种程度上与下肢相似，但它们之间存在明显的差异。例如，肱骨和尺骨形成真正的铰链关节，但尺骨远端缺乏宽阔的关节面，无法通过关节盘与近端腕骨最内侧部分形成关节连接（译者注：即尺骨未参与构成腕关节）。当手臂完全伸直时，桡骨近端展现出承重特性，肱骨小头与桡骨头的关节形成了一个类似浅球窝关节的结构。

　　这有什么意义吗？以下肢为例，股骨到距骨之间的承重骨是胫骨而非腓骨。可以推测，前臂力学的主要考量总是与上肢的灵活性密切相关，尤其是与手的灵活性有关。

　　当我们让上肢进行负重时，必须意识到一致性的重要性。我们需要准确了解和想象实际的负重位置，避免出现代偿机制，比如过度伸展肘部，这可能会在上肢关节中产生不必要的剪切力。正确的排列和关节周围肌肉的协同收缩对于力量、效率和舒适度都是至关重要的。掌握这些要点需要通过练习，就像跑马拉松一样，需要系统的训练和准备。

应用

运动控制

运动控制已经成为预防和治疗肌肉骨骼疾病方面的一个重要议题。只有当神经肌肉控制顺畅、高效且无意识的时候，肌肉骨骼系统的运动才能保持健康状态。以脊柱为例，普通人在进行脊柱活动时往往只利用其中的3~5节，尽管我们实际上拥有24节椎骨。仅在脊柱的几个节段产生动作就会增加椎骨结构及身体其他部位的负荷，从而可能增加受伤风险。而仅仅增加3~4个节段的活动度，我们就可以在脊柱中更均匀地分配力量，显著减轻有组织损伤风险的区域（例如，L5~S1椎间盘退化或C5~C6椎间孔狭窄）的过度负荷。这种策略有助于优化运动控制，减少特定节段的过度压力，从而降低肌肉骨骼疾病的发生率。

1996年，我参与了南加州圣玛丽山大学物理治疗系的一项开创性研究。该研究专注于从T2到骶骨的脊柱节段

性屈曲。我们招募了20名物理治疗专业的学生，他们既没有背部疼痛的病史，也未曾接触过普拉提训练。

试验要求这些学生在站立状态下多次进行脊柱前屈动作，我们使用三维测角仪（Metrecom骨骼分析系统）来精确测量每个棘突间的节段性位移，同时还记录了他们双手下垂时指尖到地面的总距离。初步研究结果揭示了3个关键点：①大部分的活动发生在L5~S1和L4~L5节段；②上腰椎段几乎没有参与运动；③胸椎段未检测到任何可测量的运动。

基于这些发现，我们将这20名学生随机分配到两个不同的小组。第一组学生休息了45分钟，之后他们返回进行相同的测试，结果显示与初次测量结果一致。第二组学生则接受了45分钟的普拉提核心床训练，训练结束后，他们也返回重新测量。我们对两组学生的测试结果进行了比较，有3个有趣的发现值得注意。

第一，我们观察到参与者在接受45分钟普拉提核心床训练后，脊柱的屈曲活动范围显著增加。如果他们练习了有助于增加脊柱活动性和腘绳肌柔韧性的动作，这样的结果就不难理解了。因此，参与者的活动范围扩大是合乎逻辑的，对此我表示认同。

第二个显著发现是，与训练前相比，上腰椎和胸椎的节段活动性在普拉

提训练后有了明显的提升。这也在情理之中，因为普拉提中的脊柱分节练习能够增强脊柱的节段运动能力。

第三个发现，也是至关重要的一点，是在进行了 45 分钟的普拉提训练后，L4~L5 和 L5~S1 节段的运动幅度减少了近 50%。这一结果具有重大意义，因为它表明我们在如此短的时间内显著改变了学员的运动模式。

通过普拉提训练，我们促使学员的运动模式发生了转变：从过度依赖 L4~L5 和 L5~S1 节段的运动，转变为整个脊柱的活动范围更加均衡，同时减少了对这些压力较大的节段的依赖。这种策略的转变体现了"动作的分布应等于力量的分布"的原则，有助于更均匀地分配脊柱上的负荷，减少特定节段的过度压力，从而降低受伤风险。由此，你就能理解，为何经历背部伤害的人士在持续进行普拉提练习数月后，不仅掌握了新的运动策略，还摆脱了疼痛的困扰。他们可能认为，自己的背部问题、椎间盘问题或狭窄症状已经不复存在。然而，实际情况可能是问题并未完全解决，他们的磁共振成像（MRI）结果可能依旧显示原有的状况，改变的只是他们的运动模式。

当我们探讨新动作的习得时，我们讨论的是通过增加脊柱活动性训练来改善力量分布。这也可能是为什么许多人在练习普拉提或婵柔之后，会立即感受到背部状况的改善。当将关注点从受伤部位转向其他关节的活动性时，通过疼痛或受伤区域的力量传递就会相应减少。在日常生活中，仅仅改变策略，增加 2~3 个运动节段的参与，就能显著改变对健康和疼痛的感受。这样，我们就有可能扩大自己的活动选择，更全面地参与到生活中。我们能够做到的往往比预期更多，从而实现范式的转变和自我效能感的增强。

社会心理学

运动上的小胜利往往能引发自我效能感和能力提升方面的重大范式转变。对于那些曾认为自己无法或可能永远无法再进行某些活动的人，恢复弯腰穿鞋、从浴室地板上拾起一块肥皂，或伸手到汽车后备厢拿取杂货袋等简单活动，都是巨大的成就。这些活动都需要脊柱和四肢的协调运动。

全球范围内，腰背痛的发病率为 30%~83%，而在像美国这样的发达国家，这一比例甚至更高。据估计，25%~60% 的美国人在经历超过 1 年的腰背痛后，将在余生中持续遭受慢性和复发性腰背痛的困扰。这表明，仅在美国，每年因腰背痛导致的医疗费用就高达 2800 亿美元。医疗保健系统因此承受着巨大压力，因为慢性疼痛的发病率及其对社会、经济和整体福祉的影响难以控制。

许多因素，包括积极的、无痛的运动体验，可以显著改变与疼痛和运动相关的信念和观念。新的运动策略和积极的运动体验可以极大地改善我们日常生活中的社会心理限制。我们还了解到，当那些曾认为自己无法运动的人最终有机会在无痛的情况下进行运动时，他们将经历一种范式的转变，这将积极影响他们的生活质量。

生物能量学

脊柱和全身的活动对于促进生命能量或气的流动至关重要。随着身体流动性的提升和运动控制能力的增强，我们可以预期一系列积极的生理效应。理论上，这包括但不限于免疫系统的强化、消化系统效率的提高、血液循环的优化以及血压的有效调节。这些调节作用有助于更合理地将血液分配到全身各个部位。通过改善脊柱的活动性和增强全身运动的能力，我们不仅能够提升生活质量，还能够促进身体的整体健康和平衡。可以将这种对身体活动性的投资视为一种自然疗法，这有助于激发和维持我们的生命力。

结论

关节、非收缩性组织（包括韧带、关节软骨、关节囊、椎间盘和肌腱）、收缩性组织（肌筋膜），以及神经组织的活动性构成了成功运动的基础。当这些组织中的任何一个组织遭遇结构性限制，动作可能就需要在其他部位进行代偿，这可能导致整体运动效率的下降。在关节融合或严重瘢痕组织形成的情况下，采取代偿策略变得尤为重要。在大多数情况下，人体具有足够的适应能力，能够通过这些代偿机制自然、轻松、自发地完成大部分日常活动。

活动性是实现有效运动控制的前提条件。没有它，我们的身体就会变得僵硬。在接下来的章节中，我们将深入探讨排列、控制和运动整合的原则。下一章将解答一些关键问题：我们的神经肌肉控制如何与我们的活动能力相匹配？当我们无法充分控制韧带等非收缩性组织时，身体会如何应对？当我们的活动能力不足以完成某项任务时，将会发生什么？这些问题的答案将有助于我们更深入地理解身体的运动机制，从而为我们的运动实践和健康管理提供指导。

开放式问题

1　用你自己的话解释，在身体得到控制之前需要怎样的活动性。

2　用自己的话描述"动作的分布等于力的分布"。

3　相邻关节运动的恢复如何影响已确定为功能障碍的受累关节？这一策略如何应用于运动教育？

4　什么是整体肌肉？整体肌肉对中轴骨有什么影响？

5　什么是局部肌肉？局部肌肉对中轴骨有什么影响？

6　根据西蒙·博格－奥利维尔关于关节复合体共收缩的定义，扩展"bandha"一词的应用，如何将该概念应用于关节复合体的活动度和控制力之间的平衡？

7　人体的非收缩组织是如何促进活动性的提升的？举例说明这些结构的活动度过大或过小会如何影响运动能力。

8　演示脊柱运动，因为它与关节突关节的方向有关。注意脊柱不同部位的不同偏向。脊柱的哪个部位最适合旋转活动？为什么？针对屈／伸偏倚和侧屈偏倚，回答相同的问题。

9　运动训练如何能够大幅度减少日常生活中不必要的组织应力？找出不正常的策略，然后用更有效的策略取而代之。

10　用自己的话解释一下，为什么久坐不动的人可能需要花更多的时间来调节改善自己的身体组织以适应矢状面以外的其他平面的运动。

11　组织如何学会正确地对新的运动应力做出反应？我们如何知道组织是否已经充分适应，并能够承受更大的活动范围、速度和负荷？

12　用自己的话描述每个下肢关节的运动平面和负荷分布，以及它们如何在各自平面上提高运动效率。在做挥动网球拍或踢足球等更复杂的动作时，哪些关节是互补的？

13 哪些下肢关节可以代偿踝关节背屈的不足？踝关节背屈受限是否真的会对其他下肢关节和组织产生负面影响，如何评估？

14 用自己的话描述下蹲时膝关节的运动学特性。说出股骨髁的螺旋、旋转和滑动方向。

15 用打开罐子的比喻描述关节运动学中讲到的关节附属运动。当盖子和罐子朝同一方向运动时，排列情况会怎样？你能将这一类比推断为错误运动吗？

16 描述胸廓、肩胛骨和手臂上举过头动作之间的关系。当手臂上举过头（如排球扣球）时，如何保持盂肱关节的力量分布？

17 识别上肢和下肢在功能、负重、活动性和转移/吸收外力方面的共性和差异。你如何将它们的相同点和不同点应用到综合性运动中（如游泳、打高尔夫、投球、越野滑雪）？

18 在许多运动形式和训练中，我们都要求上肢负重。你如何教上肢非收缩组织过度活动的人做平板支撑或俯卧撑？他们会觉得最具挑战性的部分是什么？你认为全身的连接发生在哪里？自己试一试，探索从中轴骨发起运动，反过来的情况也可以尝试发起动作。你会如何教新手做平板支撑？如何提高效率？

19 你从圣玛丽山大学物理治疗系关于胸椎和腰椎动作分布的试点研究中学到了什么？你如何将这些信息应用到患有 L5~S1 机械性腰痛的客户身上？你如何解释做普拉提后腰痛减轻的原因？

20 用你自己的话向客户或朋友解释为什么他们的腰椎间盘突出症似乎不再引起疼痛。你认为这会如何影响他们对疼痛的看法？

参考文献

1. Pilates JH, Robbins J. *Pilates Evolution: The 21st Century*. Presentation Dynamics; 2012.
2. Vleeming A, Mooney V, Stoeckart R. *Movement, Stability & Lumbopelvic Pain: Integration of Research and Therapy*. 2nd ed. Churchill Livingstone; 2007.
3. Bogduk N, Twomey LT. *Clinical Anatomy of the Lumbar Spine*. Churchill Livingstone; 1987.
4. Colloca CJ, Keller TS, Moore RJ, Harrison DE, Gunzburg R. Validation of a noninvasive dynamic spinal stiffness assessment methodology in an animal model of intervertebral disc degeneration. *Spine (Phila Pa 1976)*. 2009;34(18):1900-1905.
5. Nordin M, Frankel VH. *Basic Biomechanics of the Musculoskeletal System*. 2nd ed. Lea & Febiger; 1989.
6. Porterfield JA, DeRosa C. *Mechanical Low Back Pain: Perspectives in Functional Anatomy*. Saunders; 1991.
7. Harrison DE, Cailliet R, Harrison DD, Janik TJ. How do anterior/posterior translations of the thoracic cage affect the sagittal lumbar spine, pelvic tilt, and thoracic kyphosis? *Eur Spine J*. 2002;11(3):287-293.
8. Harrison DE, Colloca CJ, Harrison DD, Janik TJ, Haas JW, Keller TS. Anterior thoracic posture increases thoracolumbar disc loading. *Eur Spine J*. 2005;14(3):234-242.
9. Harrison DE, Janik TJ, Cailliet R, et al. Upright static pelvic posture as rotations and translations in 3-dimensional from three 2-dimensional digital images: validation of a computerized analysis. *J Manipulative Physiol Ther*. 2008;31(2):137-145.
10. Lee DG. Biomechanics of the thorax—research evidence and clinical expertise. *J Man Manip Ther*. 2015;23(3):128-138.
11. Bayliss J. *Spinal mechanics*. 2005. http://spinalmechanics.com/fryette.html
12. Panjabi MM, Brand RA Jr, White 3rd AA. Mechanical properties of the human thoracic spine as shown by three-deminesional load-displacement curves. *J Bone Joint Surg Am*. 1976;58(5):642-652.
13. Tsang SM, Szeto GP, Lee RY. Normal kinematics of the neck: the interplay between the cervical and thoracic spines. *Man Ther*. 2013;18(5):431-437.
14. Bergmark A. Stability of the lumbar spine. A study in mechanical engineering. *Acta Orthop Scand Suppl*. 1989;230:1-54.
15. Radzimińska A, Weber-Rajek M, Strączyńska A, Zukow W. The stabilizing system of the spine. *J Educ Health Sport*. 2017;7(11):67-76.
16. Black M, Calais-Germain B, Vleeming A. *Centered: Organizing the Body Through Kinesiology, Movement Theory and Pilates Technique*. Handspring Publishing; 2015.
17. Richardson C, Hodges PW, Hides J. *Therapeutic Exercise for Lumbo-Pelvic Stabilisation: A Motor Control Approach for the Treatment and Prevention of Low Back Pain*. 2nd ed. Churchill Livingstone; 2004.
18. Panjabi MM. The stabilizing system of the spine. Part II. Neutral zone and instability hypothesis. *J Spinal Disord*. 1992;5(4):390-396; discussion 397.
19. Panjabi MM. The stabilizing system of the spine. Part I. Function, dysfunction, adaptation, and enhancement. *J Spinal Disord*. 1992;5(4):383-389; discussion 397.
20. Sangwan S, Green RA, Taylor NF. Characteristics of stabilizer muscles: a systematic review. *Physiother Can*. 2014;66(4):348-358.
21. O'Sullivan PB, Twomey L, Allison GT. Altered abdominal muscle recruitment in patients with chronic back pain following a specific exercise intervention. *J Orthop Sports Phys Ther*. 1998; 27(2):114-124.
22. O'Sullivan PB, Phyty GD, Twomey LT, Allison GT. Evaluation of specific stabilizing exercise in the treatment of chronic low back pain with radiologic diagnosis of spondylolysis or spondylolisthesis. *Spine (Phila Pa 1976)*. 1997;22(24):2959-2967.
23. Borg-Olivier S. *Applied Anatomy & Physiology of Yoga*. Warisanoffset.com; 2006.
24. Hodges PW, Richardson CA. In efficient muscular stabilization of the lumbar spine associated with low back pain: a motor control evaluation of transversus abdominis. *Spine (Phila Pa 1976)*. 1996;21(22):2640-2650.
25. Bordoni B, Lintonbon D, Morabito B. Meaning of the solid and liquid fascia to reconsider the model of biotensegrity. *Cureus*. 2018;10(7):e2922.
26. Bordoni B, Simonelli M. The awareness of the fascial system. *Cureus*. 2018;10(10):e3397.
27. Fischer BM, Inge MM, Jenkins TM, Inge TH. Sitting time and long-term weight change in adolescents with severe obesity undergoing surgical and nonoperative weight management. *J Surg Obes Relat Dis*. 2020;16(3):431-436.
28. Loyen A, Chey T, Engelen L, et al. Recent trends in population levels and correlates of occupational and leisure sitting time in full-time employed Australian adults. *PLOS One*. 2018;13(4):e0195177.
29. Wolff 's law. Wikipedia. Updated October 15, 2022. https://en.wikipedia.org/wiki/Wolff%27s_law
30. Schleip R, Baker A, Avison J. *Fascia in Sport and Movement*. Handspring Publishing; 2015.
31. Greenman PE. *Principles of Manual Medicine*. Williams and Wilkins; 1989.
32. Earls J. *Born to Walk: Myofascial Efficiency and the Body in Movement*. North Atlantic Books; 2014.
33. Earls J, Myers TW. *Fascial Release for Structural*

Balance. North Atlantic Books; 2010.

34. Myers TW. *Anatomy Trains: Myofascial Meridians for Manual and Movement Therapists*. 3rd ed. Elsevier; 2014.

35. Franklin EN. *Conditioning for Dance*. Human Kinetics; 2004.

36. Schleip R. *Fascia: The Tensional Network of the Human Body: The Science and Clinical Applications in Manual and Movement Therapy*. Churchill Livingstone/ Elsevier; 2012.

37. Lackner JM, Carosella AM. The relative influence of perceived pain control, anxiety, and functional self efficacy on spinal function among patients with chronic low back pain. *Spine (Phila Pa 1976)*. 1999;24(21):2254-2260; discussion 2260-2251.

38. Anderson BD. *Randomized Clinical Trial Comparing Active Versus Passive Approaches to the Treatment of Recurrent and Chronic Low Back Pain* [dissertation]. University of Miami; 2005.

39. Fatoye F, Gebrye T, Odeyemi I. Real-world incidence and prevalence of low back pain using routinely collected data. *Rheumatol Int*. 2019;39(4):619-626.

40. Manchikanti L, Singh V, Datta S, Cohen SP, Hirsch JA, American Society of International Pain Physicians. Comprehensive review of epidemiology, scope, and impact of spinal pain. *Pain Physician*. 2009;12(4):E35-E70.

41. Dagenais S, Caro J, Haldeman S. A systematic review of low back pain cost of illness studies in the United States and internationally. *Spine J*. 2008;8(1):8-20.

42. Mannion AF, Junge A, Taimela S, Muntener M, Lorenzo K, Dvorak J. Active therapy for chronic low back pain: part 3. Factors influencing self-rated disability and its change following therapy. *Spine (Phila Pa 1976)*. 2001;26(8):920-929.

43. Mannion AF, Taimela S, Muntener M, Dvorak J. Active therapy for chronic low back pain part 1. Effects on back muscle activation, fatigability, and strength. *Spine (Phila Pa 1976)*. 2001;26(8):897-908.

44. Priebe S, Savill M, Reininghaus U, et al. Effectiveness and cost-effectiveness of body psychotherapy in the treatment of negative symptoms of schizophrenia—a multi-centre randomised controlled trial. *BMC Psychiatry*. 2013;13:26.

45. Feuerstein G. *The Shambhala Guide to Yoga*. 1st ed. Shambhala; 1996.

46. Hewitt J. *The Complete Yoga Book: Yoga of Breathing, Yoga of Posture, and Yoga of Meditation*. Schocken Books; 1978.

47. Yogananda. *Autobiography of a Yogi*. Crystal Clarity Publishers; 1946.

排列

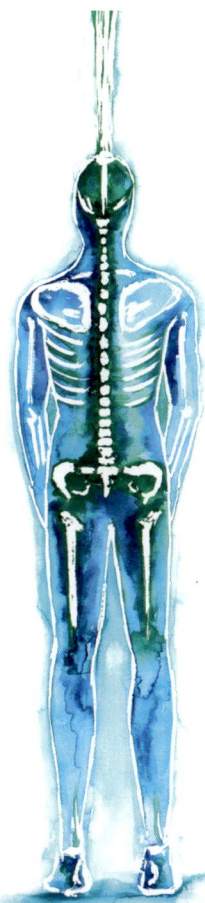

专注于排列和负荷，并相信身体能学会。

第五章

本章目标

1 了解身体排列和关节一致性对神经肌肉系统组织复杂自主运动能力的影响。

2 将动态排列作为评估个体运动效能的主要工具之一。

3 区分静态排列和动态排列，它们与功能性运动有关。

4 了解我们的姿势如何影响头部和身体中的视觉、听觉和本体感觉。

5 培养从业者观察运动者的能力，以及在整个任务或活动中保持关节最佳一致性的能力。

6 结合马诺哈尔·潘贾比的中枢神经控制、收缩结构和非收缩结构模型优化运动效率和动态排列。

关键词			
	• 排列	• 自发的	• 潘贾比模型
	• 一致性	• 轴向延伸	• 静态
	• 步态	• 动态	

人体关节和软组织的活动性是我们自如行动和参与日常活动的基础。动态排列能够激发神经肌肉组织自发而高效地运作，以完成所需的任务。这就是排列的原理。当身体排列正确时，它能够自然地处理负荷，激活神经肌肉和筋膜系统，以支持我们的动作，无论是维持平衡、加速、减速还是多平面移动。在北极星课程中，排列和负荷成为我们引导和促进神经肌肉激活的有效方法，避免了对单一肌群孤立收缩的依赖。我们面临的挑战在于深入掌握人体的解剖学和关节运动学，以真正理解身体的动态一致性。这要求我们通过运动序列来协调身体各部分。排列和分级负荷相结合，使我们能够以一种自然、渐进且充满乐趣的方式对身体进行教育，逐步恢复和提升人体的自然运动能力。

专注于排列和负荷，并相信身体能学会

第三条原则——排列，是我最喜欢的运动原理之一。"排列"这个词可能是我们可以用来改善和提高生活及运动质量的最重要、最有益的词。有趣的是，排列并不局限于身体，它也可扩展到心理、精神和社会层面。

运动实践者如何促进感知和现实之间的一致性？排列是自我实现的必要条件，亚伯拉罕·马斯洛在人类需求层次理论中对此进行了解释。在自我实现之前，我们需要保持排列一致。因此，作为运动实践者，我们所做的不仅仅是教授动作。我们还要强化自尊、自信和一致性。当人们体验到身体的排列一致时，也体验到情感、心理和精神上的排列一致，它们是密不可分的。

尽管许多人尚未体验到身心与精神之间的联系，但那些投身于运动的人常常会分享他们的转变："我从未想过，坚持练习瑜伽或普拉提会让我感到如此快乐。""1周跑步5天，我的思维变得异常清晰。"这样的心声我们"屡听不鲜"。这是有道理的。如果我们深入研究身体就会发现，当肌肉骨骼系统达到平衡状态时，身体的其他系统，包括消化系统、免疫系统、循环系统和神经系统，都能更加高效地运作。随着身体系统运行效率的提升，我们的思维也变得更加清晰。我们思考问题更为深入，在工作中也表现得更为出色。它还让我们更能感受到快乐，展现出善良，更加积极地看待周遭的世界，感觉世界更美好。排列是这一切的关键。让我们进一步探索身体的解剖学，了解如何通过对人体结构的深刻理解来实现更好的身心

提示 5-1

几年前，我和几位朋友一起去滑水。当时我在想，我做到了"全身心投入"和"抛开一切"。在我的想象里，我会在水面上划出壮观的水花。我以为自己的表现和那些技术娴熟的朋友们一样出色。然而，当我脱下滑水服，我的朋友约翰却对我说："嘿，布兰特，你滑水真的很烂。"我的自尊心让我难以接受这样的评价，所以我对他的话提出了质疑，并说："证明给我看。"约翰微笑着拿出了他拍摄的滑水视频。视频中，我的身体在水面上摇摆不定，动作笨拙且不流畅，我的姿势更接近垂直而非水平——与我那些技术娴熟的朋友们相比，我的表现确实业余。那一刻，我意识到自己很不协调。我想通过这个故事表达的是，我对自己动作的感知与实际动作相差甚远。

排列一致。解剖学的知识不仅帮助我们理解身体的物理构造，更重要的是，它指导我们如何通过运动来排列人类的各个方面。

埃里克·富兰克林对理想的排列的描述是："在结构允许的最大限度内，所有身体部位都向中心轴线靠拢。"这句话的精髓在于它强调了"结构允许的最大限度"。以我的一位脊柱侧弯的患者为例，如果她能够根据自己身体的结构尽可能地向中轴线组织自己的姿势，那么在那一刻，她将体验到个人的理想排列状态。

我们不应再依赖弗洛伦斯·彼得森·肯德尔和伊丽莎白·肯德尔·麦克里瑞所定义的理想姿势图来衡量每个人。以前我们经常说"这就是完美的姿势"，或"这就是你必须表现出的样子"。相反，我们应该探索如何让每个人的身体发挥出其最佳潜能。

中轴骨排列

人类是唯一拥有双曲线脊柱的哺乳动物（图4-28）。具体来说，腰椎呈现前凸曲线，而胸椎则呈现后凸曲线。这种脊柱的双曲线结构让我们能够以直立的姿态行走和奔跑，而不会摔倒。即使与我们的近亲灵长类动物相比，这些曲线也是独一无二的，灵长类动物从骶骨一直到颈椎都是一条连续的曲线。人类的双曲线脊柱不仅使我们能够保持稳定的直立姿势，还极大地增加了上肢的活动性。然而，我们如果失去了脊柱的轴向延伸，就会开始丧失我们所渴望的运动功能。现代久坐不动的生活方式对我们的双曲线脊柱结构构成了挑战。我们经常看到人们因姿势不佳而导致运动策略受影响。例如，如果你弯腰驼背地坐着，尝试抬起手臂或将头部向左右转动，你可能会注意到，那些本应轻松完成的自然运动在范围和流畅度上都大打折扣。相反，当你坐直身体，再次尝试抬起手臂或转动头部时，你会发现，脊柱调整到更佳的姿势，你的活动范围就会显著增加。

在脊柱的每个椎体节段中都有一个承重结构：位于椎管前方的椎间盘与关节突关节共同承担着身体的重量（图4-15A和4-15B）。这种结构被称为三脚架承重结构，它通过椎间盘和小关节面之间的平衡负重，维持了中轴骨的整齐排列，使其更贴近中心轴线。这种排列不仅增加了脊柱的轴向长度，也就是我们所说的轴向延伸，还有助于恢复健康的脊柱曲线。那么，我们如何实现这种轴向延伸呢？可以想象一下，当我们的脊椎在重力作用下被压缩，导致脊柱弯曲幅度变大时，轴向延伸则是这一过程的逆向操作，它是一种轻柔的延伸动作，旨在恢复脊柱的自然曲线。它是一种最佳姿势或排列方式，能让我们更高效、更轻松地移动。当椎体节段处于最佳排列状态时，我们在所有运动平面（前屈、后伸、侧屈、旋转、环转以及各种组合平面）都能享有最大的自由度。这种自由度的提升不仅增强了我们执行复杂运动的能力，还有助于更均匀地分布负荷，从而减少对脊柱某些节段的过度压力。想想在网球发球动作中脊柱有多少动作。因为长期姿势不良（如圆肩驼背姿势）而失去了潜在的运动选择，我们就失去了可用的活动能力。现在想象一下，一个人以圆肩驼背姿势打网球，丧失了肩部屈曲和颈椎旋转的能力。如果胸椎和髋部几乎没有活动，而这两个部位在网球发球动作中提供关键旋转力，那么力量的传递可能会错误地偏向肩关节、膝关节或下背部。理论上，这可能导致网球运动员肩部、膝部或背部损伤而不得不结束比赛，因为他们不能充分利用胸椎和髋部的活动性。在评估个人活动能力及其参与特定活动的能力时，优化排列成了主要的关注点。根据博尔多尼等人研究的生物张力整体模型，轴向结构的稳定性是通过恒定张力和不连续压缩的平衡来实现的。这种组织具有自身稳定性，允许它在一定程度上灵活地管理张力变化，并将力分散施加到整个结构。这一模型也可以通过筋膜中发现的高尔基器来解释，这些感受器用来感知直立姿势。当中轴骨周围的张力达到平衡时，收缩和非收缩

性组织的性能将显著提高。约瑟夫·普拉提曾说："只有当身体的整个机制处于完美的控制之下时，才能成功地获得良好的姿势。优雅的姿态是理所当然的。"约瑟夫·普拉提深知在日常生活中保持良好的姿势控制的重要性。《读者文摘》甚至引用了他的话："你走在大街上，偶尔往商店橱窗里瞥一眼，不是为了降低自己对购物的欲望，而是为了观察自己的姿势。大多数人使用商店的窗户作为镜子，但只是为了看看帽子是否戴正。"这种对最佳动态姿势的追求，为我们理解和实现轴向延伸提供了一个很好的出发点。

中轴骨的排列对于我们的空间意识的形成至关重要。这种排列的作用使我们的感官和本体感受为成功的运动和动态排列提供关键反馈。我们的头部是许多关键结构所在，这些结构对于维持平衡和空间感知至关重要，它们包括内耳、眼睛和小脑。头部的正确位置对于前庭系统的有效运作至关重要。如果头部未能正确定位眼睛和半规管，那么传递到中枢神经系统的信息就可能出错，导致混乱。翻正反射和前庭眼反射依赖于准确的头部定位，以确保我们的运动排列性和平衡。网状结构包含纤维束，它们在保持身体张力、平衡和姿势方面发挥着重要作用，尤其是在我们进行身体运动时。这些结构还负责将眼睛和耳朵接收到的信号传递到小脑，小脑进而

将视觉、听觉和前庭刺激整合到运动排列中。所有的本体感受输入在小脑中整合。当头部和颈部的深层局部稳定肌未受不良姿势影响时，它们能够提供宝贵的本体感受信息。此外，脊柱的非收缩结构，如韧带、关节囊、椎间盘和骨骼，也是姿势反馈的重要来源。这些结构为我们的中枢神经系统提供了关于身体位置和运动的持续信息流，帮助我们保持平衡和排列。

当头部排列良好时，感觉协调是最佳的。当头部和颈部排列良好时，视觉、听觉、味觉和嗅觉等感觉会得到更充分的体验。在临床上，我注意到，当患者恢复头部姿势时，他们将体验到感觉的增强。

应用科学

中轴骨的非收缩结构

颈椎、胸椎和腰椎的非收缩结构在维持中轴骨的排列和控制中扮演着核心角色。这些结构主要包括韧带，它们由坚韧的胶原纤维构成，正如椎间盘的纤维环所展示的那样。胶原纤维赋予韧带其所需的硬度，让它们能够将不同的骨骼固定在一起，防止关节发生过度运动。这些韧带内部存在着机械感受器，对负荷和张力变化非常敏感。当脊柱向不同的方向移动，接近其活动范围的极

限时，这些感受器会向中枢神经系统发送信号，告知我们正接近极限。这些信号触发了神经肌肉协同收缩，激发保护性反射，以维持关节的稳定性。通过这种方式，非收缩结构不仅为脊柱提供了物理支撑，还通过本体感受反馈增强了我们对运动的意识和控制。这种复杂的生物力学和神经肌肉相互作用，确保了我们的脊柱能够保持稳定性，同时执行广泛的运动。

前纵韧带是一条位于脊柱前方的非常厚实的韧带（图5-1）。这条韧带为腰椎的前凸提供重要的前方支撑，防止椎骨间出现前剪切力。然而，有些人可能患有脊柱缺损或前纵韧带损伤，这有可能导致椎体滑脱（图5-2）。在腰椎滑脱的情况下，上位椎体相对于下位椎体发生向前移位。由于前纵韧带的松弛，这种向前移位可能会导致椎间孔以及椎管的狭窄。

在椎体的后方，我们发现，与前纵韧带相比，后纵韧带（图4-13）更为纤细和狭窄。作为两足动物，我们的后纵韧带通常承受较小的应力，特别是在腰椎区域。然而，在过去的100年中，我们的久坐习惯比以往任何时候都要普遍。久坐时，腰椎往往会发生屈曲，但我们却缺乏类似前纵韧带对脊柱前侧的保护。因此，椎间盘的后部纤维环长时间暴露在应力之下。如果后纵韧带开始适应我们久坐时屈曲的脊柱，变得更加

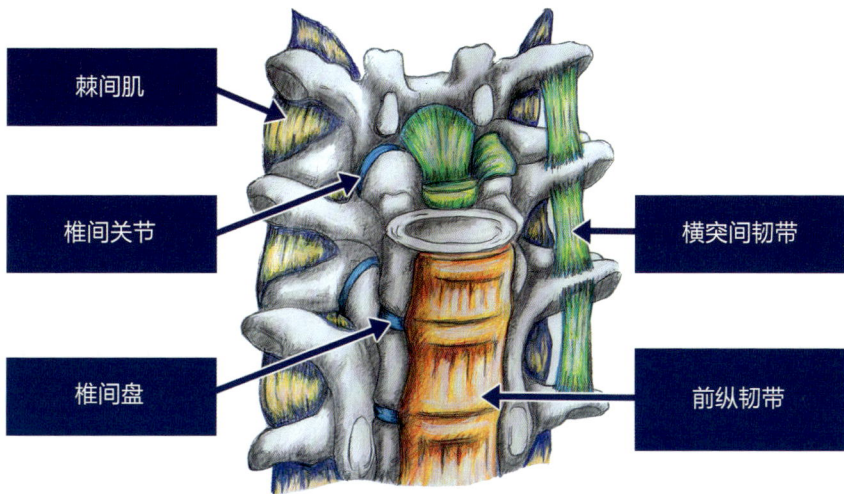

棘间肌

椎间关节

椎间盘

横突间韧带

前纵韧带

图 5-1　前方视图

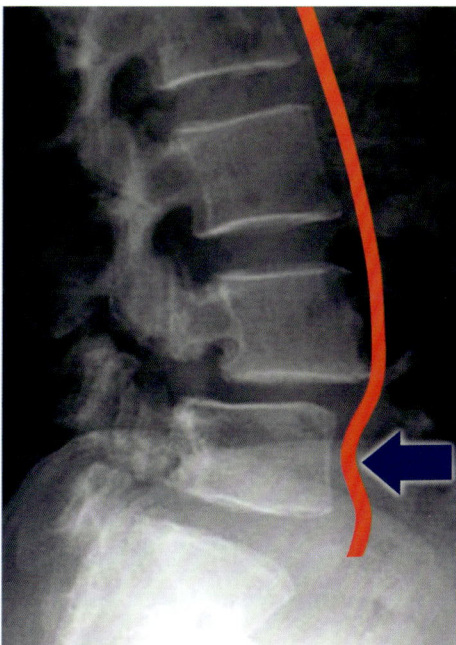

图 5-2　X线提示：椎体滑脱（箭头所指）

粗壮以提供支持，这或许将是我们未来进化的一个有趣方向。值得注意的是，大多数椎间盘损伤被认为与长时间的屈

曲活动和久坐有关，而非意外伤害。解决这一问题的关键是增加身体运动，减少久坐时间。

如第四章所述（图4-13），黄韧带的弹性特征十分显著，对维持中轴骨的轴向延伸起着至关重要的作用。我倾向于利用黄韧带的形象提示来说明如何从屈曲的姿势恢复到直立状态。为了模拟黄韧带的作用，可以想象一条弹力带，当我们站立时，这条带子从头顶延伸至尾骨，随后，当我们向前屈曲脊柱时，可以感受到弹力带的拉力，它似乎在帮助我们将身体恢复到自然的直立姿态。接下来，我们将弹力带移除，看看这种想象提示是否能够帮助我们维持椎骨的分段堆叠，形成垂直的姿势。这将有助于我们理解黄韧带如何通过其弹性特质，促进脊柱在不同姿势间的平稳过渡。

　　骶髂关节及其周围的韧带在结构上分布广泛且厚实（图 4-2A 和图 4-2B）。在专业文献中，手法治疗师通常将骶髂关节视为具有活动性的关节，而解剖学家则倾向于将其描述为较为固定的关节。我的看法或许介于两者之间，但我更倾向于解剖学家的观点。L5~S1 节段与骶髂关节处于同一水平，因而相对来说更易于活动。在极少数情况下，例如严重的车祸或怀孕期间韧带的松动，可能会导致真正的骶髂关节分离，但这种情况相当罕见。通常情况下，这些韧带极为坚固，足以在发生骨盆骨折之前承受极大的力量。可以将这些韧带想象为跑车中的悬挂系统。如果我驾驶着一辆性能卓越的保时捷快速转弯，其悬挂系统会吸收转弯的力量，将轮胎和悬挂系统稳固地推回地面，让我几乎感受不到任何晃动。相反，如果我驾驶的是一辆悬挂系统性能不佳的旧货车，即使以超过 20 英里 / 时（约 32 千米 / 时）的速度转弯，也会感受到剧烈的摇摆。这是因为它无法有效吸收和分散势能。同样，我们的骨盆和骶髂关节就像保时捷的悬挂系统。当我们的骨骼协调得当时，这些韧带和骨骼不仅能够从地面获得势能，还能将其作为加速或弹性能量返回地面，或者将其分散到身体的其他部分。这是一个与高效运动相关的概念，涉及弹性与肌肉收缩的比较。我们

观察到，优秀的跑者在跑步过程中仅使用很少的肌肉能量。我相信，会有越来越多的证据表明，肌筋膜系统与适当的身体排列和负荷相结合，将成为体能训练的重点，其核心是组织适应性，使身体组织在本质上更具弹性。

　　正如前面提到的，脊柱中的椎间盘是获得并维持动态排列的重要非收缩结构。椎间盘在所有平面上的活动能力，以及在健康且可移动的脊柱中通过运动进行水合作用的能力，可以极大地减少不必要的力量消耗。这有助于在执行所有运动时保持脊柱的轴向延伸。

下肢排列

　　骶骨的角度与腰椎的曲线有着密切的联系，并且在实现轴向延伸的过程中，我们需要将骶骨与其上方的腰椎以及骨盆和下方的股骨进行精确对位（图 5-3）。理想状态下，骨盆的一半，也就是髋骨，应该以直立的姿势垂直地坐落在股骨头上。但我们可以观察到股骨是有一定角度的，股骨头向骨盆内侧倾斜。在站立时，股骨头应与踝关节保持垂直协调。同时，我们也可以注意到骶骨翼区与股骨头之间的垂直距离非常接近，这是人类区别于其他灵长类动物的独特解剖学特征之一。这种结构使得人类在进行站立、行走、跑步和跳跃等活动时，骨盆的横向移动最小化，从而维

提示 5-2　水合作用建议

（1）饮用大量的水。

（2）避免饮用脱水的饮料和食物（如酒精、咖啡和含咖啡因的饮料）。

（3）吸烟是导致椎间盘退变和脱水的主要原因，请停止吸烟！

（4）节段运动是椎间盘的水化剂，也可以清除废物。尝试以下基本动作，保持椎间盘健康：

　　1）骨盆时钟练习（仰卧位和坐位）。

　　2）肩桥式脊柱分节练习。

　　3）肩桥式平移和对角练习。

　　4）站立时所有平面的控制性运动。

　　5）跳舞。

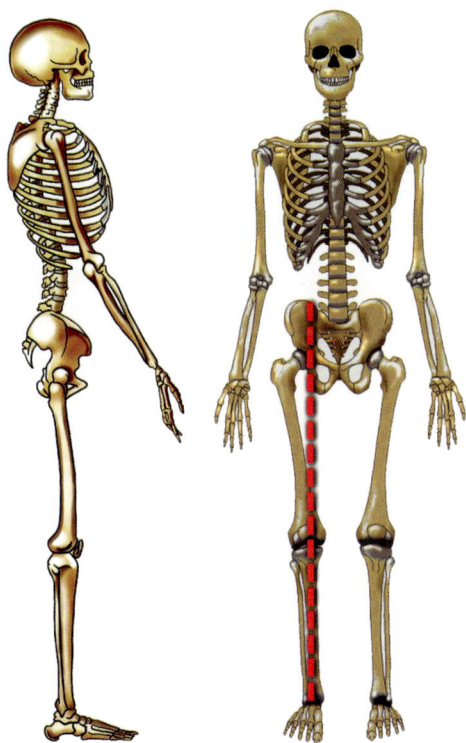

图 5-3　骨骼的侧面观与正面观：骨盆、髋关节、膝关节及足部轴向排列

持下肢的最佳垂直协调性。想象一下，脊柱和骨盆处于轴向力线中，而贯穿其间的结缔组织如同张力的发生器。这些肌筋膜纤维能根据骨骼相对于重力、动量和预期运动轨迹的排列关系，相应地提供刚性支撑、弹性势能以及加速或减速功能。

头部与上肢的排列

上肢和头部是将人类与其他大多数动物区分开来的显著特征。我们对环境的感知能力，以及手部的灵巧性，使我们能够用双手操作和执行任务，从而在动物界中确立了人类的独特地位和强大能力。头部、颈部和肩部的运动不仅是我们日常活动的重要组成部分，也是能量消耗的一个重要指标。当人类学习一项新动作时，我们经常会观察到一些非效率性的身体语言，如肩膀高耸、牙齿紧咬，以及眼睛斜视。这些反应揭示了学习过程中的紧张和努力。我认为，头、颈、肩的协调性是有效组织运动的灵魂之窗。通过观察和分析这些区域的组织如何响应新任务，我们可以洞察客户在学习过程中的策略，以及他们在改进旧任务时可能采用的错误方法。

回想一下你刚学会骑自行车的经历。你可能还记得，当你抓住车把时，你的肩膀不自觉地耸到了耳朵旁边，手臂僵硬并伴随着颤抖。这是一种典型的过度募集肌肉的现象，反而形成了自我掣肘。经过几周的练习后，你开始能够放松身体，甚至可以自信地将手从车把上拿开，展示"看，不用手扶也可以骑车！"的技能。这种从过度募集到自如放松的转变，体现了从新手到熟练者的过渡。在这一过程中，抬高肩膀、咬紧牙关，以及努力"做好"的紧张状态，都是初学者的常见行为。通过观察这些行为，我们可以评估个体的协调性和运动效率。头颈肩的排列为我们提供了一个宝贵的工具，帮助我们理解这些区域在运动中的作用。

深入理解头部、颈部和肩部的解剖学和生物力学，对于评估和提高个体的运动效率至关重要。记住，许多与平衡相关的中枢位于头部，包括前庭系统、

视觉和本体感觉区，正如我们之前所讨论的。这些系统协同工作，确保我们在进行各种运动时的稳定性和协调性。

头、颈、肩部的解剖

几年前，我有幸与一些专注于治疗颞下颌关节紊乱病（TMD）的牙医和物理治疗师共同参与了一项研究。该研究的干预措施包括使用特殊的夹板或修复体减少咬合力度——也就是我们通常所说的磨牙现象，并优化颞下颌关节（TMJ）的排列。研究中有一个意外的发现，即当患者戴着这些装置以减轻咬合力时，不仅其颞下颌关节的状况得到了改善，还出现了一个次级效应：肌肉骨骼系统的排列问题，如脊柱侧弯、骨盆扭转和肩部不对称等，都暂时得到了改善。这种效果引发了我们的好奇：这是如何发生的？为什么会发生？经过深入的探讨和分析，我们逐渐认识到颞下颌关节不仅仅是咀嚼关节，还是身体内一个强大的平衡中枢。这意味着颞下颌关节的状态和功能可能与整个身体的对齐和协调有着密切的联系。这一发现强调了口腔健康与全身健康之间不可分割的联系，并为我们提供了一个全新的视角，以理解和处理那些看似与口腔无关的肌肉骨骼问题。

颞下颌关节位于内耳正前方，前庭系统也在此处（图5-4）。需要强调的

是，当头部处于理想的姿势，所有的前庭系统和视觉空间都在重力和内环境的作用下准确协调时，咀嚼和说话在生物力学上更高效。好的体态不仅仅是在镜子前或自拍时看起来漂亮。

舌骨是位于咽喉前方的一小块骨骼，它通过带状肌群悬吊于上下附着点之间。舌骨在吞咽过程中发挥着重要作用，它随着吞咽动作而上下移动，不仅帮助食物顺利进入消化系统，还促进空气的交换。然而，当头颈部的排列出现问题时，吞咽和呼吸这两个基本功能都可能受到负面影响。我常常回想起在医院工作期间那些病患吃饭和呼吸时遇到的困难。这些记忆让我深刻意识到头颈部位置的重要性。我还记得他们在病床上时头颈部的位置，以及这些位置对他们功能的影响。有时，简单地改变头颈部的支撑方式，就可能为这些患者提供

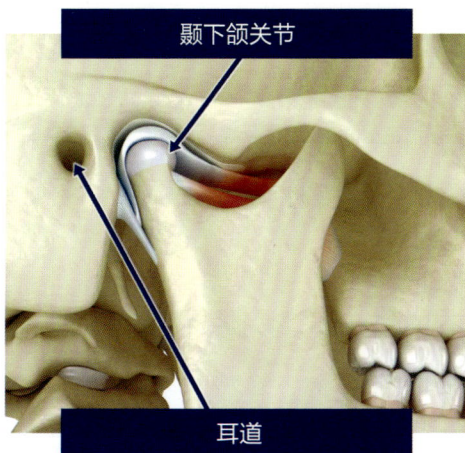

图 5-4　颞下颌关节

有效的帮助。这种观察强调了正确支撑和头颈部排列在维持基本生理功能方面的重要性，提示我们在治疗和护理中需要对这些细节给予足够的关注。

在第四章中，我们已经探讨了颈椎的解剖结构及其在运动原理中的作用。重要的是要记住，颈椎应保持其自然的前凸曲线，这不仅可支撑头部，还使颈部能够灵活活动，以感知周围环境。在本章中，我们特别希望强调头部与前两节颈椎，即 C1 和 C2 之间的关系。观察图 4-8 中 C1 和 C2 与头部的枕骨和重力之间是如何形成完全水平的关系的。寰枕关节允许头部进行大部分的屈伸和侧屈运动。接下来的 C1~C2 节段是头部旋转的主要位置，这里承担了头部 50% 的旋转运动。然而，在现代生活中，由于长时间保持不良姿势，颈部经常前倾，导致枕下区域处于末端伸展状态，这里的旋转和伸展运动受到极大限制（图 5-5A 和 5-5B），因为脊柱在该方向上的移动已经到了极限。让我们设想一下，如果一个驾驶姿势不佳的人遭遇追尾事故，头部、下颌和颈椎将会发生什么。颞下颌关节处于不稳定的位置，可能会被向前推，从而对颞下颌关节的韧带和关节盘造成不必要的损伤。由于枕下区域被锁定，无法有效移动，撞击的力量会沿着颈椎向下传递，大部分力量会集中在 C4~C7 节段，这可能导致挥鞭伤。相反，如果颈椎在重力作

[A]
前倾

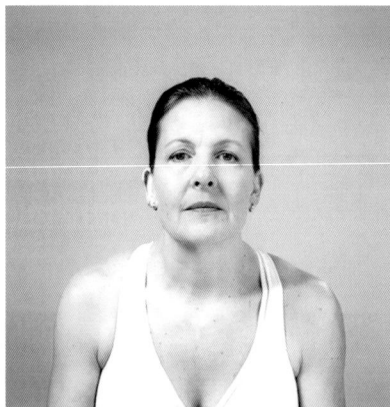

[B]
中立

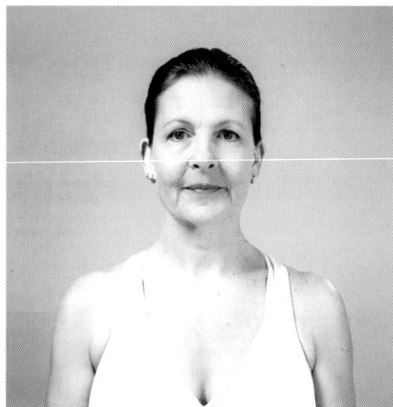

图 5-5   A.头前倾会使枕下区域处于过度伸展状态；B.头部的中立位排列

用下保持正确的方向，并且处于轴向延伸的状态，那么造成同样的损伤需要更大的力量。这种状态下的人将展现出更高的韧性和抵抗冲击的能力。

肩胛带的协调是上肢运动中的关键要素。肩胛胸壁关节是一个独特的关节，它依赖于复杂的神经肌肉排列和非收缩性结构。连接肩胛骨与躯干的肌肉包括大菱形肌和小菱形肌，它们负责使肩胛骨向脊柱方向内收（图 4-35）。斜方肌是一块宽阔而扁平的肌肉，它从颅底延伸至肩胛骨，并向下连接至颈椎和胸椎的棘突，直至 T12，协助肩胛骨进行上下旋转（图 4-41A）。背阔肌则起于肩胛骨下方，帮助肩胛骨向下旋转或抵抗向上旋转的动作。背阔肌的筋膜与胸腰筋膜相融合，构成后斜肌筋膜链的一部分。胸小肌止于肩胛骨的喙突，并

附着于上部肋骨，提供一个向下的旋转力矩，将肩胛骨拉向前方（图 4-41B）。肩胛提肌则止于肩胛骨的上角，并像手指一样嵌入颈椎（图 4-41B）。前锯肌附着在肩胛骨的前内侧表面，其"手指"插入外侧胸腔，负责肩胛骨前引（图 4-36 和图 4-41A）。我之前提到过，连接肩胛骨和躯干的肌肉就像有弹性的蜘蛛网。这些肌肉产生的张力协同作用，不仅使肩胛骨与肱骨之间保持协调，还帮助将力量有效分配到躯干。肩胛骨和肱骨必须协同工作，以保持良好的协调性和一致性。如果是翼状肩或无法进行伸展和回旋，那么原本由肩胛骨承担的力量就会转移到盂肱关节或其他上肢关节，如肘关节或腕关节，可能导致这些部位的疼痛。许多上肢的疼痛问题可以通过改善肩关节的排列、保持肩胛骨与

肋骨的正确对齐，以及增强胸椎的活动性来得到缓解。

肩胛骨与肱骨之间的排列由一组称为肩袖的肌群负责，这包括冈上肌、冈下肌、肩胛下肌和小圆肌（图 4-37A 和 4-37B）。当这些肩袖肌肉单独工作时，它们使肱骨能够进行内外旋转。然而，当它们协同工作时，它们的功能更为集中，能够将肱骨头拉进关节窝，从而增加关节的一致性，并提高周围肌肉的效率，使它们能够更有效地响应作用于上肢的动量。大圆肌、三角肌、喙肱肌，以及肱二头肌和肱三头肌的长头，通常被认为是上肢的主要运动肌肉。这些肌肉主要负责控制手臂的运动方向和创造动力。最后一组连接肱骨和躯干的肌肉，负责控制手臂在空间中的加速和减速。这组肌肉包括胸大肌和背阔肌。胸大肌从手臂下方延伸，附着在前胸部位，而背阔肌则从手臂延伸至背部棘突，并向下进入胸腰筋膜。这些肌肉沿着对角线方向向身体中心汇聚（背阔肌位于后部，胸大肌位于前部）。胸大肌与对侧的腹内斜肌处于同一对角线，背阔肌则与对侧的臀大肌协调工作。这些肌肉形成的对角线代表了筋膜链的一部分，筋膜链是全身复杂的肌筋膜连接网络，它支持人体的直立姿势并提供运动的弹性效率。

生物力学

在本章节中，我们将深入探讨上肢和下肢关节的生物力学原理，并比较它们各自在协调性和一致性方面的特定要求和功能。这种比较分析有助于我们理解不同关节如何通过其独特的结构和功能，共同工作以实现复杂的运动模式。

髋关节和肩关节

髋关节和肩关节作为球窝关节，都拥有 6 个自由度（图 5-6A 和 5-6B），这使得它们能够在多个平面上进行广泛的运动。它们可以在矢状面上进行前屈和后伸运动，在冠状面或额状面上进行外展和内收运动，以及在水平面或横截面上进行内旋和外旋运动。由于球窝关节的结构特性，这些关节还能够进行环转或圆周运动。

然而，在实际活动中，这些关节很少进行纯粹的单平面运动。肩关节和髋关节往往在多个平面上同时运动。例如，推购物车时，这些球窝关节会同时进行旋转、屈曲和伸展等多种运动。在观察肌肉如何协调这些复杂动作时，我们不禁会问："哪块肌肉负责这一动作？"可能是肱三头肌在伸直肘部时提供了推动力，肱二头肌在减速以及前臂的旋转中扮演了重要角色，帮助我们平稳地推动购物车。

[A]
肩关节

[B]
髋关节

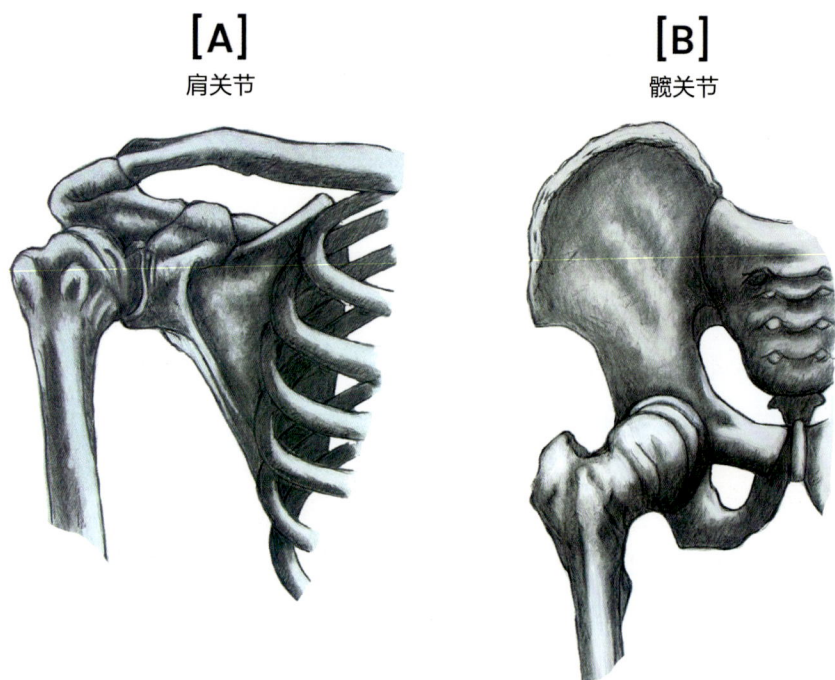

图 5-6 球窝关节：A. 肩关节；B. 髋关节

我发现，骨骼与其在空间中的定位之间的关系是观察中最为关键的要素之一。当四肢和躯干达到最佳的协调性和一致性时，身体便展现出最大的高效运动潜力。我特意选择了"潜力"这个词，因为实现自然而有效的运动，依赖于我们正确地练习并重复动作，直至这些动作变得自发，并且神经肌肉系统能够有效地维持关节的协调性和一致性。

膝关节和肘关节

膝关节和肘关节是四肢动力链中的下一个关节。请注意，这两个关节都是铰链关节（图 5-7A 和 5-7B）。如前所述，肘关节是真正的铰链关节，只能在矢状面上产生动作。肘关节几乎没有附属关节运动或扭转。另外，膝关节是双髁关节，具有旋转功能，除了单纯的屈伸和旋转外，还具有附属关节运动。当我讨论膝关节以及它如何影响整个下肢动力链时，我非常兴奋。这个双髁关节的性质特别有趣，因为股骨在膝关节处向中线倾斜，这对单腿负重至关重要。且内侧髁明显大于外侧髁，这使我们在单腿负重时可以在中轴线上保持平衡（图 4-20A 和 4-20B）。内侧髁和外侧髁之间的不对称促进了下方动力链的自然螺旋，从而可以在行走或跳跃的负重阶段保持协调和稳定。如前所述，关节运动学指的是附属运动，如滚动、滑动

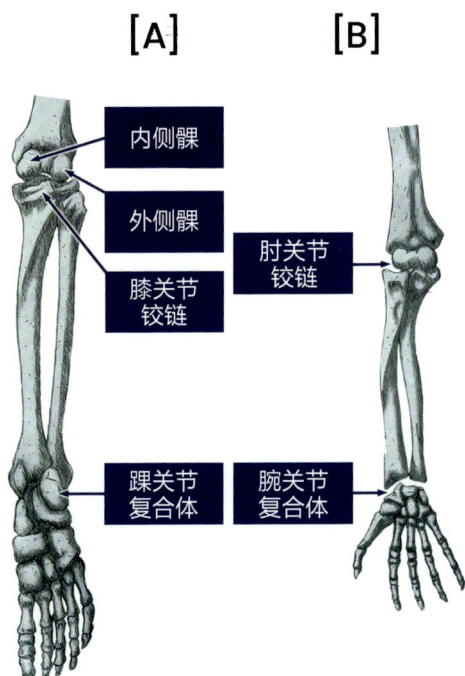

图 5-7　肘关节和膝关节

和螺旋等。在舞蹈和运动科学领域，它也被称为骨节律。埃里克·富兰克林解释说，多年来，古典芭蕾舞界一直在教授错误的动作模式，这可能是足部、踝关节、膝关节、髋关节和腰部等相关损伤的罪魁祸首。如果股骨螺旋向外，那么胫骨和腹股沟或骨盆的一半结构就会相对于股骨螺旋向内（图 5-8A）。这样做的结果是下肢力线的优化、运动效能提升和降低消耗。如果在深蹲过程中股骨螺旋向内，就会导致协调性、运动效能和效率的损失。我们可以看到，股骨和胫骨都向内侧旋转会导致膝关节外翻、后足外翻和前足长时间旋前（图 5-8B）。在动力链的上端，我们可以观

察到骨盆前倾、骶骨点头运动以及腰椎段的前向剪切力。作为一名从业者，与那些因训练不当或受伤而失去正常关节运动能力的人合作，其转变过程会给人留下深刻印象。只需纠正他们的运动模式和骨节律，就能立即影响其健康的神经肌肉策略。正如我在第一章中提到的，我曾治疗过一名职业篮球运动员，他的左膝接受过一系列手术，最后一次手术被认为非常成功，虽然医生是这样告诉他的，但患者觉得自己仍然没有恢复以往的弹跳力。对他来说，手术并不成功。在第一次治疗中，我让他花了大约 30 分钟的时间在普拉提椅上做有助力的箭步蹲，整个过程中，我都在关注他的关节运动，用触觉提示引导他的股骨和胫骨进行螺旋运动模式。仅仅几分钟时间，他就明显感觉到这正是他所缺少的。他有足够的力量，手术后他的生物力学也得到了恢复；只是他的髋关节和膝关节缺少了正常的辅助运动功能。接下来的一周，他说自己又能像大学时那样跳跃了。

如前所述，肘关节和膝关节一样，是一个铰链关节（图 5-7A 和 5-7B），但肱骨和尺骨之间没有下肢的旋转特性。我们通常将肱骨与尺骨的关节称为真正的铰链关节。有趣的是，肘关节是受限制最多的关节，因为它是骨性关节，关节囊坚固，只能在矢状面活动。相比之下，肘部以上和以下的关节则具

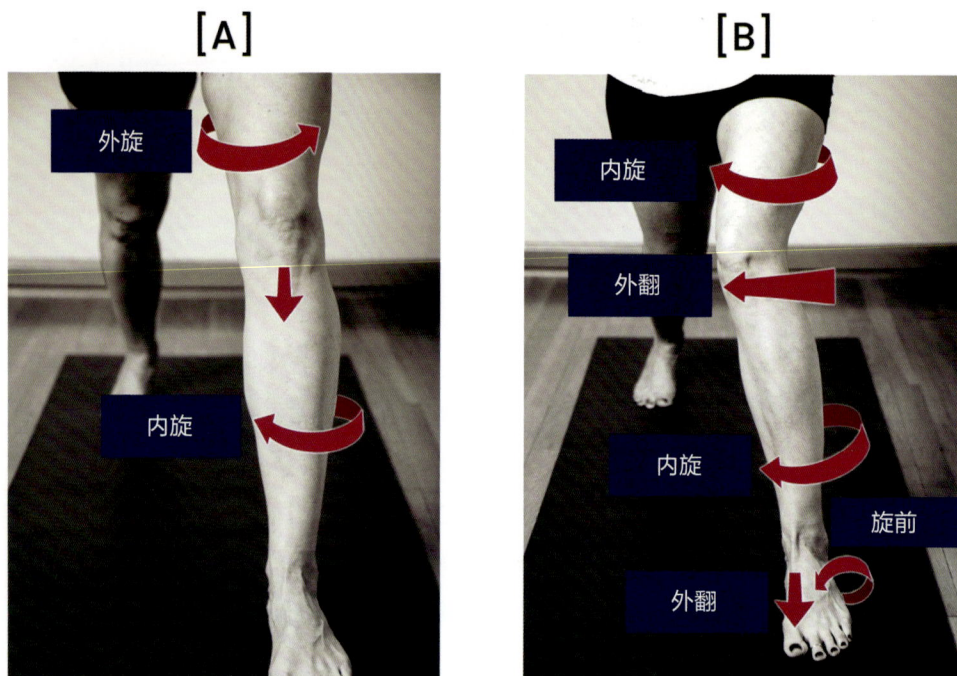

图 5-8　步态周期中的足跟着地期：A. 下肢正常力线；B. 下肢异常力线——髋内旋、膝外翻、足过度旋前

有极高的活动性。

腿部和手臂的远端

前臂、手腕和手的生物力学展现了非凡的灵活性，它们使我们能够以精细的动作进行探索、工作、写作、进食以及推拉操作，这些能力在日常生活中往往被我们视为理所当然。前臂的独特生物力学特性之一体现在桡骨与肱骨、尺骨以及腕骨近端（腕部）之间的功能关系上（图 5-7B）。卡尔·热尔曼详细讨论了桡骨的独特形状及其运动特性，尤其是其弯曲度，这一结构使得前臂能够实现旋前和旋后运动。桡骨可以绕着

尺骨旋转，如果骨骼是直的且关节形状一致，就根本无法产生旋前和旋后动作。尺、桡骨的这些独特性质，为上肢提供了更高的机动性和灵活性，这与小腿解剖结构不同。为了获得上肢的灵巧性，我们牺牲了下肢中某些骨骼和韧带的稳定性。桡骨的另一个显著特征是其与肱骨小头的关节连接。桡骨近端的圆形凹陷与肱骨远端的凸起相结合，形成了一个球形铰链样关节，允许前臂进行屈曲、伸展和旋转运动。然而，前臂外展或冠状面运动受到肱尺关节在矢状面上的刚性限制。最后，桡骨近端通过环状韧带与尺骨近端相连，该韧带像圆环

一样环绕桡骨，从而促进其轴向旋转。桡骨远端与尺骨远端形成一个滑膜关节；此外，尺骨远端与近侧腕骨之间还有一个关节盘。这些结构在讨论上肢闭链与开链运动学时至关重要，它们共同作用，使得手部能够在各种活动中发挥高度的适应性和协调性。

桡骨远端与腕骨近端形成关节，扮演着手臂与手之间的直接负重骨角色，这与下肢中胫骨作为距骨和股骨之间的主要负重骨的功能截然不同。远端腕骨进一步与 5 块掌骨相连，掌骨的基底部凹陷，头部凸起，与手指的近节指骨相接，形成了掌指关节，这些关节在我们握住工具或物体时能够产生一种有趣的被动内收／外展动作，这增加了手腕的稳定性，类似于西蒙·博格 - 奥利维尔所讨论的协同收缩现象。关节复合体周围的协同收缩增加了手腕的刚度，以实现所需的功能，这在手部负重时显得尤为重要。当掌指关节屈曲，而桡腕关节伸展时，这两个肌群的肌腱在负重时将在腕部周围产生额外的稳定性，这种现象有时被称为玛尼班达脉轮（manibandha）（图 5-9）。腕关节能够在所有平面上运动，腕骨与桡骨远端和尺骨间盘共同形成球窝样关节，使得腕关节能够进行屈曲／伸展、内收（尺偏）、外展（桡偏）和环转运动。关节的紧密贴合位置，即关节面最大接触的位置，可以提供最大的关节稳定性，这

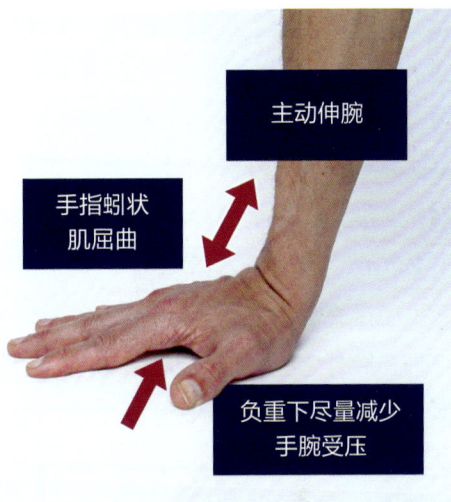

图 5-9 玛尼班达脉轮

种稳定性源自骨骼的排列。在腕关节中，紧密贴合位置是腕关节处于伸展和桡偏状态，这是最稳定但易受伤的位置。功能性手位则是腕关节轻度伸直伴桡偏，手指轻度屈曲，拇指外展，这样就在手掌内形成了一个空间，被称为安全空间，它为手腕提供了额外保护。在患者进行上肢负重练习之前，评估他们的手和手腕至关重要，这样可以确保它们处于稳定的位置，避免手腕过伸，减少损伤风险。我们的目标是保护手腕，避免因不当姿势或负重而导致的损伤，确保上肢负重训练的安全性和有效性。

应用

静态与动态排列

与前臂相比，小腿的胫、腓骨之间

的活动度受到较大限制。腓骨主要通过上下滑动的方式活动，它与股骨髁的生物力学关联不大，也不具备胫骨那样的主要负重功能。尽管如此，腓骨通过其与外侧腘绳肌腱的腱性连接，以及腓骨头与胫骨之间的近端滑膜关节，为小腿提供了重要的横向稳定性。骨间膜以及腓骨和胫骨之间的下胫腓联合进一步加强了这种稳定性。特别值得注意的是，这个远端关节并不是一个典型的关节，而是由一系列强大的韧带和筋膜带构成的结构，它们从踝关节延伸至外侧腘绳肌的起始处，甚至到达坐骨结节。根据厄尔斯、迈尔斯的理论，这些结构形成了身体的外侧线和螺旋线，对维持下肢的外侧稳定性起着至关重要的作用。上肢结构的重点在于灵巧性而非负重，这与其精细的操作和复杂的运动能力相符合。相对而言，下肢虽然也具备一定的灵活性，但其主要功能是支撑身体的重量和保持平衡，这要求下肢结构更为坚固和稳定。

踝关节的生物力学具有独特性，它为人类的双足运动提供了关键的力学特性。尽管我们往往只在踢到足趾或磨出水泡时才会注意到足部，但实际上，足部是一个令人惊叹的适应性结构，对我们的运动至关重要。我经常指导我的患者通过正确的走路方式来预防跌倒。正确的走路方式始于脚踝的轻微前倾，大约 5°，这可使足部和脚踝做好准备，

紧绷并启动步伐。从力学角度来看，当身体的重心位于垂直轴的前方时，距小腿关节（踝关节）会变得更紧张。距骨前部的加宽增强了踝部和足部的杠杆作用，为身体的推进和向前运动提供了稳固的基础。身体的长杠杆和肌群负责控制平衡和防止跌倒，而重心控制则有助于实现向前的运动和推进。然而，遗憾的是，许多患者倾向于用后足承重，未能实现足踝的适当背屈。这种姿势使得足部处于过度旋前的状态，未能充分利用踝关节和足部的杠杆作用，导致缺乏自然的机械推进力。此外，这种不正确的承重方式还会对结缔组织施加过度的压力，增加受伤的风险。

下肢和上肢的排列因人而异，存在显著差异。个体在静态排列与动态排列之间也可能表现出不同的特征。例如，在静态姿势中观察到的足旋前可能伴随膝内扣和蹬外翻。然而，如前所述，只有通过观察个体的运动，我们才能判断这些特征是结构性失调还是策略性失调，以及它们如何影响个体的运动能力。在基于静态姿势做出判断和结论之前，评估患者的动态排列至关重要。我们需要花时间评估患者是否能够通过提醒来纠正或减少排列问题。如果经过几次训练，患者仍然使用自己的模式，并且没有出现疼痛或其他骨性排列问题，我们可以假设这是他们目前的理想姿势。相反，如果持续存在的排列问题损

害了他们的表现，这可能是进行结构性诊断的信号。值得注意的是，排列不佳并不总是与病理状态相关。许多杰出的运动员和表演者即使在排列上存在不足，也能表现出色，且从未有过疼痛或出现病症。

当面对骨性排列问题时，我的策略是从身体的中心/近端部位向远端四肢逐步推进。首先确保从骨盆到脊柱和胸部、骨盆到股骨、股骨到胫/腓骨、胫/腓骨到踝关节、踝关节到足部的排列良好。如果患者的这些部分排列良好，并且胫骨有实际扭转，即骨骼本身向外螺旋，那么这可以被视为他们的理想或最佳姿势。他们的近端部位具有良好的排列，身体的其余部分稍有偏离，即使这在外观上可能并不"标准"。重要的是不要强迫身体呈现出某种特定外观，而是要在被赋予的解剖结构内促进身体发挥最佳性能。

我曾见过一些教练尝试自下而上地纠正问题。他们专注于足和足趾的排列，最终却可能导致膝关节外翻，有时这会在膝关节、髋关节和背部造成比初始状态更多的排列和压力问题。我更倾向于从核心出发进行纠正。一旦核心稳定，任何结构性失调都可以得到处理，并且可以教会患者如何修正练习，使他们能够在没有疼痛或压力的情况下获得积极的运动体验。常见的错位包括脊柱侧弯、骨盆扭转、膝外翻和内翻、足

部过度旋前和蹬外翻。重要的是要认识到，许多人即使存在这些骨骼结构和功能的变化，也能在没有疼痛的情况下生活，而那些看似拥有完美姿势的人却可能经常受伤或感到疼痛。

我之所以到现在才讨论足和踝的力学，原因之一是，这是我最喜爱的身体部位之一。这可能源于我对舞蹈和跑步的热爱，这两项活动常被认为对技术要求高且容易导致足部问题。足部可以分为3个部分或3个轴线：距小腿关节、足内侧和足外侧（图4-21和4-29）。当我们深入探索足部的每个轴线时，我们可以更好地理解足部和踝部是如何促进人类步态的（图5-10A~C）。

距小腿关节和距骨的独特结构，以及它们与下胫腓联合的关系，对于足部功能的促进至关重要。我们已经讨论过，当踝关节处于背屈位置时，它如何变得更加稳定，并将力量有效传递到中足区域，特别是第1、2跖骨，为步态周期中的迈步前期打下基础。

足部的内侧结构由距骨、足舟骨以及3块楔形骨（内侧、中间和外侧）组成，这些骨骼与3个跖骨以及前3个足趾相连（图4-21）。而足部的外侧结构则包含跟骨、骰骨，以及外侧的2个跖骨（第4和第5跖骨）及其相应的足趾（图4-21）。这种复杂的骨骼排列不仅为足部提供了支撑和稳定性，还允许足部在行走和跑步时，通过一系列排列运

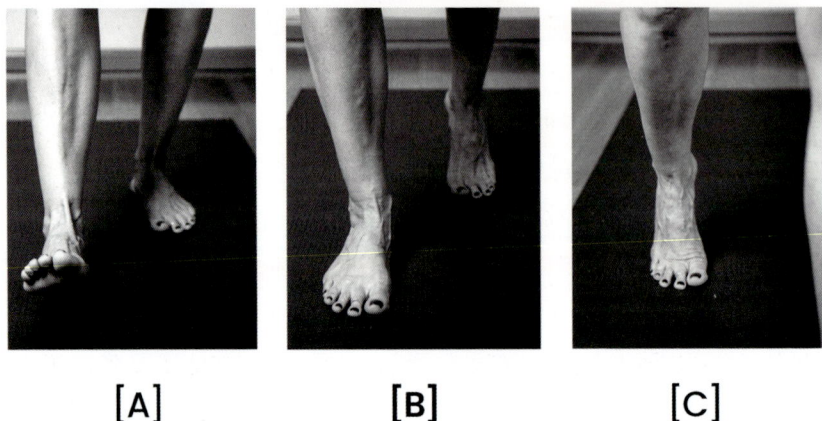

[A]   [B]   [C]

图 5-10   步态的足部接触模式。A. 足跟触地；B. 站立中期；C. 迈步前期

提示 5-3

我有一位患者，她被诊断为膝关节退行性关节疾病，正准备接受膝关节手术。她拄着助行器走进来，右腿有明显的膝外翻情况。我认为首要任务是提出一系列问题，以此来建立一个关于运动、治疗和整体健康的历史档案。通过提问，我发现她在 6 年前进行了双髋关节置换手术。我询问她："谁负责你的康复？你做了哪些运动？"她回答说："我从未接受过康复训练。"她从未进行过物理治疗，医生告诉她，她可以恢复正常活动。令我惊讶的是，她的双髋关节置换手术是同时完成的，而且她从未对她的髋关节外旋肌或外展肌进行过再教育。想象一下，缺乏髋关节的外旋或外展功能会导致什么后果——双膝内陷。通过一些对线调整，她能够通过膝关节找到接近最佳的排列，而且根据单次训练的结果，我可以判断出她实际上并没有结构性膝外翻。她的膝外翻实际上是一种策略，或者是她下肢缺乏稳固排列的表现。

动来适应不同的地面条件，并有效地传递力量。

步态周期始于足跟触地，此时足跟下降，足内侧内旋，而足外侧则出现内翻（图 5-10A）。随着步伐从足跟着地进展到站立位或完全负重阶段，足内侧开始向旋前变化，外侧则外翻，这样的动作有助于吸收地面的冲击力，并适应不平坦的地面（图 5-10B）。当步伐从站立中期向脚尖方向移动时，身体应相应倾斜，以增加踝关节的背屈角度，同时距小腿关节的稳定性也得到加强（图 5-10C）。令人兴奋的是，当距小腿关节变得稳定时，足外侧开始内翻，内侧则开始旋后，使得第 2 跖骨在内外侧楔骨之间牢固定位，仿佛一把钥匙，将足部转变为推动步伐的杠杆（图 4-21）。理想状态下，无论是步行还是跳跃，这种推进力都应通过第二足趾将能量向前或向上传递，同时利用蹈趾屈肌的强大力量来完成步态周期中的迈步前期。

图 5-11 展示了足中部的正常状态、旋后状态和旋前状态。如果观察到脚印在站立中期向外展，则可能表明过度旋前，暗示患者足内侧丧失了部分完整性，或者他们的髋部和膝部失去了正确的排列或骨节律。在评估脚和脚踝之前，我总是先检查髋部和膝部。普拉提核心床是促进动态排列策略变化的理想工具。在核心床或者其他相关腿部练习的器械上，可以设置适当的阻力，让患者进行大量重复练习，学习新的协调模式而不感到疲劳。重要的是，患者正在有意识地改变他们的自然步态模式，朝着更理想的模式发展。我观察了许多客户在核心床或其他类似器械上仰卧位的足跟负重情况，并注意到，当他们把滑车推出时，他们的脚会改变方向，甚至在不同方向上产生扭转动作。这可能是地面反作用力影响垂直负重时动力链的一个明显指标。

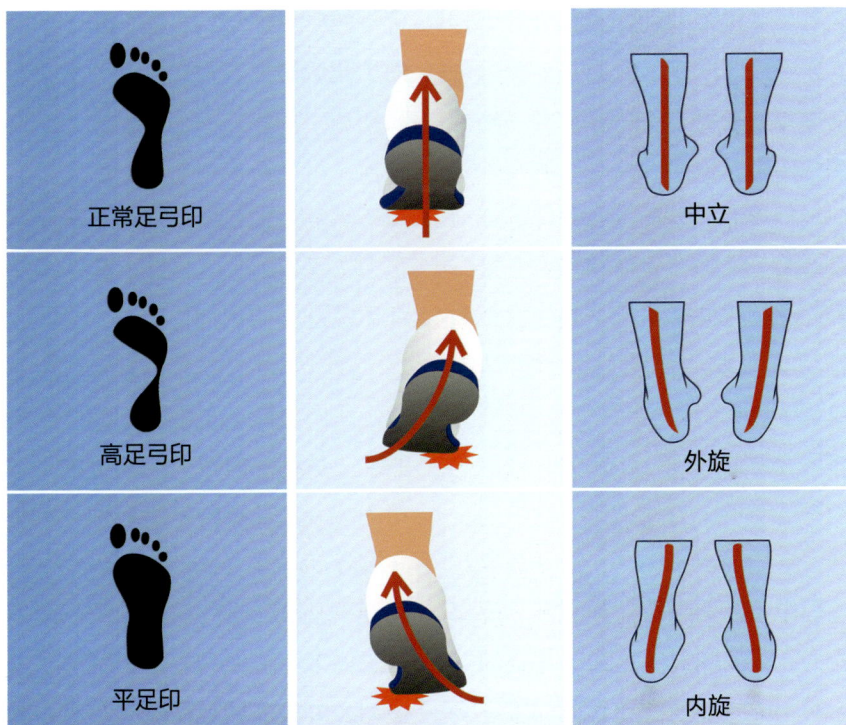

正常足弓印　　　　　　　　　　　中立

高足弓印　　　　　　　　　　　外旋

平足印　　　　　　　　　　　内旋

图 5-11　右足的 3 种不同足弓

提示 5-4   重力监测

在进行步态分析时，重复站立中期、站立末期、摆动期以及迈步前期（足趾离地准备）等步态的关键阶段，并仔细观察你自己的生物力学。观察足部内侧和外侧的骨组织、踝关节、膝关节以及髋关节的感觉和运动。如果可能，录制自己的行走过程，这样你就可以将自己的行走动作与内在的感觉进行比较分析。

观察当你改变行走的节奏时，你的步态力学会发生什么变化，这可能包括步伐的长度、速度或是整体的协调性。通过这种自我观察，你可以更深入地了解自己在行走过程中的运动模式，以及这些模式如何影响你身体的各个部位。

- 站立中期
- 站立末期
- 摆动期
- 迈步前期

运动控制

在探讨运动控制时，我们必须问的一个问题是：正常的动作看起来是怎样的？要回答这个问题，我们需要深入理解解剖学和生物力学。从业者必须培养敏锐的观察力，以便进行动态调整并观察运动者的技能，以及在各种任务或活动中保持关节最佳一致性的能力。良好的协调性和一致性往往比单纯的力量和活动性更为重要。熟悉关节的运动模式，包括生理和附属运动模式，是成为熟练的从业者的基础。在瑜伽、普拉提和武术等运动中，力量和灵活性是同步培养的，它们强调协调性，并且需要在训练过程中不断调整负荷和节奏。确保正确的力在正确的时间施加于正确的组织，这对于力线、速度和负荷的管理至关重要。

潘贾比的稳定模型强调了非收缩结构、收缩结构和运动的中央控制三者之间的平衡，这将在第六章中讨论。理解正常的非收缩结构在运动中的表现，有助于我们想象收缩组织如何在期望的运动任务中优化效率。肌筋膜组织与骨骼相连，产生必要的张力和收缩力，以实现所需的运动效果。然而，确定合适的张力水平有时令人困惑，因为每个动作都涉及众多肌肉的协同工作。

要让身体针对特定任务产生适当的神经肌肉反应，关键在于建立正确的协调性、负荷和速度，与期望的运动模式相匹配。这比单纯依赖肌肉收缩提示更为有效。如果骨骼、结缔组织（特别是筋膜）协调良好，肌群就不必过度劳累。如果我们发现自己过度募集肌肉来移动，可能表明在协调、关节一致性或策略方面存在问题。在实践中，我们应该避免单纯依赖肌肉收缩的提示，而是通过整体的运动模式来促进自然和自发的运动。这种方法有助于我们更深入地理解运动控制，并在各种活动中实现更高效的运动表现。

下肢常见的一种错误运动模式往往起源于髋部控制力的缺失。当髋关节无法在站立姿势中有效控制或减缓内旋时，股骨倾向于内旋和内收，这可能导致膝关节外翻、后足外翻和前足旋前。一种普遍的干预措施是通过足部矫形器来纠正力线，但如果问题的根源在于髋关节组织功能不佳，矫形器反而会加剧动力链中的问题。在下肢动力链中，另一种常见的错误模式是髋外展肌和外旋肌的力量不足。这种不足可能导致在单腿负重时身体倾斜，以维持重心。这种情况可能由多种因素引起，包括踝关节背屈不足，这可能导致髋关节外旋以减少足尖离地时的杠杆作用。也可能是由于站立中期膝部疼痛，患者因此希望缩短步幅。如果髋关节本身存在疼痛或在内收、屈曲和内旋方面受限，我们也可能会观察到运动模式的改变。对于非医疗专业人员，重要的是要认识到，下肢运动模式的错误通常可以归因于踝关节背屈不足和髋关节力学问题。即使膝关节有疼痛或功能障碍，我也总是先检查这两个区域。教练可以轻松地将提高踝关节活动度和改善髋关节协调性、活动性、控制性的动作整合到训练中。

上肢的高效组织能力同样重要。我们人类的上肢有许多不良的姿势和运动模式，类似于我们的下肢所展现的。评估上肢的组织效率可以通过观察肱骨与肩胛骨在运动中的一致性来进行。如果肱骨头与肩胛骨的关节窝正确对位，我们可以看到肩胛冈和锁骨都指向肱骨头的中心（图 5-12 和 4-33）。

上肢的错误运动模式常常与胸腔对肩胛骨的错误组织有关。一个典型的例子是翼状肩，这种情况通常由胸椎曲度变直引起，而不是肩胛骨本身的问题。为了使前锯肌有效工作，要将肩胛骨正确贴合在胸壁上，胸椎的自然曲线需要与肩胛骨的曲线相匹配。如果肋骨和胸椎曲度变直，前锯肌就无法维持肩胛骨

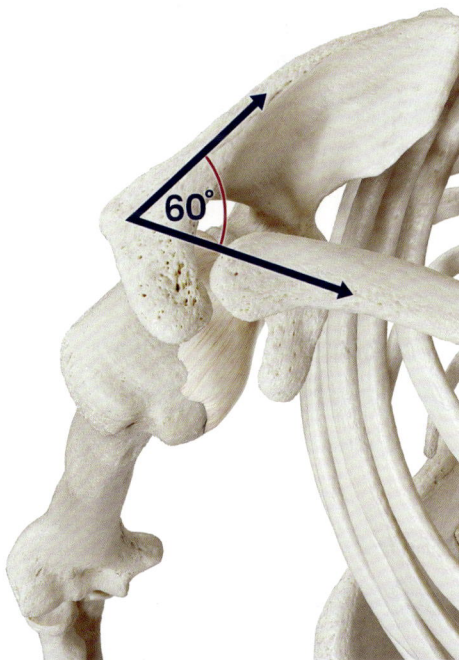

图 5-12　肩部对齐的上方视图

与胸腔的一致性。另一种常见的错误运动模式是肱骨头相对于肩胛关节盂和肩峰的部分前向半脱位。这种不良运动模式可能由多种因素引起，包括胸椎的过度后凸、肩部的圆肩姿势、肩带前侧筋膜的限制、肩袖肌群的抑制，以及肩胛骨在上肢活动范围中的不足。许多这样的错误排列和组织问题可以归因于现代生活中的不良坐姿、长时间使用手机和缺乏运动。在肩带的评估中，一个常见的误解是将肩胛骨的稳定性定义为在移动肱骨的同时将肩胛骨保持在中立位的能力。实际上，肩胛骨应不断调整其位置，以与肱骨保持一致。如果胸椎和胸廓的活动受限，肩胛骨就无法在整个上肢活动范围内维持对位。肩胛骨可以在多个方向上运动，包括前伸和后缩、上举和下压、上回旋和下回旋，但它不能进行伸展、屈曲和轴向旋转。这些运动依赖于胸椎的活动性。一个很好的例子是网球发球或自由泳划水的动作。如果胸椎不能有效地伸展和旋转，盂肱关节可能会以半脱位或对盂唇产生剪切力的形式承担过多的动作和力。我的患者告诉我，当他们被诊断为肩袖损伤时，医生有时会说："超过 50 岁的积极训练的人群中，超过 80% 的人最终会面临肩袖损伤。"这种说法实际上是一种逃避。真正的意思是，我们如果打算积极地变老，则应该参与跑步、游泳、骑行、徒步旅行、爬坡，以及打网球、高尔夫

球、排球、篮球或棒球等活动，我们应该确保自己的胸椎保持柔软，特别是在伸展和旋转方面。上肢中一个常见的力线不良是肘关节过度伸展。大多数人并不习惯用上肢承担重量，除非他们从事特定的武术训练、做俯卧撑或跳健美操，或者是体操运动员、现代舞者、撑竿跳高运动员，以及其他在闭合动力链中使用上肢的运动员。像迈克·费奇和伊多·波塔尔这样的专家将高水平动作的探索作为重点。如果有机会，我建议你去了解他们的工作。由于缺乏相关训练，人们在手臂负重时往往不知道如何平衡骨骼和肌筋膜系统，导致负荷集中在抵抗力最小的路径上，即肘关节。肘关节过度伸展常常伴随着腕关节的过度伸展和翼状肩，这些问题会将功能障碍向上传递至躯干。本章前面讨论的腕部协同收缩的概念可以帮助纠正这种错误的运动模式。作为教练，我们应该成为上肢力线正确性的守护者。

我们不应只专注于错误的运动模式，而应专注于如何更有效地运动。我们如何实现准确而协调的运动？这对于骨骼之间力量的有效传递至关重要。当我们理解动力链和关节运动学的关系时，我们就能更容易地理解重心是如何在空间中转移的。这并不意味着我们总是要保持直立。我有舞蹈背景，我可以做许多动作演示，包括仰面躺下、翻滚和空中翻筋斗。

提示 5-5 完美的俯卧撑

将手撑在地板上，让上肢承担部分重量。

第一，当你四肢着地时，观察并注意你的手和手腕的起始位置。开始练习时，可以尝试将手指平展伸直，按压在地板上（图 5-9）。同时，努力伸展手腕。这个动作将自然地引发腕部的玛尼班达脉轮（manibandha），也就是腕部的共缩（cocontraction），这能有效防止肘部过度伸展。

第二，要实现下躯干与上躯干的有效连接，需要进行几个关键动作。开始时，将胸骨向上抬起，想象你的背部是一面迎风鼓起的船帆。在这个过程中，注意保持脊柱的自然伸直，避免肩部前引。保持双手处于玛尼班达脉轮的姿势，接着将膝关节抬离地面约 2.5 cm，然后暂停在这个位置。通过重复这个动作，你会逐渐感受到头部、胸廓和骨盆之间的协调和连接。这种姿势被称为"野兽式"，在动物流（Animal Flow）中也会用到。

第三，开始时，采取四肢着地的姿势，然后慢慢将双手向前伸展，直至身体形成跪姿。在这个过程中，专注于感受躯干的稳定性以及手腕和手的协调性。接着，让手向后滑动，同时肩膀向前旋转。你会发现肩胛骨随之移动，这是完全正常的现象。继续重复这个动作，进行一系列跪式平板半跪俯卧撑，直到你感到肘部和肩部的运动节奏变得自然而舒适。在这个练习中，关键词是"允许"，即允许关节完成它们的铰链、旋转和滑行动作，而不是强迫它们进入特定的位置。

第四，把所有动作结合起来。从第三个姿势开始，同时抬起膝关节和胸廓，使骨盆和躯干之间形成弹性连接。在骨盆向前压的同时，将肋骨和大腿向上推，直到仍处于一条长长的动力链对角线上。既然你已能完成全幅度的俯卧撑姿势，你就可以准备好做半程俯卧撑了。让手肘向后弯曲，肩膀向前旋转。重复多次。当你对平板姿势和上肢的骨节律感觉更加舒适时，可挑战 3/4 俯卧撑，然后做完全俯卧撑。当你感觉自己要趴下时，继续将注意力拉回到玛尼班达脉轮和胸骨／大腿抬起上。

理解解剖结构与施加在解剖结构上的力之间的关系变得至关重要。与重力的影响相比，保持适当的动态排列和关节一致性的能力更重要。当关节正确排列时，身体能产生更自然和平衡的反应。排列一致的关节也增加了关节的动态稳定性。当我们拥有一致性时，我们会感觉到自己可以更快地加速，更快地适应异常的力量，并提高运动表现。这就是为什么许多优秀运动员采用普拉提、瑜伽、费登奎斯方法和婵柔等训练方法。太阳马戏团的表演者们有物理治疗师、普拉提和瑜伽教练，以及营养学家的支持，因为他们相信动态调整的理念，认为它可以防止伤害并最大限度地提高舞台表现。他们相信，通过保持表演者的健康,可以节省金钱和时间,同时提高表演的质量。不仅仅是精英表演者需要改善他们的协调性;每个人都需要改善协调性,包括爷爷奶奶们,以便他们可以安全地抱起孙子孙女,而不必担心伤害他们的背部或膝关节。

生物能量学

在夏威夷群岛,流传着一种古老的精神信仰,名为"胡纳(Huna)"。你或许听说过"卡胡纳(Kahuna)",这是对波利尼西亚群岛中萨满教教徒的一种称谓。卡胡纳的使命是将潜意识与意识层面的精神统一起来。在夏威夷的文化中,人们相信当意识与潜意识达到和谐一致时,个体便与"伟大精神"(也就是宇宙)保持了一致性。卡胡纳可以是男性或女性,他们通过帮助人们实现精神成长和身心、情感、精神的满足而使人们发生转变。

正如前文所述,当人们的身体、精神和情感达到协调一致时,身体的各个系统似乎能够更有效地运作。这种协调不仅使我们的思维更清晰,还能提升我们的思考、工作能力和生活质量。它使我们更快乐、更善良,并让我们以更积极的眼光看待世界。协调是健康和幸福的关键。

我们了解到,人体的能量主要通过头顶和肩膀上方的区域流动。针灸中的经络经过我们的肩膀。无论是由于姿势不当导致这些穴位充血,还是由于过去的肺部或胆囊问题影响了经络,恢复所有经络的正常功能和能量流动都是至关重要的。这对于提升我们的健康素质至关重要。针灸治疗可以通过对身体不同穴位的刺激显著地促进经脉中气的流动。针灸是一个拥有5000年历史的系统,这个系统旨在平衡身体中的多个系统。当不良姿势损害这些经络时,就会限制能量在身体和相关器官中的流动。

良好的姿势不仅有利于健康的运动和器官功能,还有助于健康的能量流动,从而增强我们的免疫系统,甚至可以改

提示 5-6

在我小时候,我的邻居中有一位名叫格拉迪斯的令人敬佩的95岁女士。她总是乐于和我们这些孩子一起在户外玩耍,她的精神深深地影响了我们。格拉迪斯曾与我们分享她的家族故事,她的母亲和祖母因年纪越来越大而逐渐驼背。她坚定地告诉我们,她不想重蹈覆辙,因此她每天都坚持靠墙站立,以此来维持良好的姿势习惯。直到今天,我依然清晰地记得,格拉迪斯无须借助双手就能优雅地从地面上站起和坐下。她的故事教会了我一个宝贵的人生道理:我们的实践塑造了我们自身。

善我们的思维方式和自我感知。令人惊　通过改善体态这样简单的事情来建立。
讶的是，我们的自我效能感和自尊可以

开放式问题

1　用自己的话来解释"排列"如何被用来定义关节和骨骼的一致性，以及感知和现实之间的一致性。一个人在空间中对自己身体的感知与实际的结构排列有何关系？

2　中轴骨的不良姿态如何影响活动性和控制性？

3　从第 2 趾垂直上升的矢状线很可能与哪些关节和骨性标志相交？解释这种下肢和躯干的垂直排列是如何影响重心的。

4　列出髋关节和盂肱关节在一致性、关节运动学、骨运动学、运动平面、肌肉附着处、软骨、自由度、关节囊、稳定性等方面的区别。

5　列出膝关节和肘关节在一致性、关节运动学、骨运动学、运动平面、肌肉附着处、软骨、自由度、关节囊、稳定性等方面的区别。

6　列出小腿远端和前臂关节在一致性、关节运动学、骨运动学、运动平面、肌肉附着处、软骨、自由度、关节囊、稳定性等方面的区别。

7　使用静态排列和动态排列来评估功能运动可能存在的缺点。举例说明依靠静态排列评估何时会出现评估误差？

8　举例说明经常出现的严重静态排列失调。如果关注较不重要的静态排列失调，客户的自我信念可能会发生什么变化？

9　解释从足跟着地到足尖离地的步态周期。在步态周期的每个阶段，如站立中期、单腿足跟着地期，还有摆动期和迈步前期，正确的动态排列是什么？在正常步态中，采用更刚性的蹬离推进和更放松的中足着地的目的是什么？

10　举例说明髋关节内旋减速不良如何影响整个下肢。什么是髋部无法控制的？

11 举一个干预策略的例子：跚外翻是痛苦的，当你被要求治疗患者的跚趾的排列时，举例说明从脚往上调整和从髋入手往下调整的策略。你觉得哪个会更有效，为什么？

12 肩峰下撞击综合征是老年人的常见问题。请列举可能导致肩峰下撞击综合征的原因。此外，你如何专注于活动性和协调性训练，在头部活动时减轻肩峰下的压力？

13 解释融入正念和知觉的练习如何帮助维持身心一致。解释意识练习如何影响幸福感，并说明怎样才能将这种体验与患者分享？

参考文献

1. Franklin EN. *Conditioning for Dance*. Human Kinetics; 2004.
2. Bogduk N, Twomey LT. *Clinical Anatomy of the Lumbar Spine*. Churchill Livingstone; 1987.
3. Bordoni B, Lintonbon D, Morabito B. Meaning of the solid and liquid fascia to reconsider the model of biotensegrity. *Cureus*. 2018;10(7):e2922.
4. Bordoni B, Simonelli M. The awareness of the fascial system. *Cureus*. 2018;10(10):e3397.
5. Pilates JH, Robbins J, Van Heuit-Robbins L. *Pilates Evolution: The 21st Century*. Presentation Dynamics; 2012.
6. Ray MB. Cutting a fine figure. *Reader's Digest*. October 29, 1934.
7. Kulkarni V, Chandy M, Babu K. Quantitative study of muscle spindles in suboccipital muscles of human foetuses. *Neurol India*. 2001;49(4):355-359.
8. Cullen KE, Brooks JX, Sadeghi SG. How actions alter sensory processing. *Ann N Y Acad Sci*. 2009;1164(1):29-36.
9. Earls J. *Born to Walk: Myofascial Efficiency and the Body in Movement*. North Atlantic Books; 2014.
10. Earls J, Myers TW. *Fascial Release for Structural Balance*. North Atlantic Books; 2010.
11. Myers TW. *Anatomy Trains: Myofascial Meridians for Manual and Movement Therapists*. 3rd ed. Elsevier; 2014.
12. Harrison DE, Cailliet R, Harrison DD, Janik TJ. How do anterior/posterior translations of the thoracic cage affect the sagittal lumbar spine, pelvic tilt, and thoracic kyphosis? *Eur Spine J*. 2002;11(3):287-293.
13. Harrison DE, Colloca CJ, Harrison DD, Janik TJ, Haas JW, Keller TS. Anterior thoracic posture increases thoracolumbar disc loading. *Eur Spine J*. 2005;14(3):234-242.
14. Harrison DE, Janik TJ, Cailliet R, et al. Upright static pelvic posture as rotations and translations in 3-dimensional from three 2-dimensional digital images: validation of a computerized analysis. *J Manipulative Physiol Ther*. 2008;31(2):137-145.
15. Harrison DE, Jones EW, Janik TJ, Harrison DD. Evaluation of axial and flexural stresses in the vertebral body cortex and trabecular bone in lordosis and two sagittal cervical translation configurations with an elliptical shell model. *J Manipulative Physiol Ther*. 2002;25(6):391-401.
16. Calais-Germain B. *Anatomy of Movement*. Eastland Press; 2007.
17. Borg-Olivier S. *Applied Anatomy & Physiology of Yoga*. Warisanoffset.com; 2006.
18. Panjabi MM. The stabilizing system of the spine. Part II. Neutral zone and instability hypothesis. *J Spinal Disord*. 1992;5(4):390-396; discussion 397.
19. Panjabi MM. The stabilizing system of the spine. Part I. Function, dysfunction, adaptation, and enhancement. *J Spinal Disord*. 1992;5(4):383-389; discussion 397.
20. What is Huna. ancientHuna.com. 2005. http://www.ancienthuna.com/what_is_huna.htm

控制

稳定是对运动的控制。

本章目标

1 理解稳定性的定义，即对运动的控制和对外部干扰的适应能力。

2 理解学习新动作的过程，从一种有意识的过度反应到一种自发的潜意识负荷调整。

3 了解如何通过需要神经肌肉相适应的练习来产生自发的反应。

4 理解不同动力链在模拟功能性活动中的应用，以及如何通过逐步加载最终将动力链导向正常重力和运动力量的方向。这包括开链、闭链和假性闭链运动。

5 理解并识别在损伤后，身体何时以及如何通过局部肌肉抑制和全身肌肉兴奋进行代偿。

6 熟悉当前控制相关术语，包括核心控制、中立区、稳定性、腹内压、本体感觉、刚性和活动度。理解这些术语在运动科学中的异同点，以及如何应用。

关键词

- 预期负荷
- 闭链运动
- 代偿模式
- 控制
- 深层 / 局部肌肉
- 耐力
- 力偶

- 遗传倾向
- 整体肌肉
- 分级负荷
- 重力
- 惯性动作模式
- 液压放大器
- 腹内压
- 动力链

- 负荷
- 中立位脊柱
- 中立区
- 开链运动
- 疼痛激发
- 疼痛抑制
- 假性闭链运动
- 重复次数

- 自发组织
- 稳定性
- 协同组织
- 瓦尔萨尔瓦技术

控制与灵活度直接相关。当关节复合体（如腰骶区域或肩胛区域）活动时，必须在神经肌肉控制、非收缩结构的稳定性以及关节周围收缩组织的适当张力状态和节奏配合之间取得平衡。这种平衡或综合控制是实现高效和自发运动所必需的。本章将讨论控制和负荷在人体运动中的关系。

在运动科学中，"控制"常与"稳定性"同义使用。然而，在医学外科领域，"稳定性"一词通常与"僵硬度"或"固定"（例如，腰椎在融合术后变得稳定）同义。但这种用法不适用于本书，也不应与控制活动或试图有意识地固定身体的某一部分混淆。相反，稳定性应该是在身体各运动节段和关节周围根据预期负荷提供适量刚性，以促进高效的运动功能。

稳定是控制运动的能力。

约瑟夫·普拉提关于全身运动的原始概念集中在自然自发地运动的能力上，以及热情和快乐地参与许多日常活动。为了实现自然和自发的运动，运动控制需要是自发的，因为它不但要对有意识和潜意识的运动任务做出反应，还要对完成任务所需的身体组织承载的外部和内部负荷做出反应。

负荷可以表现为影响人体的外部力量，如重力、动量、重复、速度、耐力等，也可以表现为内部力量，如张力等。根据施莱普等人所述，需要将身体视为一个整体，关注姿势和运动中张力的主导地位，而非压缩力的主导地位。

在整体模型中，张力元素通过一个全局张力传递网络相互连接。这是研究运动的一种全新且激动人心的方式，以更高品质的张拉整体特性或弹性为基础。这一理念认为，骨骼通过肌筋膜组织在中轴骨的最佳排列状态下被赋予弹性支撑，从而实现躯干的三维组织，以更高效且富有弹性的状态运动。当骨骼通过正确的结构排列且处于张力状态时，健康的躯体会变得富有弹性和高效，同时最大限度地减少结构变形。

躯干和骨盆的控制

在过去的30年里，腹横肌（TA）、多裂肌和盆底肌一直被视为腰骶区域的主要局部稳定肌群而受到广泛关注。这些局部稳定肌群通常在潜意识状态下工作，这意味着我们在它们工作时往往不会察觉到它们的存在。一个重要的问题是这些肌肉如何协同工作。所有肌肉如何和谐平衡地协同工作，其复杂性可能让人难以理解。我将其比作一个管弦乐团，许多乐器一起演奏，创造出动听的音乐。有些肌肉产生局部刚性，如同演奏弱音阶；有些肌肉产生加速，如同音乐渐强；有些肌肉产生减速或渐弱；有些肌肉使骨头靠近，使关节对位，就像打击乐器一样，在管弦乐团中使其他乐器保持节奏和统一。整个神经肌肉系统协调工作，以促进自发运动。这让我对我们的身体充满了敬畏和欣赏。

　　了解哪些肌肉负责稳定／控制，哪些肌肉负责运动（即加速／减速），有助于我们更好地理解运动机制。了解局部和全身肌肉的性质及其作用，能提升我们对运动效率和运动策略的观察能力。我们可以相信，神经肌肉系统会根据身体的排列和预期负荷做出适当的反应，以匹配期望的任务。我的意思是，有时我们会成为自己的阻碍，试图通过有意识地收缩肌肉，而不是让它们自然收缩来完成动作。记得在我职业生涯的早期，我曾练习并试图分离重要肌肉，比如腹横肌（TA）或耻尾肌的收缩，但并不知道如何有效地促进收缩。

　　肌肉收缩的时机或收缩程度应如何把握？因为我们无法在脊柱运动时进行肌电图测试，所以不知道在实际的躯干运动中肌肉应该如何协同工作。正如霍奇斯和理查森在 1996 年的研究中所展示的那样，他们试图通过有意识地收缩腹横肌来促进其收缩，但仍然无法将其转化为自然的、自发的收缩。后来发现，这并不是促进这些局部稳定肌有效运动或收缩的有效方法。然而，将重点从肌肉收缩转移到关注身体的排列和负荷时，可以通过简单地对齐胸腔、骨盆和脊柱，并对中轴骨施加足够的负荷来促进腹横肌（TA）的自发激活。

核心科学

解剖学

　　重新回顾一下躯干肌肉的结构和功能（图 3-7B），腹直肌构成腹前壁，其纤维走向是垂直的，通过筋膜的连接被自然分割成几个部分，主要作用是辅助和调节脊柱的屈伸运动。当腹直肌收缩时，它会缩短并将下胸腔和胸骨向下拉向耻骨，使其向耻骨靠近，或将耻骨拉向胸骨。然而，如果没有其他神经肌肉组织的协同作用，腹直肌的收缩可能仅仅导致躯干前部空间缩小。简而言之，腹直肌在收缩时会使身体前部的结构变得紧凑，有助于维持或调整姿势。

　　腹斜肌彼此垂直排列，并以对角线方式与身体相连。在第五章中，我们简要探讨了腹外斜肌和肋间肌如何在相同方向上协同工作，类似于我们将手放入口袋的方向，它们与腹直肌形成 45°角。而腹内斜肌则与腹外斜肌垂直（形成 90°角），与腹直肌形成 45°角。在腹壁侧面，形成了一个十字结构，通过筋膜连接腹直肌或者腹前壁。腹内斜肌在后方也与胸腰筋膜相连，腹外斜肌则向前连接到胸廓，这些腹斜肌共同作用，平衡胸腔与骨盆的位置。如果过度使用这些肌肉中的任何一个，可能会导致身体失去平衡。腹肌应该协同工作，下意识地维持胸腔与骨盆的关系，并对脊柱运动以及重力或其他外部负荷做出反应，同时腰方肌和躯干后部的其他肌肉也在发挥着同样的作用。这些内容将在本节后面的部分进行更深入的讨论。

腹横肌（TA）的纤维与腹直肌柱呈水平或90°排列（图3-7B）。这些肌纤维不像腹斜肌或腹直肌那样在身体上有明确的运动方向。它们分布在躯干的前壁、侧壁和后壁，朝向中轴线。腹横肌（TA）的这种特性是其在核心控制研究中受到如此多关注的原因。它是控制运动和预判负荷的预备肌肉。腹横肌（TA）和其他局部稳定肌的协同作用被认为是脊柱刚度的主要来源，在瑜伽界被称为根锁（mula bandha）。腹横肌（TA）根据预期的负荷或经验，为脊柱提供适当的刚度。

在进行预期动作时，腹横肌（TA）会下意识地被激活。无论移动手臂或腿，还是弯腰或举起物体，腹横肌（TA）都将为有效和流畅的运动创造足够的刚度和腹内压（IAP）。观察腹直肌和腹壁的横切面，如图6-1所示，尤其是在正中的切面中，我们会看到一些非常有趣的结构。

仔细观察腹直肌周围的筋膜鞘，可以看到它是由其他腹肌的筋膜层或肌腱构成。从浅层到深层，最浅层的肌肉是腹外斜肌，其纤维以大约45°角排列，构成腹直肌鞘的前壁。腹内斜肌纤维则与腹外斜肌纤维垂直，以90°角进入并部分穿过腹外斜肌的纤维。腹内斜肌的一半位于腹直肌鞘的前部，另一半则绕到后方，围绕腹直肌形成一个类似果冻填充的甜甜圈形状的包膜，这个包膜充满了肌筋膜组织，为腹直肌提供支持。

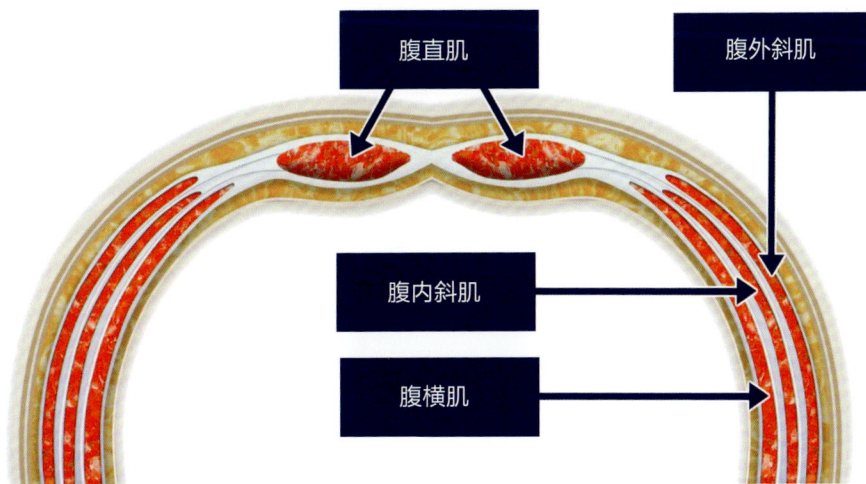

图6-1　腹壁的横切面

腹横肌（TA）以水平走向位于腹内斜肌下方，形成了腹直肌深处的筋膜层。从这个视角观察，我们可以清楚地看到腹直肌如何被来自这3个不同方向的筋膜所包裹。想象一下，在空间中移动身体或是挥动高尔夫球杆、网球拍时的情景，这些肌肉在不同时间被激活，根据预判负荷产生足够的刚度，使我们的重心保持在中轴线上，并在挥拍、投掷球或踢足球等动作中优化脊柱的旋转运动（图6-2A和6-2B）。我们还可以认为是肌筋膜的连接为躯干运动创造了有效的弹性。在经验丰富的运动员中，这些肌肉协同工作。然而，在受伤者中则完全相反，局部稳定肌的抑制可能导致这些肌肉因疼痛、恐惧或结构稳定性的丧失而产生错误的代偿动作。

腹横肌（TA）还有一个特性，如前所述，腹横肌环绕整个身体，并与胸腰筋膜相连，它牵引腹直肌鞘和胸腰筋膜，而胸腰筋膜鞘内则包含了竖脊肌和多裂肌。在图6-3A和图6-3B展示的超声图像中，可以看到腹横肌环绕身体的曲线，收缩时，腹横肌（TA）会明显增厚，从而将腹壁向内拉动（图6-3B）。

正如前壁有腹直肌作为垂直走向的支柱一样，背部也有对应的结构，即竖脊肌（图4-10）。竖脊肌是由多块肌肉组成的复合体，这些肌肉在身体内呈垂直走向，直接附着在脊柱的棘突、横突或肋骨上，起点位于骨盆边缘或腰椎，

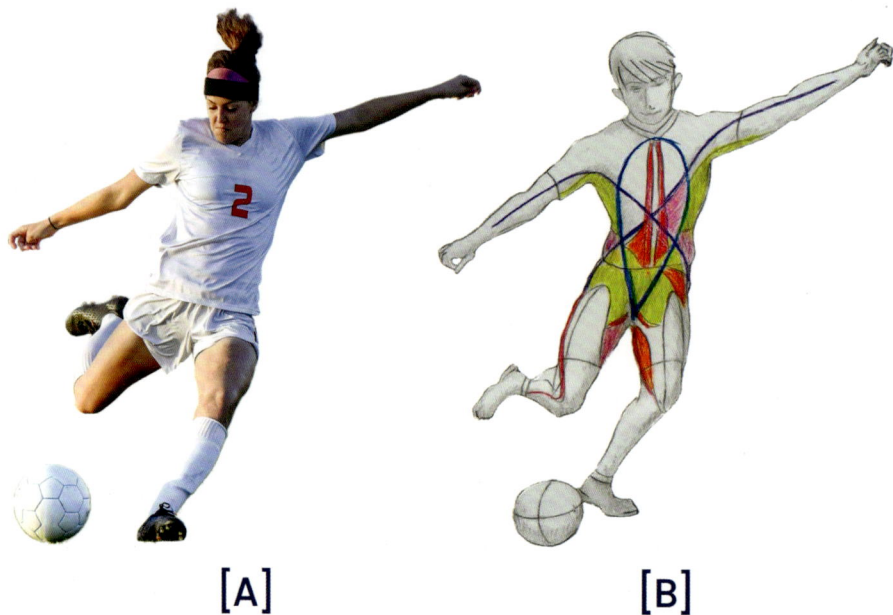

[A]   [B]

图6-2　A. 足球运动员；B. 同一名足球运动员的肌筋膜描绘

（凯丽·安德森绘）

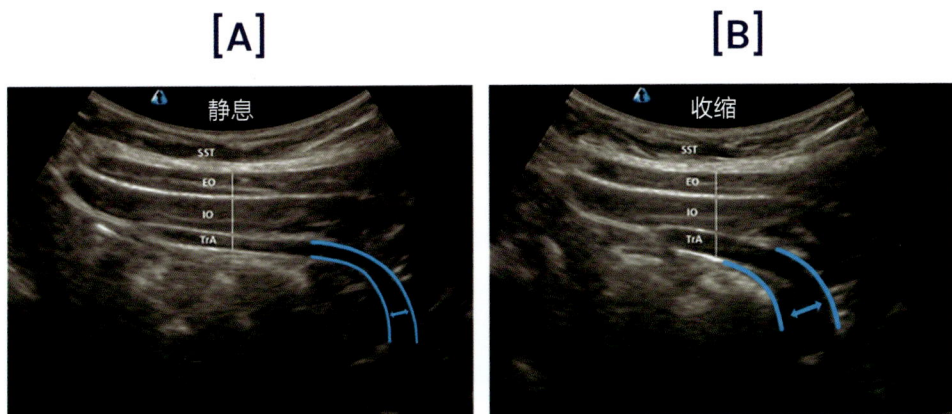

图6-3　静止的腹横肌（A）和收缩的腹横肌（B）的超声图像

具有伸展的功能。当这些肌肉收缩时，会缩短空间距离并促进下腰部的伸展。这就像建筑物中的拉索，为了有效地伸展或屈曲，需要其他肌肉提供的轴向长度，包括腹横肌（TA）、腹斜肌、多裂肌和盆底肌。背阔肌是背部的一块大肌群（图4-38），从手臂向下延伸，并连接上肢和胸腰筋膜。背阔肌作为一块斜行的肌肉，其作用与腹斜肌相似，它提供一个与腹外斜肌相对应的张力角度，在背部向胸腰筋膜倾斜，并在后方产生对应张力，这对于维持身体的稳定性和协调性至关重要。

胸腰筋膜深处分布着背部的深层肌肉，如多裂肌。这些肌肉并不具备明显的运动方向特性，但它们能够在多个平面上产生刚性，为脊柱提供适当的控制和稳定性，以应对与活动相关的预期负荷。多裂肌的独特之处在于它含有超过其他肌肉平均数量6倍的梭形肌纤维，

是本体感觉纤维（或感知脊柱在空间中位置的信息纤维）。这些肌肉在健康的情况下相对肥大，并能够产生一种生理上的刚性。这种通过局部肌肉刚性来提供脊柱稳定性的方法，可以称为"引导线稳定模型"。筋膜内的肌肉肥大对承受大负荷（如举重）时产生支撑的稳定作用至关重要，它为躯干提供额外的刚度，防止迁移或剪切力对脊柱组织造成伤害。筋膜悬吊链在很小的力下也能产生显著的张力和控制，从而为其深层结构（包括前腹壁和腹直肌鞘）提供明显的控制和稳定性。

腰大肌是一块重要的肌肉，具有多种作用。其上内侧纤维作为局部稳定器，形成脊柱节段的侧向刚度，而腰大肌的长纤维则作为整体肌肉，帮助髋关节屈曲。腰大肌向上与腰椎和胸椎下段相连。它跨过腰椎，并通过膈肌向上从前侧或前外侧连接下胸椎（图4-12）。

这对下肢之间的连接和整合，以及躯干中轴延伸和稳定性非常重要。

如果一个人站立时骨盆前倾，腰大肌的拉力位于中轴线后方，可能会在腰椎上产生剪切力。相反，当脊柱处于相对中立或轻微弯曲的姿势时，腰大肌由于在肌肉起始处的腰椎和下胸椎段的刚度而具有机械优势。该区域腰大肌的局部纤维为椎骨提供支撑和刚度，从而提高髋屈曲的效率，特别是在进行下肢对抗重力的长杠杆运动时。

当骨骼正确排列时，这些肌肉将根据负载有效地工作，不管是抵抗重力，还是需要速度或耐力的活动，都增加了踢、跑和跳等动作中的力量。然而，如果腰大肌和腰方肌过度活跃，局部稳定肌（如腹横肌和多裂肌）受到抑制，就可能导致站立活动时产生不必要的剪切力，这是腰椎病患者中非常常见的问题。

盆底肌肉是身体液压放大器组织的关键组成部分。耻尾肌通过筋膜与其他肌肉相连，包括髋关节深部的旋转肌（如闭孔内肌、闭孔外肌、上孖肌/下孖肌）和起于骶骨前面的梨状肌。髂肌起自髂窝，而髂腰肌肌腱则连接股骨内侧的股骨小转子。这些肌肉之间构成一个非常复杂的网络，共同维持身体的直立姿势，使我们能够轻松地站立和移动，这本身就是一个奇迹。骨盆和髋部肌肉组织的控制一旦出错，无论是活跃度过高还是不足，都可能导致其他类型的代偿机制，进而引发损伤、并发症或继发性病变。需要特别强调的是，骨盆悬吊带是腹内气缸的一部分，诺里斯将其描述为液压放大器（图 3-5），它有助于控制腹内压（IAP）。如果腹壁肌肉过度收缩，或者我们试图持续保持腹壁的紧张状态，核心肌群的效能就会受到影响。这种情况可以在一些过度锻炼的普拉提和运动教练身上观察到，他们可能会过度募集腹壁肌肉，导致腹内斜肌活动减少，进而引起前腹壁的肌肉挛缩。这种情况下，腹壁不再膨胀；因此，膈肌不会下降，盆底可能失去弹性和对负荷的自发反应。这可能导致盆底肌肉组织抬高或凹陷，当盆底肌肉失去弹性和自发性时，可能会引发尿失禁或其他盆底功能障碍。注意观察图 6-4A和图 6-4B 中盆底的超声图像，与呼吸或自发运动时的正常上升和下降相比，由于腹壁过度收缩，盆底肌肉在收缩时反而下降。随着我们对负荷和控制对躯干影响的认识不断加深，我们有必要研究下肢对负荷的反应以及它们与躯干的整合方式。我们还会探讨动力链，了解它们对整个身体运动的影响。

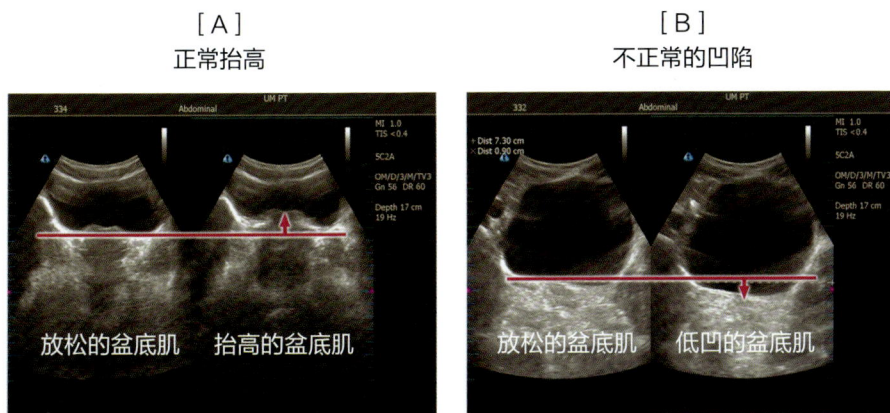

图6-4 盆底实时超声图像

应用

肢体通过动力链传递的负荷

生物力学和关节运动学与四肢的动力链密切相关，可以改善或锻炼身体的运动组织。通过研究动力链，可以深入理解运动的特性，有助于提升患者的运动体验，并将运动意识与适当的负荷相匹配。动力链分为3个主要类别，在本书中分别被称为闭链运动、开链运动和假性闭链运动。在运动再教育的过程中，根据患者的具体情况和需求，采用这3种方法中的一种或多种。普拉提在这方面具有独特的优势，它通过使用辅助工具和消除重力的影响，帮助恢复运动和提高身体性能。我们从普拉提中学习到很多，尤其是它如何巧妙地结合这3种动力链活动来达到最佳的康复和训练效果。

闭链运动涉及的肢体远端，如手或脚，固定在一个稳定的表面上，而近端身体部分在固定的远端肢体之上进行移动。例如，在深蹲时，脚固定在地面上（远端肢体处于稳定状态），而大腿和躯干（近端部分）则在固定脚的上方移动并承重。在深蹲过程中，膝关节和髋关节屈曲，近端肢体在远端肢体上移动。俯卧撑也是基于同样的原则，手固定在地面上，而手腕、肘部、肩部和肩胛骨则作为运动发生的部分。与闭链运动相对的是开链运动，其中肢体的远端并不固定，而是在空间中自由移动。例如卧推，它与俯卧撑相似，但手不再推压一个静止的物体。开链运动构成了我们大部分日常任务，如投掷或踢球，这些都是肢体远端相对于身体近端的移动。

为什么这些动力链对运动科学如此重要？在康复科学中，患者可能在受伤或事故后失去对肢体或关节的控制。例如，扭伤脚踝后，即使痊愈，保持平衡也可能变得困难。这通常与本体感觉有关。关节在闭链负荷下能够更有效地刺激机械感受器和其他本体感觉纤维，在早期建立对肢体或关节的意识时非常重要。可以在那些脑卒中等神经系统损伤并出现偏瘫的人身上看到这一点。治疗师会在闭链环境中对患肢施加压力和负荷，以机械刺激激活感受器。由于大多数人在生活中涉及开链运动，我们必须将运动逐步过渡到开链运动。康复的目标是恢复开链运动/功能。好消息是我们还有一个动力链可以辅助从闭链运动到开链运动的过渡。

除了闭链运动和开链运动之外，引入第3种动力链概念，称为假性闭链运动。这种动力链既不是完全闭合的，也不是完全开放的。例如，在骑自行车时，尽管下肢的远端（脚）固定在踏板上，但踏板本身并非固定不动，这就不符合真正的闭链或开链运动的定义。因此，创造了"假性闭链运动"这一术语来描述这种情况。在假性闭链运动中，肢体远端沿着一个固定的运动轨迹移动，例如，骑自行车时脚在踏板上获得支持或施加推力。

在普拉提练习中也可以看到假性闭链运动的应用。例如，当我们在悬架上移动塔杆时，它沿着一个固定的轨迹移动（图6-5）。这种固定的轨迹引导肢

体末端沿着一个可控的路径在空间移动。如果在肩部手术后不知道如何进行开链运动，可以使用假性闭链运动来帮助学习如何实现期望的目标。与开链运动相比，闭链运动或假性闭链运动提供了更多的反馈和本体感觉。普拉提提供了多种从闭链运动过渡到假性闭链运动，最终进入开链运动的方法。以下是一些利用普拉提器械进行运动的例子：在普拉提中，当我们移动悬架的塔杆时，它在一个固定的运动轨迹上移动（图6-5），这个固定的运动轨迹引导肢体在空间中沿着一个可控的路径移动。

普拉提核心床上的足部动作是双脚放在脚踏杆上，身体下方的滑车连接着弹簧。这是一个闭链运动的典型例子。双脚固定在固定不动的脚踏杆上，当个体用力压下脚踏杆时，身体的运动关系类似于垂直深蹲（图6-6）。

假性闭链运动可以作为自然的过渡

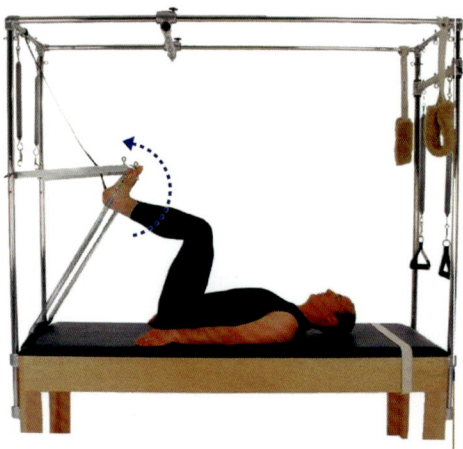

图6-5　空中飞人桌上的步法

方法，帮助身体适应上下楼梯的动作。普拉提椅上脚踏杆的一端通过弹簧固定在椅子上，脚踏杆在一个固定的弧形空间内移动。如图 6-7 所示，当患者在这种设备上移动腿部时，其运动模式类似于正常的步行。在这个例子中，弹簧辅助髋关节和膝关节的屈曲，类似于步态周期中的开放阶段或爬楼梯的动作。一旦患者能够在有辅助的情况下正确完成动作，下一步就是在没有辅助和指导的情况下独立完成动作，从而过渡到开链运动。

　　普拉提康复和康复训练中一直使用这种方法。重要的是，能够向同事、物理治疗师、医生、运动教练和卫生保健专业人员清晰地解释所做的事情。同样也应该能够向客户解释这些概念，这样就能让客户获得身体和心理上的信心，从而更好地进步和康复。如前所述，假性闭链运动为从闭链运动到开链运动的

图 6-7　稳踏椅上进行站立腿泵

过渡提供了桥梁。尽管目前很少有研究支持假性闭链运动的生物力学效果，但在临床上，它在从闭链运动到开链运动的过渡中显示出很大的意义。我们发现，假性闭链运动确实有助于患者更有效地过渡到开链运动或功能性运动。最终目标是让患者能够执行开链运动，如抬腿、行进、摆动手臂、伸手、跳跃和上下台阶。这些动作代表了四肢在没有外界指导或帮助的情况下在空间中的自由移动。

　　动力链的原理同样适用于上肢。几乎所有涉及日常生活的上肢活动都是开链运动。如前所述，闭链运动通过促进

图 6-6　改良款的步法

受累关节周围的肌肉收缩，刺激肌肉中的机械感受器（肌梭纤维）、关节周围韧带中的机械感受器，以及肌腱和筋膜中的高尔基腱器。闭链运动和负荷增加大脑网状结构部分的交流，有助于运动的协调，更重要的是，可增强身体在空间中的意识。如前所述，我们使用闭链负荷来治疗神经系统疾病，如脑卒中、多发性硬化症、头部创伤和脊髓病变。

开链运动要求通过练习和重复来增强个体对身体动作的意识，并恢复或提升其功能。提高个体对于前馈活动（如投掷球类）的意识，需要依赖外部和内部的反馈机制来确认任务是否被正确执行。以投球为例，反馈来自观察球是否按照投掷者的意图飞行并到达预期的目标。如果结果不尽如人意，投掷者将根据反馈进行细微的调整，以优化下一次的动作执行。这一过程类似于婴儿学习自主进食的过程。起初，婴儿可能会把食物弄得满脸都是，但经过反复练习，他们最终能够熟练地将食物送入嘴中。另一个对喂养成功至关重要的反馈来源是饥饿感和饱腹感的感知。这种内在的反馈机制帮助婴儿调节食物摄入量，确保他们获得所需的营养，同时避免过度进食。

运动控制

如前所述，控制能力和反应能力在很大程度上依赖于个人的运动经验。集体运动学习、日常行为习惯、对自己运动能力的信任、受伤史，以及许多其他因素共同塑造了我们对负荷的反应。神经系统具有多个层次的控制，包括脊髓反射、低脑区的预期反应以及随意运动。其中一些控制是重复性的，另一些则是独特的。这引导我们更深入地理解运动学习和运动控制，尤其是它们与负荷和我们对运动的自发控制之间的关系。

协同和自发组织

让我们来探讨"液压放大器"的概念，以确定它如何与负荷管理相关。中轴骨周围的组织，包括收缩性和非收缩性结构，通过协同工作可以显著增加轴向长度。液压放大器由膈肌、盆底肌、腹部肌肉、背肌以及水平向连接前后侧的腹横肌构成（图3-5）。这些肌肉协

提示 6-1

关键信息：当四肢对齐并通过四肢定制负荷以优化学习时，运动练习者可以加速学习曲线以恢复功能性运动和力量。负荷可以在闭链运动、假性闭链运动和开链运动中进行修改。

同作用，有效控制腹内压（IAP）。当我们通过这些肌肉的协同作用将身体结构拉向中轴线时，我们不仅会感受到姿势的延长，还会体验到一种不同于单纯增加腹内压的效益。这与单纯增加内脏压力不同。通过整合躯干壁、用力控制或完全停止气流（即瓦尔萨尔瓦技巧），可以实现最大的腹内压。然而，过高的腹内压也可能带来问题。瓦尔萨尔瓦技巧可能产生极高的腹内压，对于心肺功能较弱的个体来说，这种压力可能无法耐受。有记录显示，心脏病患者或高血压病患者在便秘时用力屏气，可能会导致心脏病发作或脑卒中。

在举重时，我们会将力量推送到腹部以创造最大的腹内压。为了辅助增强这种压力，举重运动员常常佩戴宽大的腰带。而在跳舞或挥动高尔夫球杆等时所需的腹内压较低，因此，用力推或拉的需求往往是被夸大了的。一些人在讨论核心控制时会产生混淆，认为收缩腹肌会带来更强的刚度或控制力，但实际上并非如此。需要问的是：核心控制的目的在于产生尽可能多的腹内压，还是在于当腹内压达到一定程度后更有效地利用它来高效完成动作？

正如第四章所讨论的，运动的分布与力的分布密切相关。为功能性任务提供了足够的活动度后，便希望通过调整负荷和节奏来改善排列和训练控制，这取决于客户选择参与的活动。无论是举重还是跳舞，这些选择将导致非常不同的运动训练方案设计。

力偶可以定义为肌肉或肌群在相反方向上施加相似的力量，以增加其刚度并为四肢的加速或减速做好准备。脊椎也不例外。如前所述，躯干肌肉组织的不同层次可以被视为一个力偶。例如，前后筋膜悬吊链在身体前后形成2个"X"形结构。当腹部和腰部肌肉组织协同工作，为下肢和上肢所需的弹性提供支持时，这些弹性筋膜悬吊链的作用变得更加有效。另一个常被讨论的力偶可以在肩胛带处找到，肩袖肌肉在那里使肱骨头贴近关节盂，从而改善关节的和谐对位，如第五章所述。力偶增加了关节和谐对位使得主要的运动肌（如三角肌）能够在上肢运动中有效地完成工作。

在运动学领域，"中立"这一术语常被用来描述关节的位置。然而，我更倾向于使用"最佳位置"或"最佳对位"这样的表述，这涉及将关节置于一个理想的状态，以实现最佳的功能性和舒适性。那么，如何确定这一最佳排列位置呢？在实践中可以指导客户移动到某个平面运动范围的相对末端，并寻找这个范围中间的点，这可以被视为他们当天的最佳位置。值得注意的是，这个位置可能会随着时间的推移、身体意识的增强和组织适应性的提高而发生变化。

事实告诉我们，所谓脊柱中立位仅

仅是一个概念，而并非一个固定位置。例如，一个臀部较大的病人在仰卧位进行运动时，如果使用髂前上棘和耻骨联合来建立相对于地板的"中立骨盆"，可能会导致腰椎处于相对伸展的状态，甚至出现过伸。如果在这种姿势下抬腿，可能会使背部处于一个非常不稳定的位置，造成剪切力。相反，没有多余脂肪组织的病人在平躺时可能看起来处于中立状态，但实际上他们的矢状面活动范围可能非常有限。

这些例子强调个体差异的重要性，以及为每个患者进行个性化评估和制订计划的必要性。每个人的身体都是独特的，因此，每个人都应该得到基于其身体结构、运动策略和心理状态的个性化评估和训练方案。

在本书中，我们将"中立"或"最佳"脊柱作为一个概念，其中脊柱或其节段位于一个中间范围，使得在该节段的所有可用运动平面上具有最大的运动潜力。这并不意味着个体必须始终保持这一姿势。相反，它是最大动作潜力或动作控制所在之处。

接下来需要定义的是"稳定性"。稳定性常常被误解。例如，进行颈部手术之后，外科医生说颈部现在稳定了。然而，患者躺在病床上，颈部戴着颈托，里面是钛板和螺钉，这些实际上剥夺了患者控制头部运动的所有能力。我

提示 6-2

关键信息：10 岁的时候，男孩子们总是满脑子奇思妙想，我也不例外。我与童年的好友们突发奇想，在商场里用强力胶将一枚硬币粘在地面的瓷砖上，然后期待地偷偷观察人们尝试捡起它时的困惑和尴尬。这个恶作剧的想法可能源自我童年时期最喜欢的电视节目《偷拍》。节目中，我们看着人们因为各种突发状况而出糗，从折断指甲到绊倒，甚至是摔倒在地。那时的我们笑得肆无忌惮，却不知宇宙正在默默记录下这一切。一些人将这称为因果报应。十多年后，我与一位大学时的朋友在 UPS 工作，晚上的任务是卸货。我们搬运的包裹有 70 磅（约 30 千克）的重量限制，而我能够整晚搬运这样的包裹。一次，我自豪地清空了一辆 40 英尺（约 12 米）长的拖车，打扫完毕正准备关闭车门时，我注意到拖车中间孤零零地躺着一个小盒子。我跑回去，一个俯冲试图捡起它。万万没想到，那个看似不起眼的小盒子里竟然装着大约 70 磅的铅弹。我摔倒了，背部严重扭伤。就在那一刻，我对那个小盒子重量的误判让我震惊，同时童年时在商场地板上粘硬币的场景突然涌入脑海。因果报应，我在那一天以一种痛苦而生动的方式，深刻体会到了它的存在。

想强调的是，稳定性是对灵活性的控制。颈部手术后，通过钢板融合了4个节段，颈部不能活动，因此不存在稳定性，只有僵硬，灵活性必须先于控制。

当谈论经济或生态系统的稳定性时，也是同样的道理。经济稳定意味着资产和债务之间的平衡，生态系统稳定则是猎物和捕食者之间的平衡，以维持稳定的自然栖息地。一个长时间静止不动的老池塘会发臭，鱼类死亡，这不是一个健康的状态。同样，我们身体中的稳定性涉及酸碱平衡，以及运动和僵硬之间的平衡。

马诺哈尔·潘贾比对稳定性的定义是"为预期负荷产生适当的刚度"。儿童在生命早期，不需要外部指导或提示就知道如何提升骨盆底或收缩腹部。我们的身体学会了如何根据所选择的运动来预测负荷。新的活动可能会导致判断力差、收缩不当和由于不熟悉而过度募集肌肉。想象一个儿童第一次捡起玩具的情景，他弯腰捡起玩具，然后可能会摔倒。第二次捡玩具时，他就会调整策略，以避免摔倒。随着成长，儿童开始学习如何自发地准备并有效地组织神经肌肉系统。然而，当我们受伤或久坐不动时，我们可能会破坏组织的健康模式。稳定性本应是自然发生的。

稳定性是对运动的控制，意味着对于预期的负荷来说，刚度是适当的。刚度在这里是积极意义上的使用，指的是

关节周围有足够的肌肉收缩，以确保运动是有效和自发的。回到瑜伽中的关节复合体收缩概念，正如西蒙·博格-奥利维尔所说，收束练习保护了非收缩结构的完整性，并迫使负荷进入肌筋膜/收缩组织，后者在适应负荷方面要好得多。

潘贾比模型至今仍被认为是稳定性研究的黄金标准，它将稳定性分解为3个关键组成部分：神经控制、可收缩组织和非收缩结构。该模型的示意图采用一个三角形表示，顶角代表神经控制，而底角分别代表可收缩性（动态）组织和非收缩性（静态）结构。非收缩性结构包括韧带、椎间盘、软骨和骨骼（图6-8）。可收缩性组织主要是指肌肉和肌腱，通常被称作肌筋膜组织或弹性组织，它们因响应运动任务而活动。

潘贾比指出，当这三者中的任何一个功能受损时，通常会导致其他两者的功能也出现问题。这种情况在腰痛病例

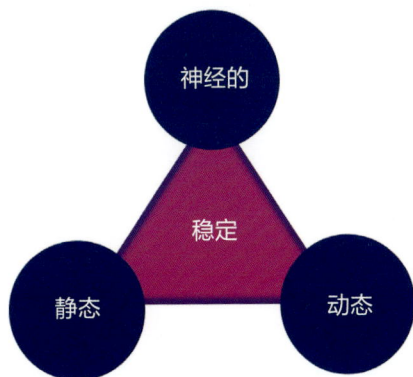

图6-8　潘贾比的稳定模式

中尤为常见。例如，如果一个人的椎间盘或韧带受损，他可能会出现运动控制缺陷，这种情况被称为疼痛抑制。这通常发生在局部肌肉作为保护机制而被关闭时，而这些肌肉本应提供必要的刚度，以维持脊柱的稳定性并为多平面运动做好准备。结果，患者可能会过度使用全身的大肌群，导致肌肉痉挛，这通常与原始损伤或疼痛机制引起的继发性疼痛有关。类似的现象也可以在肩部损伤中观察到，例如肩袖因疼痛而导致活动受到抑制，使关节缺乏稳定性，进而导致关节周围的整体肌肉过度收缩。在治疗上，优秀的医生需要了解如何降低整体肌肉的张力，激活局部稳定肌，并评估非收缩结构的完整性，以确定是否需要支具或手术干预。

以普拉提为基础的康复方法在治疗腰痛方面取得了显著成功。这种成功源于普拉提环境中的独特工具，这些工具使得对对齐和负荷的操控成为可能，从而产生积极的运动体验，改变"运动等于疼痛"的旧有范式。在普拉提练习中可以引入分段运动，即通过小幅度的运动来关闭整体稳定肌，同时唤醒局部稳定肌。经过几个疗程，患者通常能够识别出他们的局部稳定肌是否足够强大，以支持他们重返健康的生活方式。许多人因此避免了手术，减少经济压力，甚至可能避免危险的医疗干预。这也是我倾向于使用普拉提来治疗腰痛患者的

原因。

当我们观察非收缩性结构，如韧带、关节囊和椎间盘时，注意到它们与筋膜紧密相连，共同作用于脊柱关节的稳定性。我们的目标是寻找并创造最佳的排列方向，以促进周围关节和组织恢复其自然活动度。这样做的目的是减少因受伤或组织松弛而造成的过度应力和异常运动。通过优化运动策略和降低有害力量的影响，患者通常能够恢复甚至超越所期望的正常生活活动水平。这种方法不仅有助于缓解症状，还可以提高患者的整体运动质量和生活质量。

中立区

潘贾比提出的另一个观察脊柱组织的模型，后来由 Comerford 和 Mottram 进一步阐释，是"中立区"的概念。中立区是一个关节节段中立位附近的椎间运动区域，在这一区域内，椎体几乎不会产生任何阻力。如前所述，我们的目标是维持椎间盘在一个健康的运动范围和负荷状态。根据经验，我们应该始终记住，伤害往往发生在运动范围的末端，而不是中间。图 6-9 中潘贾比绘制的示意图展示运动范围的两端，这些部分受到非收缩性结构的限制，是最容易发生损伤的地方。中间的空间则代表中立区，在这里，运动受到局部稳定肌微小的、潜意识的收缩控制，保持适当

脊柱稳定性概念

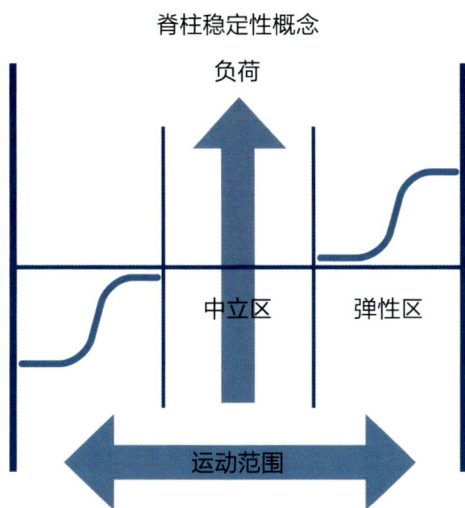

图 6-9 潘贾比的中立区

的刚度，以安全地通过运动空间。如果一个身体健康的人可以选择用 10 个椎节进行运动，它们的运动区域可能永远不必离开中立区，同时仍然拥有广泛的运动范围，保持良好的控制力、流动性和效率。然而，如果它们在复杂的运动中只有 1 个或 2 个节段可以活动，它们的运动区域就可能离开中立区，走向活动范围的末端，这正是椎间盘和韧带最有可能受伤的地方。

中立区的概念不仅适用于中轴骨，也可以应用于四肢。让我们再次回顾之前提到的一个关于运动的原理——运动的分布等于力的分布。这一原理可以帮助我们最大限度地减少损伤非收缩性结构的风险。例如，对于有膝关节病变的患者，一个简单的解决方案可能是将干预的重点转移到增加髋关节和踝关节的活动能力上。通过将骨骼律动策略应用

于下肢，可以创造新的无痛运动的成功体验。

神经肌肉因素对于维持脊柱中立区在正常范围内起着至关重要的作用。多裂肌以及其他深层的局部稳定肌在控制脊柱运动节段方面发挥着不可替代的作用。这些肌肉为 L4~L5 和 L5~S1 节段提供了超过 2/3 的刚度，通过增强稳定性，有效防止剪切力和异常运动的发生。如果不加以控制，这些剪切力和异常运动可能会导致椎间盘、韧带、关节面等结构的损伤，并随时间推移引发退行性变化。

核心控制

核心控制的概念在当代经常被误解，许多人错误地将其等同于拥有强壮的腹壁肌肉。然而，控制并不仅仅关乎力量。真正的控制是指在进行特定运动时，能够产生恰到好处的张力或压力。例如，一名太阳马戏团的表演者可能需要在表演的特定时刻让脊柱在特定位置展现出极大的刚度，以确保动作的安全性。根据 Diane Lee 的说法，这种内部单元必须能够在分段水平上产生适当的刚度。而耐力和力量则是通过持续练习获得的，不可忽视。

在运动中调动过多的肌肉，或者认为每次都必须使用极大的力量，实际上可能会妨碍运动表现。我从伟大的导师

Alan Lee 博士那里学到了"过犹不及"的原则，这可能源自孔子的教导，与普拉提和费登奎斯方法中关于运动效率的教导相呼应。约瑟夫·普拉提强调，我们应该自然而然、自发地完成各种日常任务，而不是过度思考肌肉的紧张状态。

肌肉悬吊链会根据运动和负荷的需要适当发挥作用，它们的激活是由实际的运动需求决定的。当我们的身体运动时，肌筋膜组织会感受到张力，并传达给身体肌肉需要为预期运动做好准备的信息。筋膜系统作为人体最大的本体感受器官，充满高尔基腱器，这些器官是我们对重力和直立姿势敏感的机械感受器。

当拥有适当的姿势和中轴延伸时，身体更多地依赖于结缔组织的拉伸结构，就像孩子那样，本体感受系统会自动响应负荷，产生适当的张力、弹性、控制和稳定性。因此，注意力应该集中在排列齐、中轴长度、灵活性、负荷以及创造成功的运动体验上，而不是单纯集中在核心肌肉的收缩上。通过改变负荷，可以促进自然的神经肌肉组织的发展。

本体感受

正如本章前面所讨论的，多裂肌在脊柱的本体感觉中至关重要。Bogduk 和 Twomey 的研究表明，多裂肌中肌梭纤维的数量是其他脊柱肌肉的 6 倍。肌梭纤维是一种特殊的收缩纤维，嵌在肌肉中，为中枢神经系统提供感觉反馈。它们能够传达肌肉所承受的负荷，椎体节段的姿势以及对重力与负荷方向的感知。通过运动意识训练，可提高脊柱周围局部稳定肌的效率。专注于 Alan Lee 博士提倡的"用最小力做最大的动作"的原则，可以进一步提升运动效率，避免制造干扰正常健康运动模式的障碍。此外，最近的研究强调筋膜中发现的高尔基腱器的重要性。当前的研究表明筋膜中含丰富的高尔基腱器，它们主要与身体对重力的轴向排列感知有关。这些感受器可以通过训练进行调适，有助于在姿势和运动策略中形成无意识的能力，使运动恢复其应有的乐趣和热情。通过适当的训练和意识，可激发本体感受器的潜力，促进更协调、健康的运动模式。

腹腔压力

腹横肌（TA）及其正常组织被认为能够在预期负荷下适当地增加腹内压（IAP）。霍奇斯和理查森研究了健康参与者进行手臂运动时，腹横肌和其他腹部肌肉的反应。在手臂举过头顶或向一侧抬起的动作中，腹横肌比手臂的三角肌早激活 50 毫秒，这是非常有趣的现象。在健康参与者中，腹横肌的动作总是比主动肌的动作早 50 毫秒，这种提前的激活是一种潜意识和皮层下的收缩。在同一研究中，霍奇斯还指出，患有腰痛的参与者在主动肌活动前 50 毫秒没有持续的腹横肌活动。即使是最快的肌肉有意识收缩也被认为是在 250~500 毫秒之间，这意味着腹横肌在主要肌肉收缩移动上肢之前的 50 毫秒已经激活，这比意志收缩快 5~6 倍。

根据霍奇斯和理查森的研究推断，对腰痛患者进行腹横肌的有意识的训练可能有助于恢复其正常功能。然而，对腰痛患者来说，这似乎并没有优于其他锻炼或运动方式的优势。即使在严重的情况下，康复需要对腹部肌肉进行隔离训练，训练也需要进展到神经肌肉系统对负荷自发反应的水平。通过排列和负荷训练，我发现对于重塑功能来说，对腹横肌进行有意识的训练其实并没有必要。

霍奇斯还发现，腹横肌的这种收缩属于亚阈值收缩，意味着不超过其最大自主收缩值的 30%。我们会有种已为动作做好准备的感觉，但是又不会感觉到肌肉非常强烈的收缩。像之前想象保持轴向长度，有意识肌肉收缩试验中感受到的强烈感，我们很难感受到。当你把椎体之间的椎间盘想象成气球来保持中轴延伸，身体产生恰当的刚度为动作做准备时，你会感觉更加自由。我们的身体随时都在进行亚阈值和次最大收

缩。盆底肌肉也通过潜意识的亚阈值收缩来响应腹内压，以维持任务所需的腹内压的完整性。骨盆底肌肉和膈肌与核心腹壁肌肉协调工作。

液压放大器模型帮助我们理解，当膈肌收缩和下降时，会增加腹内压。如果手头的任务只需要一定数量的腹内压，那么腹横肌和盆底肌肉将离心收缩以帮助调节腹内压。呼气时，膈肌放松并弹性上升，减少腹内压。如任务需要，能对腹横肌和骨盆底肌肉在膈肌放松时向心收缩以维持腹内压。

刚度与活动度

关于脊柱保持中轴长度相关的身体组织和神经控制问题，最后一个关键点是实现刚度与活动度之间的平衡。这种平衡是我们随着时间推移不断学习并根据个体差异进行调整的结果。如果通过绘制钟形曲线来评估人群的刚度范围，调查人群从健康且灵活到健康但僵硬，会发现超过 90% 的人群处于正常的分布曲线内（图 6-10）。有些人可能会感到自己很僵硬，而另一些人则可能觉得自己过于灵活。我们的目标是帮助每个人接近这条曲线的中心，以实现理想的刚度和活动度之间的平衡。稳定性是指在执行特定任务时对所需活动度的恰当控制。这种控制既不应过于严格，以免限制必要的运动，也不应过于松散，以

提示 6-3　自发与意志激活试验

意志式：双脚与肩同宽站立，收缩腹肌，同时提起盆底肌。一旦核心肌肉被激活，围绕中轴旋转轴向骨架。观察一下是什么感觉。这是一种有效的能量利用吗？

自发的：现在保持同样的姿势，想象在每个脊椎之间的椎间盘就像一个气球或内胎。让所有的空气从椎间盘中排出，脊柱弯曲。想象一下，现在有一个泵将空气填充到每个气球或内管中，将脊柱堆叠到最佳位置，绕中轴旋转轴向骨架，观察一下是什么感觉。想象每只手都有 2 升水。身体如何应对？甚至可以将想象的重量增加到每只手 10 千克，会发生什么变化？最后，想象一下释放手中的重物，脊柱继续绕中轴旋转。

比较两种中继控制策略。希望你能注意到自发性的方法比有意识的方法更有效，而且有意识的收缩会干扰动作的轻松度。甚至当我们想象双臂负重时，我们的反应可能也只是应力的轻微增加和活动范围的减少。

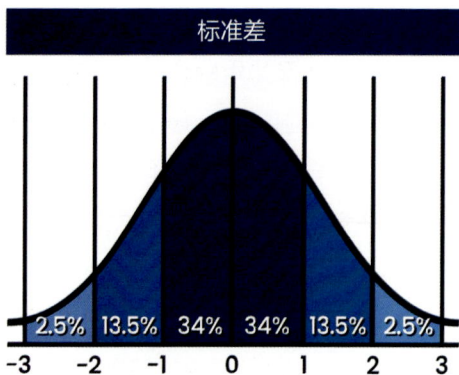

图 6-10　钟形曲线

标准差

2.5%　13.5%　34%　34%　13.5%　2.5%

-3　-2　-1　0　1　2　3

免导致缺乏必要的支持。个性化的评估和治疗可以帮助每个人找到适合自己的平衡点，无论是感觉僵硬还是感觉灵活。

Stolze 等在《骨科与运动物理治疗杂志》上发表了他们的研究。

Lise Stolze，一位物理治疗师、普拉提教练以及北极星教育机构的教育工作者，他进行了一项探索普拉提运动如何影响机械性腰痛患者的预测规律的研究。这些规律旨在识别那些最有可能从普拉提运动中获益的下腰痛患者。这项研究有助于我们理解哪些患者更倾向于对运动教育、手法治疗或手术产生积极反应。一个关键问题是，为了能够更好地预测个人的治疗效果，要确认是否存在与个人相关的其他因素。

Stolze 及其同事的研究发现了几个关键因素，这些因素可以帮助预测哪些患者在接受普拉提干预后病情会有显著改善。这些因素包括超重、体脂占总体重的比例高，以及膝关节以下无症状的局部腰痛。

Stolze 等提出的预测规则以及其他

相关研究，正在帮助我们解释为什么许多患有下腰痛的人在采用普拉提等运动疗法后会有所改善。将脊柱置于最佳位置并赋予其适当的刚度时，它将有最大的潜力去愈合并保持良好的功能，同时可最大限度地减少对原始损伤部位的干扰。这并不意味着所有患者都不需要手术，因为有些患者确实需要手术治疗，而是说，通过优化运动和治疗策略，我们可以降低风险并提高治疗效果。我们的目标是为每位患者提供个性化的治疗方案，以优化他们的身体性能和生活质量。

对疼痛的恐惧

恐惧是影响正常运动策略的一个关键因素，它可以干扰我们的自然运动模式。当身体的非收缩性结构（如椎间盘、关节囊、韧带、肌肉或骨骼）遭受损伤时，神经系统的抑制作用常常随之而来，这主要是由于疼痛感以及对潜在危险或进一步损伤的担忧。疼痛往往会导致局部或深层稳定肌的抑制，例如肩袖、髋关节深层旋转肌、多裂肌、腰大肌、腰方肌的内侧纤维，以及腹横肌。这种抑制增加了脊柱中立区的范围，使脊柱更容易受到过度力量的影响，从而导致功能性不稳定和对轻微运动的过度敏感，进而引发疼痛。

日常生活中简单的动作，如打喷嚏、弯腰系鞋带或穿裤子，都可能触发疼痛。身体为了代偿这种疼痛，会产生夹板效应，而恐惧则可能阻止个体进行运动，因为他预期到会有疼痛发生。为了防止疼痛加剧，大脑会发出信号，募集整体稳定肌，如三角肌、腰方肌、竖脊肌、腰大肌和梨状肌等。这些肌肉可能会痉挛或过度代偿，但由于它们并非耐力型肌肉，个体很快就会感到疲劳并产生疼痛。

当人们将运动与疼痛联系起来时，可能会害怕运动。为了克服这种恐惧，我们可以创造积极的运动体验，向他们传达运动与幸福之间的联系。通过这些无痛的积极体验，他们可以重新建立信心和希望，相信自己能够恢复正常的运动能力，而不必在余生中忍受疼痛。如果积累足够的积极运动体验，就有可能克服疼痛带来的困扰。我们可以通过唤醒局部稳定肌并抑制整体稳定肌来实现这一目标。运用运动性、呼吸和中轴延伸的原则，我们可以在可控的环境中促进节段运动，创造一个安全的运动范围，从而唤醒局部稳定肌并抑制整体稳定肌。简单的动作，如臀桥、骨盆时钟或弹簧辅助的肢体运动，可以迅速激活局部稳定肌，增加个体的幸福感。我们观察到，在机械性背部损伤后，经过2~3次训练，许多人的症状已经改善了60%~80%，对运动的恐惧也显著减少。

错误的运动模式

人们常问："导致运动组织障碍的原因有哪些?"我将答案归纳为3个方面:遗传倾向、习惯模式和代偿模式。

首先是遗传倾向,即肌肉骨骼系统的家族特征和我们身体的自然组织方式。有些人可能天生就有腿长不一、脊柱侧弯或其他遗传性问题,比如家族中有脊柱疾病的病史。尽管身体异常确实存在,但正如埃里克·富兰克林对理想姿势的定义:"最佳排列是当身体结构在结构允许的范围内尽可能接近中轴线,重心在结构允许的范围内尽可能低。"这一理念的美好之处在于,每个人都有可能实现最佳的排列。我们的身体拥有显著的适应性、神经可塑性,以及改善的潜力。

其次是习惯模式,我认为这可能是造成错误运动模式的最常见原因。久坐可能是最有害的习惯之一,它影响我们身体进行健康运动的能力。我们经常跷二郎腿或懒散地坐着,而游戏成为年轻人的主要消遣方式,年轻人平均每天花费13个小时懒散地坐着,再加上开车、睡觉、背包等的习惯,这些都会影响我们的姿势和运动。即使在体育运动中,我们也能找到不对称性,比如你在足球队的位置,或者你在田径比赛中参加的项目。与舞者共事的经验告诉我,他们的身体已经适应了他们所练习的舞蹈

风格。埃里克·富兰克林有一句名言:"我们的练习造就了我们。"我们的身体反映了我们的练习。我们的习惯塑造了我们的形态。我们希望自己在应对日常生活中的活动时身体产生自然、自发的应对能力,大多数身心训练都是不偏不倚、中立的,它们也可以抵消不对称运动带来的一些负面影响。如果客户有特定的不对称性,比如芭蕾舞者的臀部外旋,我们会强调在中立和内旋位置的练习,以平衡这种不对称。甚至我们所穿的衣服也会习惯性地改变我们的姿势和动作,比如高跟鞋、宽松裤子、紧身裤或铅笔裙。如果不注意,时尚也会对我们的身体造成损害。我们每个人都有习惯模式,都需要找到能够平衡和中和我们日常习惯的运动形式和练习,以优化运动表现。问题是我们如何通过锻炼改变日常的行为习惯?

最后是代偿模式。作为一名理疗师,我经常遇到以下情况。一名患者可能因为肩膀疼痛求医,治疗了肩膀,第二天他回来说肩膀好多了,但脖子开始疼,这是6个月前的老问题。解决了脖子问题后,他又发现右骶髂部位疼痛,这是2年前的问题。这就像剥洋葱,我们需要一层层揭开。这些都是代偿模式。每次我们受伤时,身体就会形成一种代偿模式来治愈自己和保护自己。然而,并非所有代偿模式都是不利的;事实上,许多代偿模式是我们正常运动所

必需的。我们在神经系统康复中一直在使用这一模式。

功能恢复应始终是我们的首要目标。提高客户对自身代偿策略的认识，为教育他们改变行为提供了一个良好的起点。促进良好的协调性、组织性、控制力和效率可以消除那些有害的代偿策略——这些策略往往会妨碍治疗进程。

以一个例子来说明这一点：如果我髋部疼痛，我采取减少髋部伸展策略来应对，比如每次走路时踮起脚尖，这会使缩短的髋屈肌在腰椎上产生剪切力。我可能没有意识到髋屈肌的紧绷，但随后我可能开始感到背痛，甚至出现椎管狭窄症状，这是由于腰部的剪切力引起的重复性劳损。在治疗腰痛之前，我需要先恢复髋关节的伸展能力。需要注意的是，代偿模式可能是正常且健康的，但它们也可能成为问题，并导致其他问题。此外，代偿模式可能由心理或情感问题引起，对运动的恐惧是最大的社会心理因素之一。无论是太极、瑜伽、婵柔、普拉提、气功、费登奎斯方法，还是其他武术和舞蹈形式，它们都旨在提高身体、心智和精神之间的意识。

生物能量学

我们应理解能量的流动、平衡和控制，尤其是当这些概念与人体的运动密切相关时。在提及流经我们身体的气或普拉那时，我们通常指的是生命能量的源泉或中心，例如位于骨盆区域的海底轮，或位于头顶的顶轮。这种能量可以通过呼吸技巧、唱诵，以及运动来引导和调节。在进行全身运动时，我们实际上是在调动整个身体的所有系统。我记得学习普拉提的早期，会通过不同的普拉提训练方式练习不同的身体系统，分辨运动对骨骼、肌肉、神经、呼吸、消化和循环系统的影响。几年后，我通过一次更有活力的评估重新体验了普拉提，我自问：当我移动身体时，我的气如何变化？我的呼吸如何响应？

当我观察客户和学生的运动时，我注意到，那些在运动中屏住呼吸或失去中轴延伸的人与那些放松、呼吸顺畅和动作流畅的人相比，他们脸上和整个身体的能量表现截然不同，后者的头部、颈部、肩部和周围空间似乎都散发出能量的光芒。

随着我们对筋膜系统的认识不断加深，我们开始意识到筋膜是身体的主要能量来源和沟通工具，有些人甚至将其视为集体意识。最近对筋膜中的高尔基腱器的研究表明，它们负责维持直立姿势的排列。西医仍难以完全理解良好的能量流动，这与中医的经络和气的流动理念有关。中医的基础之一是气的流动；如果气处于平衡状态，身体便能自我愈合，这与西医的方法不同，后者往往寻求药丸或手术来治疗疾病。

我相信，当运动达到良好状态时，其效果类似针灸的效果，可以释放体内的气和能量。这样的身体状态更有利于自我修复，使整体健康水平得到提升。控制原则是一个强大的工具，通过不同的负荷刺激，促进了健康、意识和稳定。

开放式问题

1 解释躯干的局部稳定肌如何为预期负荷提供适当的刚度。局部稳定肌的神经控制中心在哪里？

2 运动时肌筋膜组织如何提供躯干支撑和稳定性？解释与人体运动直接相关的筋膜线。

3 讨论多裂肌、腰大肌、腰方肌、腹横肌、腹斜肌、盆底肌和膈肌如何下意识地与结缔组织筋膜相互作用以保持动态控制。

4 解释动态排列如何影响自发肌肉收缩以促进稳定性。在大多数直立活动中，中轴向排列如何促进更大的运动效率？

5 具有良好一致性的练习设计如何自发组织？

6 根据自身的理解定义什么是闭链运动以及它是如何工作的。给出包含闭链运动的练习例子。

7 根据自身的理解定义什么是开链运动以及它是如何工作的。给出包含开链运动的练习例子。

8 根据自身的理解定义什么是假性闭链运动以及它是如何工作的。给出包含假性闭链运动的练习例子。

9 如何区分适量的腹内压和过多或过少的腹内压？

10 如何判断在功能动作训练中对腹内压的控制是否恰当、是否与身体承受的负荷相匹配？

11 描述肩袖的力偶是如何优化上肢运动的。肩袖如何在过顶动作中产生作用，同时避免肩峰下撞击？

12 解释为什么不同的人在仰卧位时骨盆中立位异于传统概念中

的仰卧中立位，但两者都处于功能性的或最佳的中立姿势。

13 分享对稳定的现代定义，以及稳定的经济、生态系统、结构和情感健康之间的相似之处；将平衡的概念融入你的定义中。

14 描述预期负荷是如何工作的。作为人类，我们是如何学会预测负荷的呢？儿童是如何学会预测负荷的？举一个幼儿学习动作任务的例子。

15 解释你将如何帮助处于局部抑制和整体兴奋代偿模式的病人唤醒深层局部稳定肌并抑制痉挛的肌肉？

16 描述如何使用分级负荷来帮助无法忍受正常活动和任务的全部负荷的客户进行改善。如何确定什么是合适的负荷？

17 用你自己的话定义"中立区"。描述中立区与核心控制的区别，这两个概念在过去 30 年的文献中经常被讨论。

18 描述如何通过提供无痛的成功运动体验来逆转因疼痛恐惧保护机制所引发的次级保护和抑制效应。唤醒那些因抑制而关闭的局部稳定肌的控制中心位于何处？

19 描述腰部的深层局部肌肉如何包含高比例的梭形肌纤维。深层局部肌肉的再觉醒如何影响轴骨本体感觉？

20 列出每种错误运动模式的例子：遗传倾向、习惯模式和代偿模式。假设你的治疗或训练方法恢复功能的方式可能会有所不同。

参考文献

1. Pilates JH, Robbins J, Van Heuit-Robbins L. *Pilates Evolution: The 21st Century.* Presentation Dynamics; 2012.

2. Schleip R, Baker A, Avison J. *Fascia in Sport and Movement.* Handspring Publishing; 2015.

3. Ingber DE. The architecture of life. *Sci Am.* 1998; 278(1):48-57.

4. Anderson BD. *Randomized Clinical Trial Comparing Active Versus Passive Approaches to the Treatment of Recurrent and Chronic Low Back Pain* [dissertation]. University of Miami; 2005.

5. Comerford MJ, Mottram SL. Movement and stability dysfunction—contemporary developments. *Man Ther.* 2001;6(1):15-26.

6. Comerford MJ, Mottram SL. Functional stability retraining: principles and strategies for managing mechanical dysfunction. *Man Ther.* 2001;6(1):3-14.

7. Hodges P, Heijnen I, Gandevia SC. Postural activity of the diaphragm is reduced in humans when respiratory demand increases. *J Physiol*. 2001;537(Pt 3):999-1008.

8. Hodges PW, Richardson CA. Inefficient muscular stabilization of the lumbar spine associated with low back pain. A motor control evaluation of transversus abdominis. *Spine (Phila Pa 1976)*. 1996;21(22):2640-2650.

9. Lederman E. The fall of the postural-structural-biomechanical model in manual and physical therapies: exemplified by lower back pain. *J Bodyw Mov Ther*. 2011;15(2):131-138.

10. McGill S. *Low Back Disorders: Evidence-Based Prevention and Rehabilitation*. 2nd ed. Human Kinetics; 2007.

11. Norris C. Spinal stabilisation, 1. active lumbar stabilisation—2. Limiting factors to end-range of motion in the lumbar spine—3. Stabilisation mechanisms of the lumbar spine. *Physiother J*. 1995;81(2):61-79.

12. Earls J. *Born to Walk: Myofascial Efficiency and the Body in Movement*. North Atlantic Books; 2014.

13. Myers TW. *Anatomy Trains: Myofascial Meridians for Manual and Movement Therapists*. 3rd ed. Elsevier; 2014.

14. Schleip R. *Fascia: The Tensional Network of the Human Body: The Science and Clinical Applications in Manual and Movement Therapy*. Churchill Livingstone/ Elsevier; 2012.

15. Borg-Olivier S. *Applied Anatomy & Physiology of Yoga*. Warisanoffset.com; 2006.

16. Hewitt J. *The Complete Yoga Book: Yoga of Breathing, Yoga of Posture, and Yoga of Meditation*. Schocken Books; 1978.

17. Panjabi MM. The stabilizing system of the spine. Part II. Neutral zone and instability hypothesis. *J Spinal Disord*. 1992;5(4):390-396; discussion 397.

18. Panjabi MM. The stabilizing system of the spine. Part I. Function, dysfunction, adaptation, and enhancement. *J Spinal Disord*. 1992;5(4):383-389; discussion 397.

19. Stolze LR, Allison SC, Childs JD. Derivation of a preliminary clinical prediction rule for identifying a subgroup of patients with low back pain likely to benefit from Pilates-based exercise. *J Orthop Sports Phys Ther*. 2012;42(5):425-436.

20. Cruz-Ferreira A, Fernandes J, Laranjo L, Bernardo LM, Silva A. A systematic review of the effects of pilates method of exercise in healthy people. *Arch Phys Med Rehabil*. 2011;92(12):2071-2081.

21. Black M, Calais-Germain B, Vleeming A.

Centered: Organizing the Body Through Kinesiology, Movement Theory and Pilates Technique. Handspring Publishing; 2015.

22. Caldwell K, Adams M, Quin R, Harrison M, Greeson J. Pilates, mindfulness and somatic education. *J Dance Somat Pract*. 2013;5(2):141-153.

23. Garcia-Soidan JL, Giraldez VA, Cachon Zagalaz J, Lara-Sanchez AJ. Does pilates exercise increase physical activity, quality of life, latency, and sleep quantity in middle-aged people? *Percept Mot Skills*. 2014;119(3):838-850.

24. Vieira FT, Faria LM, Wittmann JI, Teixeira W, Nogueira LA. The influence of Pilates method in quality of life of practitioners. *J Bodyw Mov Ther*. 2013;17(4):483-487.

25. Yu KK, Tulloch E, Hendrick P. Interrater reliability of a Pilates movement-based classification system. *J Bodyw Mov Ther*. 2015;19(1):160-176.

26. Coleman TJ, Nygaard IE, Holder DN, Egger MJ, Hitchcock R. Intra-abdominal pressure during Pilates: unlikely to cause pelvic floor harm. *Int Urogynecol J*. 2015;26(8):1123-1130.

27. Priebe S, Savill M, Reininghaus U, et al. Effectiveness and cost-effectiveness of body psychotherapy in the treatment of negative symptoms of schizophrenia— a multi-centre randomised controlled trial. *BMC Psychiatry*. 2013;13:26.

28. Bogduk N, Twomey LT. *Clinical Anatomy of the Lumbar Spine*. Churchill Livingstone; 1987.

29. Lee D. Delta Orthopaedic Physiotherapy Clinic. *Manual Therapy for the Thorax: A Biomechanical Approach*. DOPC; 1994.

30. Lee D, Hodges PW. Behavior of the linea alba during a curl-up task in diastasis rectus abdominis: an observational study. *J Orthop Sports Phys Ther*. 2016;46(7):580-589.

31. Earls J, Myers TW. *Fascial Release for Structural Balance*. North Atlantic Books; 2010.

32. Richardson C, Hodges PW, Hides J. *Therapeutic Exercise for Lumbopelvic Stabilisation: A Motor Control Approach for the Treatment and Prevention of Low Back Pain*. 2nd ed. Churchill Livingstone; 2004.

33. Pereira LM, Obara K, Dias JM, et al. Comparing the Pilates method with no exercise or lumbar stabilization for pain and functionality in patients with chronic low back pain: systematic review and meta-analysis. *Clin Rehabil*. 2012;26(1):10-20.

34. Franklin EN. *Conditioning for Dance*. Human Kinetics; 2004.

动作整合

创造无痛、积极且超出他们预期的运动体验

第七章

本章目标

1. 学习通过运动原理的应用和整合来创造积极的运动体验。
2. 了解神经可塑性和神经肌肉适应性，以及身体如何适应形象、思维、信念、负荷和练习。
3. 创建一个可能导致自然和自发运动的运动学习策略。
4. 理解并大规模应用运动控制科学，从个人的需求和信念、期望的任务以及影响个人能力的环境限制方面来解决运动问题。
5. 从基本层面了解不同的运动控制理论以及如何将它们应用于运动习得。根据客户的需求应用不同的理论。
6. 将许多不同的运动学习理论整合到运动指导中。
7. 了解成功的运动对个人生活的心理社会方面的影响。学习如何通过意识和定性运动提高生活质量。

关键词

- 行动
- 活动
- 联想学习
- 意识
- 信念
- 经典条件反射
- 认知
- 陈述性学习
- 离散任务与
- 连续任务
- 环境因素
- 外部反馈
- 习惯
- 损伤
- 国际功能、残疾和健康分类
- 内在反馈
- 正念
- 运动学习
- 运动理论
- 运动整合
- 非联想学习
- 开放任务与封闭任务
- 操作性条件反射
- 参与
- 感知
- 程序性学习
- 次要收益
- 自我实现
- 敏感化
- 稳定表面与移动表面
- 战略
- 任务

动作整合是通过综合所有动作原理，为我们提供新动作习得和学习新策略的工具和理解方式。我们用它来取代旧的和效率较低的策略。随着我们更好地了解运动控制和运动学习的科学，我们开始使用一套不同于传统用于健身、运动和康复科学的工具。我们可以在客户选择参与的环境中明确任务，并成功规划和促进他们的运动进程。将动作整合原则付诸实践使我们能够考虑到某些限制、错误的动作模式和客户的历史。我们如何通过操纵环境来创造积极的运动体验，以改变客户的固有想法和期望，使他们能够发挥出最佳水平？虽然我很欣赏每一项运动原理所蕴含的意义，但动作整合最让我兴奋。它让我们了解神经可塑性，让我们明白肉眼看到的并不一定是造成运动挑战的真正原因。它让我们的思维超越了柔韧性和力量训练，让大脑学会利用其他原则来促进恰当的灵活性、控制、协调性、效率和感知力。这些都可以作为客户对自身能力感知力的成果衡量标准。这最后一个原则帮助我们更好地理解那些健康的人和那些受到身体、神经和心理局限的人与运动之间的关系。

创造超出客户预期的、无痛的积极运动体验。

　　动作整合是综合所有运动原理的最终原则。它是最重要的！它为日常任务和功能活动带来技能、效率和意识的获得。为了优化动作整合，我们必须具备有效的呼吸、灵活性、良好的意识和控制、中轴延伸、排列和负荷耐受力。

　　此外，如果我们真的要从整体上理解和应用运动原理，就应该考虑心灵和精神的影响，在本书中，我将其称为信仰、正念、对自我和周围环境的认识。道恩·斯特罗姆说："心灵的运动反映在身体的运动中，身体的运动反映在头脑中。运动就是发展精神、身体和生活环境之间的动态关系的力量。"此外，邦妮·班布里奇·科恩说："我们的身体随着我们思想的移动而移动。任何时刻，运动的品质都是精神表达的外在表现……"运动可以是通过身体观察心灵表达的一种方式，也可以是影响身心关系变化的一种方式。《箴言》中有一句话说，"他在心里想什么，他就是什么"。勒内·笛卡尔的观点略有不同，他说："我思故我在（I think, therefore I am）。"在迈克尔·辛格的著作《无拘无束的灵魂：超越自己的旅程》中有更现代的解释，他挑战了通过我们的思想来定义自我的观点，相反，辛格鼓励将自己定义为观察者，并控制我们保留哪些想法，以及消除哪些想法或允许哪些想法离开。这可与最近的神经可塑性科学很好地结合在一起。我们可以说，我们的感知就是我们的现实。我们在正念练习中注意到的一件事是，它可能会对一个人的幸福感知产生影响。亚伯拉罕·马斯洛的需求层次是一个基于人的需要和动机的5层心理学模型。这些层次分别代表生理需求、安全、爱和归属感、尊重和自我实现。最低的 4 个层次就是他所说的缺乏需求，最顶层是他所说的增长需求。马斯洛的需求层次告诉我们，如果我们的最基本需求得不到满足（例如，空气、水、食物、睡眠），那么更高层次的需求就很难满足。运动在许多基本需求中扮演着重要的角色，例如健康、生存和安全。运动也可以影响更高的需求，包括第四、五层次的尊重和自我实现。这通常是因为经历了没有疼痛或超出我们预期的成功运动。如果我们能够帮助客户创造成功的运动体验，并使他们对运动建立信心，这将对一个人的幸福感产生重大影响。约瑟夫·普拉提非常重视姿势排列、自尊和自信。他认为，如果运动可以改变一个人的健康、力量、自信和自尊，它将直接影响我们所有人都拥有的一个更高层次的追求——快乐。当我们提高了对身体姿态的意识，进行心智训练，并建立一种实践行为时，我们就会更加意识到心智、身体和精神的统一发展，并准备探索更高的自我，最大限度地发挥我们的潜力，或者像马斯洛所说的那样，"自我实现"。

成功的动作整合需要个体掌握其身体的意识水平，无论开始时是积极的还是消极的。在执行一系列简单到复杂的任务时，意识到我们的身体是如何运动的，会让大脑和身体有意识地做出改变，做好准备。如果你没有意识到需要改变什么，你就不能主动做出改变。运动永远不会只发生在一个平面或一个身体部位。即使是最简单的人类动作（如行走、开门、抱孩子），也是多平面、多方向的复杂动作。我们认为日常的大部分活动都是理所当然的。你上一次考虑如何梳头或爬楼梯是什么时候？对于我们中的许多人来说，我们每天都在下意识、自然和自发地执行这些动作，除非我们受伤致使我们需要重新学习活动任务。约瑟夫·普拉提说："我们对身体健康的理解是，拥有均衡强壮的身体和健康的心灵，能够自然、轻松、令人满意地完成多种日常任务，并伴以自发的热情和愉悦。"

运动控制

运动控制指的是调节或指导运动所必需的机制的能力。它涉及中枢神经系统如何组织肌肉和关节完成分解性动作。根据 Anne Shumway-Cook 和 Marjorie Woollacott 的说法，运动是 3 个因素相互作用的结果：个体、任务和环境。运动既是针对任务的，又受到环境的限制。个体在环境的约束下采取行动来满足任务的需求。根据任务和环境限制进行运动的能力决定了个体的功能能力（图 7-1）。在个体内部，运动源于多个过程的相互作用，包括那些与感知、认知和行动有关的过程。世界卫生

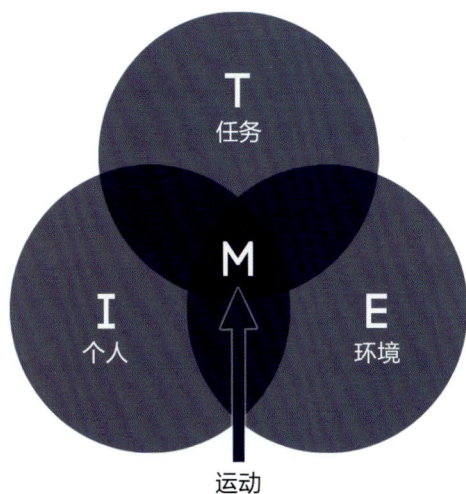

图 7-1 运动控制理论模型
（经 Shumway-Cook AW、Woollacott MH 许可转载。）

组织的分类模型是根据患者是否具备完成日常基本任务的能力来定义运动障碍的严重程度的，如站、坐、走、跳、伸手、说话、旋转，甚至微笑。在运动控制科学中，我们提出以下问题：①哪里控制任务？如何控制任务？②它是位于脊髓中的一种模式，还是通过执行任务的想法在大脑中产生的一种新动作（例如，婴儿第一次自己吃饭）？它考虑了影响人类运动的许多因素，这些因素通常被称为自由度。运动被定义为人类的动作或任务，而运动控制被定义为试图确定如何控制与人类行为有关的自由度的科学。让我们一起探索感知、认知和行动的过程。

感知是我最喜欢的话题之一。它在我的研究中发挥了非常大的作用，特别是人们如何感知他们的表现能力。感知

将感官印象整合成心理上有意义的信息。如果感觉系统向大脑发送信号，大脑感知到疼痛，那么它就可以影响运动控制或缺乏运动控制。这也可以用与姿势有关的身体意识及其与周围环境的关系来解释。视觉、本体感觉甚至嗅觉都可以影响行动，例如，当你闻到新鲜出炉的巧克力饼干的味道时，你可能会认为它们闻起来很香，你的感知会立即影响你的行动。

认知包括注意力、动机和运动控制的情感方面，这些方面是建立意图或目标的基础。现在你已经闻到了饼干的味道，你已经认可了这是好东西。然后，你的大脑说："这是我想要的东西。"它会让你采取行动。当你走向厨房时，你意识到你必须亲吻你的母亲，向她问好，然后才能尽情享受饼干。因为动机仍然存在，所以在认知上，你正在解决问题，然后才能得到想要的饼干或采取行动。

行动是身体为了得到饼干而对认知做出的反应（即，走过去，弯腰，亲吻你的母亲，伸手去拿饼干，把饼干放进嘴里）。对大多数成年人来说，行动是自发的，身体会对所期望的任务做出反应。我知道这可能有点让人难以理解，但这才是理解行动的关键。当然，还有另外一种解释：感官提供意识让我们察觉周围发生的事情（感知）。这些感觉创造了一个想法或一项任务的目标（认

知）。这个目标通过身体得以执行（行动），从而达到预期的目标。

如果一个客户害怕摔倒，他认为某事是一种风险，无论它是否真的是一种风险，这种信念都会影响他的认知过程，影响他的运动能力。他的身体可能会通过过度募集肌肉来做出负面反应，导致跌倒的风险增加。跌倒成为一种消极的动机，最终可能导致他失去运动或参与的欲望。与这种情况相反，当我们为那些跌倒风险高的人提供积极的运动体验而他们不会跌倒时，会将他们的感知转移到运动不再危险并且可控这种情况上。这种感知或信念通过积极的运动体验得到越多加强，用于避免福尔斯风险或疼痛的不利运动策略就越少。Roller 等的一项研究观察了经历跌倒恐惧的人群。一组被测试为有"高福尔斯风险"的参与者接受了普拉提训练，连续 10 周，每周 1 次小组课，内容包括静态和动态平衡、功能性灵活度训练、自我效能和下肢活动度训练，10 周后，Roller 等发现，虽然没有提供任何预防跌倒的特异性训练，但只是积极的运动体验就改变了参与者对跌倒的看法和功能的提高。

在日常生活中，我们执行各种各样的功能性任务。执行每项任务时，我们都需要意识到这些任务或动作是如何被调节或约束的。约瑟夫·普拉提说："身体健康是幸福的首要条件。我们对身体健康的理解是，拥有均衡强壮的身体和健康的心灵，能够自然、轻松、令人满意地完成多种日常任务，并伴以自发的热情和愉悦。"世界卫生组织的国际功能、残疾和健康分类模型将"参与"定义为个人选择参与的活动，这会极大地影响他们的运动能力。我经常在自己的实践中看到这一点。例如，我有 2 个 80 多岁的女性患者。第一个患者非常不活跃，正在接受肩部撞击综合征治疗。当我问她是什么导致她肩部疼痛时，她回答说："只有当我把咖啡杯从第二层架子上拿下来的时候才会疼。"我问她，如果她把咖啡杯放在最底层的架子上会怎么样。她认为我是个天才，我们让她出院了，她很开心。第二个患者做了多次腰椎手术，植入了心脏起搏器，还植入了疼痛调节器来治疗背痛。当我问她认为自己应该参加什么运动时，她说："我是一名优秀的高尔夫球手，在女子老年组比赛中很有竞争力。"她的参与方案制订的比例比第一个患者要求高得多，她需要将更多的注意力放在她想要成功完成的任务上，以便让她在运动中具有竞争力。治疗师、教师、教练需要确定客户想要执行的任务是什么，以及他们的能力和局限性是否与这些任务有关。这是真正治疗或教导我们面前的人的唯一方法。每个客户或患者都需要一个针对他们需求和愿望的运动计划。这就是我认为我们作为运动练习者的主要目标——评估客户存在的问题和期望，并使用每一个可能的媒介来帮助他们成功。设计恢复功能运动和性能的途径时，运动原理是强大的工具。

动作可能受到以下因素的影响，在确定动作难度时应考虑这些因素：离散与连续任务，稳定表面与移动表面，开放式与封闭式任务，以及动作本身的复杂程度。离散任务有明确的开始和结束标志（例如，从坐到站）。一旦来访者站起来，这项任务就结束了。将其与连续任务进行比较，例如步行、游泳或跑步，连续任务没有明确的开始或结束标志。

表面稳定性和移动性可以在任务的成功执行中发挥很大的作用。从任务执行的角度来看，在稳定的支撑下完成任务通常比在移动环境中完成任务要简单。投篮罚球时，脚踩在罚球线上投篮，相比之下，比赛进行时，篮球运动员往往是边移动边投篮，需要的协调性比罚球时要多得多（图 7-2A 和 7-2B）。表面也可以是运动执行的影响因素（例如，在水上滑水或在雪地上滑雪 vs 在光滑的水泥地上滑旱冰）。与光滑的水泥地相比，雪和水给运动者引入了更具挑战性的变量。然而，如果我不得不跌倒，我更愿意倒在水里或雪地上，而非水泥地上。

开放式任务涉及不可预测的运动，通常由环境决定（例如，篮球运动员事先不知道对手将在哪里阻挡他们，必须根据对手的运动做出反应；图 7-3）。对于封闭式任务，情况恰恰相反。例如，短跑运动员在 100 米赛跑中面临的变化和干扰最小，因为赛道是相对固定

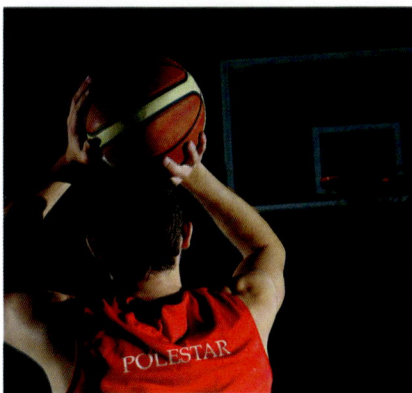

[A] 罚球	[B] 在移动过程中投篮

图 7-2　A. 篮球运动员在罚球（ESB Professional/Shutterstock.com）；B. 篮球运动员在移动过程中投篮（oneinchpunch/Shutterstock.com）

图 7-3　篮球运动员躲避盖帽或抢断（Alex Kravtsov/Shutterstock.com）

的环境。

注意力连续性也会影响任务的复杂性。大肌肉活动（如蹲下或举起）只需要相对基本的注意力水平，而精细运动任务（如演奏乐器或绘画）则需要手和手指的精细接合。

环境是影响运动成功执行的主要因素之一。环境可以增强或削弱动作表现。有许多行为科学研究关注人们工作的环境。照明是什么样的？与昏暗的办公室相比，在明亮的区域更容易有效地工作。温度、噪声，靠近厕所或停车场，以及与老板和同事的关系都可能对工作效率产生影响；其他可变的因素包括天气、团队运动等。环境越稳定，可变性就越小，执行任务就越容易。

运动理论

运动理论为运动控制科学的发展提供了许多见解。我收录了从 19 世纪末到现代的运动理论的发展以及各种理论的综合。我发现有趣的是，这些理论并没有相互矛盾，而是互为基础。我们是非常复杂的动物，影响我们运动和学习的因素可能非常有趣且多种多样。

反射理论代表了我们人类如何获得和执行动作的一些原始思想。Sherrington 写道，反射是复杂行为的基石。简单的反射组合成更复杂的动作，这些动作构成了个人行为。他的理论 50 多年来一直没有受到质疑。我们现在知道的是，反射无法解释没有感官刺激而发生的自主运动。反射理论无法解释跑步等快速运动，也许最重要的是，它无法解释新颖或新奇的运动模式。

层次理论认为，所有运动都是自上而下组织的（即从运动皮层和脊髓功能水平开始）。这并没有抹黑反射理论，相反，层次理论是建立在反射理论之上的。反射属于较低级别的神经系统，当较高级别的中枢完好无损时，它们将超越反射控制。这可以在儿童成长和发育以及神经病理学（如脑外伤）中观察到。当神经系统的较高中枢受伤并且不再起作用时，较低级别的反射（例如痉挛）会占主导地位。在人类和动物研究中有一种有趣的现象，叫作中枢模式发生器，其中脊髓中某个水平以上的中枢神经系统病变会阻止自主运动模式，例如迈出一步。然而，在跑步机上时，较低脊髓中的反射步态模式允许个体行走。这导致了所谓的反射/运动控制层次理论。目前的研究表明，人类神经系统的任何部分都可以根据任务在其他层面上发挥作用。

运动编程理论主张所有运动都是中枢神经系统内置运动程序的结果；它关注的是动作而不是反应。虽然这一理论比反射/运动控制层次理论更灵活，但它仍然存在弱点。它对中枢模式发生器的假设在动物科学模型中很明显。在一个模型中，猫被脊髓化［即脊髓被切断（我相信是人道的）］之后仍然能够在跑步机上行走，这表明运动程序存在于病变下方的脊髓中。该模型的局限性在于，在环境变化时实现运动控制时，它没有考虑影响运动的其他因素，包括肌肉骨骼系统和环境变量。

系统理论最早由俄罗斯科学家尼古拉·伯恩斯坦于 20 世纪 20 年代提出。伯恩斯坦以不同于运动计划或层次理论的方式看待神经系统和身体。他意识到神经系统依赖于作用于身体的内力和外力。伯恩斯坦以控制自由度理论而闻名。在学习运动的过程中，婴儿会从需要有限自由度的运动开始。然后，孩子会进行更复杂的运动，这些运动的自由度会不断增加，并使用更多的关节和肌肉来协调以执行所需的任务。与以前的理论相比，系统理论更好地预测了运动行为，但在解释生物体与环境的相互作用方面存在局限性。伯恩斯坦的理论对运动从业者有益，因为它让人们意识到运动不仅仅是由中枢神经系统决定的，而是由中枢神经系统通过机械系统（即我们的身体）的输出决定的。伯恩斯坦表明，中枢神经系统损伤后，膝关节或肘关节周围出现的肌肉挛缩等并发症会直接影响中枢神经系统执行运动模式的能力。这是一个突破，它揭示了我们的外周反馈（无论是内部反馈还是外部反馈）如何直接影响中枢神经系统执行运动的能力。

动态作用理论是一种令人兴奋的理论，类似于混沌理论。动物运动中如何产生秩序？运动如何变得自然而自发？我们在世界上看到的模式和组织如何从其组成部分中产生？我们如何将具有数千个自由度的系统简化为具有几个自由度的系统，以便这些系统能够自然而有凝聚力地运作？我们可以通过研究组织原理来回答这些问题，这是一个基本的动态系统原理。它指出，当一个由各个部分组成的系统组合在一起时，其元素会以有序的方式集体行动，无须更高的中心发布指令或命令来实现协调行动。这一原理适用于运动控制，它预测运动可以通过相互作用的元素而产生，而无须神经系统发出特定命令或运动程序。我发现最有趣且最适用于运动教学的事情之一是，在动态作用理论中，淡化了中枢神经系统在控制运动方面的作用，而寻求可能有助于运动特征的物理解释。动态作用理论主张吸引子阱对运动的影响。吸引子阱可以定义为一种视觉表征，即练习过的运动模式如何越来越根深蒂固，直到发生某种变化将此模式从其阱中转移出来。例如，当一匹马在行走并开始更快地移动时，在某个时刻，运动策略不再有效，马将转向不同的吸引子阱，例如小跑。然后马以更快的速度小跑，直到不再有效，并转向不同的运动模式，例如疾驰等。人们认为，能量消耗决定了运动的程序。吸引子阱越深，运动模式就越稳定，也越难转移到下一个阱。相反，阱越浅，运动模式就越不稳定，也越容易转移。最近，动态作用理论已经将系统理论中的许多原理改编成动态系统模型。根据 Shumway-Cook 和 Woollacott 的说法，该模型的一个局限性在于可以假设神经系统的作用相当不重要，动物的物理系统与其运作环境之间的关系主要决定了动物的行为。作为一名治疗师，我发现这一点最令人兴奋。尽管神经系统很重要而且很有趣，但我不需要成为脑外科医生或神经病学家就可以理解，在执行日常任务时，运动在很大程度上受到环境（负荷）、身体（灵活性、控制和排列）和动机（感知和信念）的影响。根据我的经验，通过影响灵活度、排列、控制、负荷和感知，我们可以极大地影响客户体验成功运动和克服错误运动模式的能力。

我有一位患者，她在摔倒后胫骨平台骨折，正在康复中。起初，她的步态很吃力、很痛苦：她的眼睛盯着前方的地面，身体弯腰驼背，抓住一切可以抓住的东西以确保安全。在接下来的几周里，我们专门研究了轴向排列，确保受影响的膝关节完全伸展，我将负荷调整到她可以忍受的无痛行走的程度。我让她用手杖保持直立，而不是使用助行器。减少外部负荷的辅助和注重增加步态节奏导致地面反作用力和表面接触时间减少。第 3 周结束时，她无须任何帮助就能以直立姿势行走，而且速度比之前要快得多。她说："我简直不敢相信走得更快疼痛却减少这么多。"

生态理论独立于其他运动控制理论，研究运动系统如何与环境和目标导向行为相互作用。Gibson 指出，对动物来说，重要的不是感觉本身，而是知觉，尤其是对与任务特别相关的环境因素的知觉。生态理论拓宽了我们对神经系统的理解，从对环境变量做出反应的感觉运动系统，到积极探索环境以满足自身目标的知觉行动系统。

另一个主要影响因素是知觉。因为我们的欲望、知觉、恐惧和动机与运动质量或运动控制系统（即肌肉、骨骼、肌腱）选择的运动模式有很大关系。

以下是一个有趣的例子，说明动机如何影响结果。让我们想象一下，你和

提示 7-1　试验——能量消耗

　　假设你正在跑步机上行走，速度增加到 5~6 英里/时（8~10 千米/时）；突然间，你发现自己无法再高效行走，而现在跑步对你来说要容易得多。你可以很好地进入不同的运动策略或吸引子阱。如果你将速度提高到接近 9 英里/时（14 千米/时），你会发现自己更多地用脚掌来跑步。然后，当你累了时，你会将跑步机的速度降低到 2~3 英里/时（3~5 千米/时）。这将通过减少功率需求来降低你的能量水平。我们知道能量消耗等因素很重要，但是重力、负载和杠杆长度都是影响运动的因素。

我现在都必须跑 5 英里（约 8 千米）。跑完 5 英里后，你会收到一张 5000 美元的支票。另一方面，5000 美元对我来说是很大一笔钱。如果我在 5 英里的终点处需要拿出支票簿付你 5000 美元，我会慢慢穿鞋。我可能会找一些其他我认为更重要的活动去做。我可能会迷路。我可能会倒着走。我可能会走得很慢。我可能会开始感到膝关节、臀部或背部疼痛，因为我没有动力。我有一种付给你 5000 美元的负面动机。

　　我们还知道，次要收益（例如，受到伤害、遭遇车祸、在工作中受伤）会影响运动和运动策略。这些因素会影响我们如何运动或导致我们不运动。作为治疗师和运动教育者，即使我们每天都研究它们，我们也永远无法理解影响运动的所有因素。我希望我们明白，影响运动的因素有很多。不要固步自封，认为这仅仅是肌肉收缩或关节的问题。当我们与他人打交道并教他们运动且获得积极的运动体验时，我们必须考虑所有可能影响运动成功的因素。进入本章的下一部分时，我们必须保持开放的心态，了解如何使用这些知识和工具来促进新运动的习得、提高运动效率以及学习与健康和表现相关的可持续运动。

　　从这些不同的运动控制理论中可以得出的结论是，我们可以安全地强调以任务为导向的方法来促进功能成果。我们还可以假设，正常的运动是能量消耗、活动度、环境和信念等多种因素相互作用的结果。运动是围绕行为目标组织的，并受到环境的限制。这些都是我们可以利用的工具，能够为我们的客户提供成功的运动体验。

运动行为学

Anne Shumway-Cook 和 Marjorie

Woollacott 将运动行为学定义为对运动的习得和（或）改变的研究。这门科学最适用于治疗师、教师和运动教练，因为人们通常已经知道如何运动。我们想要了解的是他们是否能够有效地运动并参与他们想要的功能活动。错误的运动模式可能与意识不强、姿势习惯或因伤病引起的代偿有关。这些错误的运动模式可能会干扰客户自发执行各种日常任务的能力。让我们进一步探讨如何促进新运动的习得，更重要的是，如何修改错误的运动。为此，重要的是寻找任务解决方案，或者换句话说，寻找从个人、任务和环境之间的互动中产生的成功运动体验，如运动控制部分所述。在运动行为学中，"学习"一词对行为有更持久的影响，因此，短期的行为改变不被认为是学习。这对从业者来说非常重要，他们需要了解客户只是短期的行为变化，还是正在长期保留从课程中学习的内容。同样重要的是，从业者要扩展运动行为学的规则，使其必须围绕在特定环境中完成功能性任务而建立。我想在这里指出的是，如果客户没有通过解决问题并提高意识的方法来深入学习动作，那么其行为变化很可能是短期的，而不是长期的。

一旦我们接受促进客户长期改变的挑战，更重要的是不要忽视可能影响运动行为学和表现的其他变量。其中一些因素包括肌肉骨骼限制、环境影响、感知、疲劳、焦虑和动机。一个基本的假设是消除尽可能多的这类因素，以优化运动行为学。

有关人类和动物的研究显示存在很多种形式的学习，有两种常见的运动行为学概念：非联想学习和联想学习。

非联想学习形式基于单一刺激，可以通过降低对刺激的反应性来习惯对该刺激的反应，也可以通过增加对刺激的敏感性来增加对刺激的反应。我经常对患有过敏症的患者使用习惯化方法。分级重复刺激可以将他们的敏感性降低到更正常的阈值，使他们更好地发挥作用。它也经常被用于治疗头晕和降低对运动的敏感性。

敏感化也很有用，可用于增加客户对空间方向的敏感性。例如，有一个中风后一侧偏瘫的患者，治疗师可以对该侧使用重复刺激，让患者通过伸手等活动来增加手臂在空间中的意识。非联想学习和联想学习形式之间的主要区别在于非联想学习通过单一重复的刺激来产生功能性结果。联想学习是一种更高级的学习形式，涉及建立联想，正如其名称所示，将想法联系起来。

联想学习形式可分为经典条件反射和操作性条件反射。一个涉及经典条件反射模型的著名实验是巴甫洛夫的狗。结果是，当铃声响起时，狗会流口水。这是怎么发生的？巴甫洛夫将铃声与投喂食物联系起来。经过训练，狗能够将铃声响起与食物即将送达的想法联系起来。当我们准备吃美味的东西时，我们会做什么？我们会流口水。关于经典条件反射的另一个重要事实是，如果联想与维持生命的想法联系在一起，这种联想是最有效的。在巴甫洛夫的狗实验中，它是食物。我们如何将姿势和运动与维持生命的想法联系起来？奖励必须是客户真正感兴趣的东西。然后，我们必须确保在刺激之后为他们的行为提供奖励，直到该行为变得自然。一些基于健康的应用程序正在使用可穿戴设备为行为变化创造刺激和奖励。

操作性条件反射是另一种联想学习形式，基本上是反复试验式学习。反应建立在结果之上。其原理是，即使以牺牲其他行为为代价，也会重复得到奖励的行为。反之亦然。如果不良刺激与某种行为相关，那么我们就不太可能重复该行为。这种不良关联让我感兴趣，因为它涉及疼痛、跌倒和恐惧。负面刺激（例如，运动等于疼痛或运动会增加跌倒的风险）会限制个人运动的欲望。当奖励或后果的影响如此强烈时（例如，因恐惧而逃避），这种学习很难忘记。当我们可以提供积极的运动体验而没有疼痛或平衡感和信心增强时，个人更有可能重复新的行为。从操作性条件反射的角度来看，我们希望确保我们的客户获得更多的与他们的运动体验相关的积极奖励，以确保更健康的运动行为。

根据所学信息的类型和回忆，联想学习可以进一步分为两类：陈述性学习和程序性学习。这与人类运动学习最为相关且适用于人类。陈述性学习依赖于意识、注意力和反思。它还依赖于从业者提供的外部反馈，以便能够为客户提供更高的意识。外部反馈包括口头和触觉提示或录制视频并向他们展示。个人对不同类型的外部反馈（即视觉、听觉、动觉、触觉）会有不同程度的反应。在客户–从业者关系开始时，从业者需要为客户提供更多的外部反馈，并鼓励客户发展内部反馈和反思。随着关系的继续，从业者应该花更多时间通过以下问题来提示内部反馈和意识：你感觉如何？当你将其添加到运动中时，你注意到了什么？以及呼吸方式如何影响运动？一旦他们通过练习有意识地获得了内在意识，他们就会进入程序性学习。在这个阶段，个人必须不断练习，重复他们所学到的东西。程序性学习不需要提高意识，而是需要重复。这是在执行我们各种各样的日常任务时实现自发和自然运动的第一步。正确的练习形式对于程序性学习是必不可少的。一个人可以反复练习错误的练习形式，最终形成根深蒂固的错误模式。因此，如果练习者不遵循家庭锻炼计划，最终可能会产生不理想的结果。

运动学习理论

运动学习理论与运动控制理论类似。许多先驱思想家和研究人员研究了人类如何学习运动，更重要的是，我们如何促进功能恢复。杰克·亚当斯的闭环理论提出了一个闭环过程，其中感觉反馈用于持续产生熟练的运动。他的大部分理论都建立在反射理论的基础上，即感觉反馈对于控制运动是必要的。他认为有两种不同类型的运动记忆：记忆轨迹和感知轨迹。记忆轨迹用于选择和启动运动模式，而感知轨迹是通过练习建立起来的（即患者或客户练习的越多，感知轨迹就越强）。他进一步声称，运动的准确性与感知轨迹的强度直接相关。亚当斯理论的一个局限性是它无法解释新动作或在没有感觉反馈的情况下在开环中进行的动作的准确表现。有研究支持不同的运动练习模式可以提高表现，这将在后面讨论。我确实很欣赏亚当斯理论中的感知轨迹概念，且认为练习可以提高运动策略的准确性或自发性。

理查德·施密特的图式理论强调开环控制过程和广义运动程序概念。他的理论意味着个人学习的是一套可应用于各种情境的通用规则。心理学文献中的"图式"一词是指存储在记忆中的抽象体现。例如，我有一个具有独特外观和风格的签名。这个签名我可以用右手（惯用手）精细运动来签，也可以用左手（非惯用手）来签，它可能不那么漂亮，但你会看到我的签名的元素。为了让这个过程更令人兴奋，我可以用完全不同的运动程序在黑板上写我的签名，用我的脚在沙滩上写我的签名，或者用我的嘴含着画笔写我的签名。关键是我对签名有一个抽象的记忆，我用身体的哪个部位来表达我的签名并不重要。即使每个签名策略的运动程序不同，风格、外观和感觉的痕迹也会显现出来。施密特图式理论的核心是广义运动程序，其中包含通用规则。施密特提出，在个人做出动作后，记忆中会存储 4 件事：初始运动条件、广义运动程序中使用的参数、对结果的了解以及感官后果（即它看起来、听起来如何以及感觉如何）。施密特还认为，练习的多样性应该可以改善运动学习。对施密特练习多样性理论的进一步研究得出了不同的结果，可能的因素包括个人学习的年龄和以前的经历。如果成年人已经学会了运动策略，那么这种策略对他的影响可能比对更天真、还没有学会这种行为的孩子的影响要小。

生态理论借鉴了运动控制的系统理论和生态理论。纽厄尔认为，运动学习是一个过程，提高了感知与行动之间的协调性，与任务和环境限制相一致。人类总是在寻找解决任务的最佳策略。这不仅涉及最适合任务的运动反应，还涉及最合适的感知线索。对任务执行方式至关重要的感知线索也称为调节线索。最佳解决方案需要针对特定任务的最佳感知线索和最佳运动策略。这在我教小组课时尤为明显。我使用经过提炼和验证的口头提示来促进学生运动，但班上总有一两个人对提示或想象没有反应，然后我必须使用另一个意象或提供触觉提示来促进个人期望的运动策略的实现。Shumway-Cook 和 Woollacott 指出，运动学习的特点是感知和动作应以任务为导向相互映射，而不是基于规则的动作呈现。最佳策略和最佳感知线索的发现让我想起了摩西·费登奎斯在他的运动习得方法中发现的东西。让个人有机会发现完成任务的策略是非常强大的方法，我相信这更有可能满足运动学习和持久性的标准。

当个人不受新动作正确与否的影响时，他可以通过自己的感官来感受并判断该策略是否有效。这不是坏动作或好动作的问题，只是不断寻求做出更好的动作。我相信，在我们所做的一切事情中追求效率是人类与生俱来的特质。作为运动的促进者，我们可以指导运动探索过程，而不是教他们哪块肌肉需要先收缩以及收缩多少。我的经验是，这种规定性的教学方式永远无法让人们获得自然、自发的运动策略。动物和婴儿不会以这种方式学习。最佳运动策略通常不会一次性出现，而是需要分阶段学习。

有些人认为，运动学习的各个阶段本身就是运动学习的一个独特理论。人类获得初始阶段的技能，并随着时间的推移继续学习。在心理学文献中，Fitts 和 Posner 将此过程描述为 3 个阶段。在第一阶段，学习者关注的是理解任务的性质，这需要非常高的注意力。这被称为学习的认知阶段。在这个阶段，人们实验、探索和发现什么有效、什么无效。你可以称之为运动策略的"认知阶段"。作为运动促进者，我们在教客户运动时往往过于专制，而不是允许他们发现和探索。

Fitts 和 Posner 将第二阶段称为联结阶段。到目前为止，人们已经为任务选择了最佳策略，并开始完善技能。施密特表示，在这个阶段，人们更感兴趣的是完善技能，而不是选择最佳策略。在第二阶段，人们可以练习，这需要时间。希望人类的本能能够随之而来，使其变得高效。不幸的是，在我们的健身世界中，我们混淆了肌肉发达和苗条与高效。高强度的身体锻炼似乎不符合儿童和动物通常使用的运动策略。我猜，审美和性激素更能驱动人们对健美身材的需求。技能必须像性激素一样强大，才能超越对高效的驱动力。

根据 Fitts 和 Posner 的说法，第三阶段是自主阶段，这个阶段可以通过完成任务所需的低注意力需求来定义。在这个阶段，个人可以将注意力集中在任务的其他方面，例如环境。这让我想起了足球运动员。学习控球和运球始于发现控球的最佳方式。他们观看伟大的足球运动员的比赛，开始学习策略；然后进入第二阶段，练习控球技巧，直到他们变得非常高效，但这仍然不能使他们成为伟大的足球运动员。我见过许多足球运动员，他们控球技术很好，但踢球技术并不好。在第三阶段，控球技术已成为他们的第二天性，他们的注意力现在集中在球场策略、对手以及最重要的进球上。（图 7-4）

系统三阶段模型是与伯恩斯坦运动控制系统理论相关的理论。该模型强调控制自由度，这是学习新动作的中心主题。Vereijken 等使用这种方法开发了一个运动学习阶段模型，其中第一阶段是新手阶段，在这个阶段，学习者简化动作以减少自由度。这是通过在多个关节处创建共同收缩来实现的，可以最大限度地降低学习的复杂性，牺牲的是适应环境的效率和灵活性。在这个阶段，我想到新手第一次学习骑自行车。身体非常僵硬，自行车摇晃得很厉害，但他们学会了。第二阶段称为高级阶段，表演者开始释放额外的自由度，允许更多关节参与任务，这会使动作执行更加高效和流畅。在这个阶段，自行车骑手可以不用手扶车把，只用腿控制自行车，依靠整个身体的协同作用来执行有效的运动并保持平衡。第三阶段称为专家阶段，我称之为太阳马戏团阶段。很少有人能够达到高效释放所有数千个自由度并自发控制它们的地步。在此阶段，个体已学会利用肌肉骨骼系统和环境来优

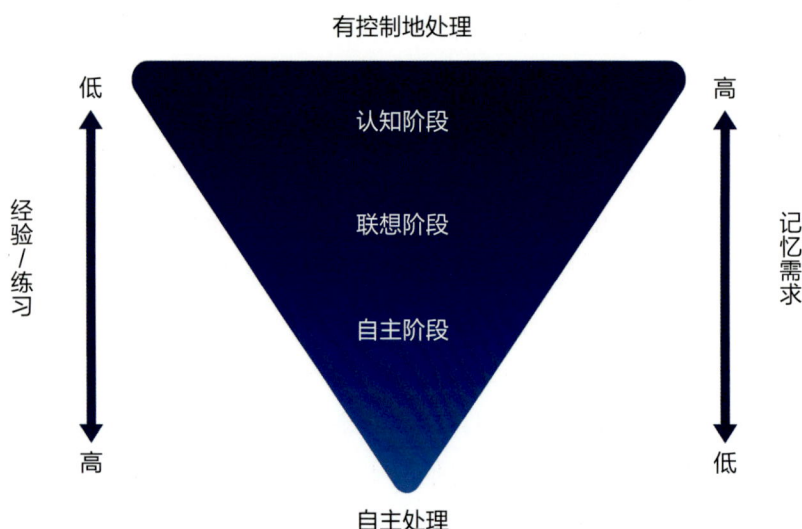

图 7-4　Paul Morris Fitts 和 Michael I. Posner 的学习模型

化运动效率。系统三阶段模型非常适用于普拉提器械训练和某些形式的瑜伽，在这些练习中，道具用于辅助或限制学习第一阶段的自由度。通过在运动技能学习的早期阶段为人们提供外部支持，我们可以采用分级进展和适当增加自由度并减少支持来加快成功速度。在北极星，我们通常将这种策略称为创造积极的运动体验。我们可以操纵重力、杠杆长度、辅助、涉及的关节数量和排列，以创造最佳学习环境，特别是对于神经系统损伤较严重的患者。目标通常是帮助患者或客户创造一个可以将其与功能性任务（例如翻滚、床上移动、坐立、爬楼梯、行走）相关联的环境。

Gentile 提出了一个两阶段模型。在第一阶段，学习者的目标是了解任务动态，包括发现策略和探索环境对任务的影响。在这个阶段，学习者发现什么是相关的、什么是不相关的。我在教学中非常欣赏这个阶段。老师经常会向客户传达口头提示和想象提示，而事实是客户无法消化这些内容，更不用说发现什么是重要的、什么是不重要的。最具破坏性的外部提示之一是肌肉收缩（例如，"收紧臀部""将腹部拉向脊柱"或"提起骨盆底肌"）。我相信客户需要时间来理解这个动作，前几次尝试时可能不会成功。一旦他们弄明白了，他们就会进入第二阶段——固定/多样化阶段。这指的是开放与封闭的技能，在这

一阶段，人们发展适应和提高一致性和效率的能力。在这个阶段，人们会练习在不可预测的环境中执行任务。例如篮球运动员，他已经学会了正确的投篮技巧，现在正面临第二阶段的挑战，他必须避开对手的防守，或者用双手运球以避免有人从他手中抢球。这又需要动作多样化和自发反应。

在北极星的课程中，我们使用了一个包含4个阶段的模型，目的是实现无意识有能力的目标（图7-5）。据说该模型是由名叫 Noel Burch 的商业教练于1970年为 Gordon Training International 开发的。第一阶段是无意识无能力。这是指新手对即将学习的目标运动策略没有任何意识，基本上，他们不了解自己不知道什么。姿势意识差可能属于这一阶段的特点（例如，人们没有意识到自己懒散的姿势以及这会如何影响他们的运动）。第二阶段，有意识无能力，是指人们通过自己的感官（内部反馈）或从图片、视频或老师等外部反馈意识到自己动作中的无能力。我们不想在这种状态下花费太多时间，这对人们来说既没有成效也没有积极作用。第三阶段，有意识有能力，可能是从陈述性学习到程序性学习的进展。在这一阶段，学习过程变得自然、高效、自发，从而进入第四阶段——无意识有能力（图7-5），这是约瑟夫·普拉提在讨论我们如何自发地、充满活力地进

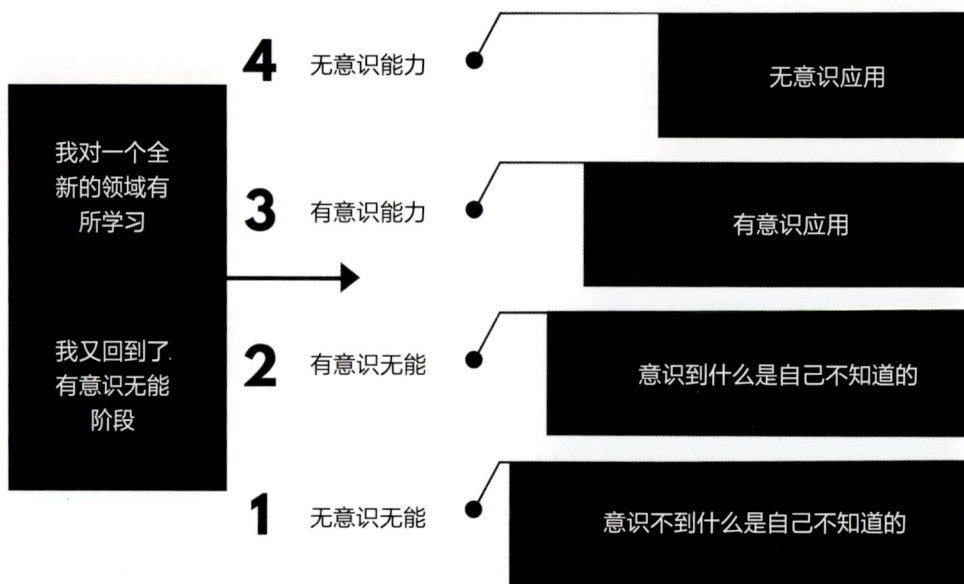

图 7-5　实现无意识应用的 4 个阶段

行日常活动时提到的。

> **身体健康是幸福的首要条件。**
> ——约瑟夫·普拉提

应用和技能

我想探索如何使用不同形式的反馈来加深患者和客户对运动的理解。多少外部反馈与内部反馈才足够？内部反馈与外部反馈之间的区别是什么？这些都是在教授运动时经常出现的问题。内部反馈是通过身体的各种感觉系统传递给个人的信息，包括视觉、本体感觉、触觉、压力、听觉，甚至嗅觉和味觉。这就是即使闭上眼睛，人们也能知道自己的手臂举起来的原因。在某些情况下，

在身体的特定部位，人们的感知意识相当薄弱，可能需要外部反馈来与内部反馈系统进行校准。外部反馈通常是内部反馈的补充。它可以来自摄像头、肌电图、生物反馈、指导、想象、触觉提示和矫正定位。外部反馈可以以两种形式提供，在任务进行的同时提供或在任务之后提供，这被称为终端反馈。精准的提示是从业者的强大工具。只有经验丰富的从业者才能了解多少是太多、多少是不够。就像我们的客户通过反复试验来学习一样，我们在学习提示时也是如此。使每次学习体验都独一无二的变量和障碍，也让每次教学体验都独一无二。精湛的教学是一种更高级别的技能，需要了解客户对提示和指导的反应。我们应该问问自己，不同的客户会

遇到哪些障碍或独特变量。这些信息将改变我们提供外部反馈的方式。理想情况下，我们希望为客户创造尽可能多的机会来体验内部反馈，并成为客户的指南针，以使他们的感受与当下的任务相关联。

　　了解实践规则是从业者为客户创造最佳学习体验的另一项非常强大的技能。我已经研究这项技能多年，并且仍在研究如何更好地为客户创造最佳学习环境。假设客户或患者只需回家练习我们交给他们的纸上的练习，这种假设的效能被高估了，而且在取得成功方面效果不佳。疲劳、理解、焦虑、分心和动机等变量都是影响客户练习成功的可行因素。了解实践规则有助于理解人类练习动机方面的行为。

　　持续反馈与可变反馈的区别在于，我们所教授的是需要在相对恒定、可预测的环境中执行任务，还是在不同节奏的不利环境中执行任务，或者有各种障碍需要执行人自发适应。例如，我们选择步行作为任务。如果某人的目标是以6.4 千米 / 小时的速度在跑步机上高效行走，那么在跑步机上不断练习将产生最有效的结果。但是，如果你想在纽约的繁忙街道上行走或必须穿越结冰的地形，那么在变化且与目标相关的条件下练习会更有效。客户在越接近必须参与的环境中练习，他们的结果就会越好。

　　值得讨论的是，分段练习与随机练习也是一种练习方式。分段练习是重复相同的任务，然后继续进行后续任务并练习，接着继续下一个任务。假设从椅子上站起来需要 5 个子任务。在分段练习中，我们首先会练习将脚在椅子下移动多次；下一个分段练习是在椅子上前后挪动臀部。现在你明白了吧。随机练习则是按顺序练习所有子任务。有证据表明，练习越难，执行任务的结果就越好；它可能更慢，但运动任务的长期保留效果更好。

　　整体反馈和训练与部分反馈和训练是有争议的。争议的焦点是，是否将任务分解为小的部分进行训练，以及这是否会促进整个功能性运动模式。我对这种整体练习形式特别感兴趣。有证据表明，整体训练比部分训练更好，并且孤立训练（例如，股四头肌训练）在站立或行走时几乎没有任何延续性，除非客户能够建立联系。这可以在核心控制训练中观察到。研究表明，患有下背痛的人对腹壁的运动控制较差，尤其是腹横肌（TA）。我们假设，如果我们加强TA，它将恢复对核心肌肉的正常运动控制，背部疼痛就会消失。多年来，我们了解到 TA 的工作是潜意识的，并且低于阈值，这意味着 TA 单独收缩可能不会在日常任务中延续到躯干肌肉的正常负荷反应。为了使其正常工作，需要根据所需任务进行训练（例如，站起来而不感到背部疼痛）。我们如何在简单的活动中重新训练 TA，例如从座位上站起来？如果我们告诉某人锻炼肌肉或进行随意收缩，那么我们就没有成功地提示发挥功能的所有不同肌肉动作，并且很可能不会产生理想的结果。这引发了以下问题：单独训练如何很好地转化为功能性任务？研究让我们相信特异性训练是效果最好的，但我也看到全身训练的效果如何超越孤立训练或区域训练。增加客户发现与他们期望的任务相关的最有效策略的机会似乎会产生最好的结果。

与记忆和认知障碍有关的变量可能是学习新动作的一大障碍。在与因帕金森病而患有痴呆症或身体意识不强的客户合作时，这一点显而易见。必须有耐心，并且只在客户的认知能力可以承受的范围内进行训练。你可能还会发现，对于一些记忆和认知障碍，一天中的部分时间更适合训练。对于患有帕金森病的客户，药物也会影响他们在训练期间的认知和警觉性。找出最佳训练时间并相应地安排训练。通过使用与客户的各种日常任务相关的对齐、负荷和节奏等工具，我们可以在运动学习和功能结果中寻求发现、意识和效率。

生物能量学

越来越多的研究正在讨论身心锻炼引起的基因表达变化。最近对 18 项相关研究的系统回顾表明，进行身心干预后，会出现一种逆转的基因表达，而这种逆转通常与慢性压力和炎症性疾病有关。我相信，我们将看到越来越多的知识和科学展示身心干预如何影响人体的生理变化。

对那些练习身心疗法的人来说，积极变化的事例不胜枚举，我自己也经历过很多。在我教授普拉提和物理治疗的过程中，仍然有人向我咨询："我喜欢你谈论的与身体相关的内容，但我不明白心灵和身体与运动和健康有什么样的关系。"我让他们回顾约瑟夫·普拉提的指导原则，他是这样说的："整体健康是指身体、心灵和精神的全面协调发展。"你不能把它们分开。即使你选择说，"我不想与思想或精神有任何关系"，你仍然在影响它。我想和你分享这个想法。整个系统的平衡运动支持所有能量系统中能量的平衡流动。1987 年我第一次学习普拉提时，还没有课程或学校。我们会去观摩大师的演示，然后回家练习。正如前面章节中提到的，我早期养成的练习习惯之一是针对身体的不同系统进行练习，包括骨骼、肌肉、神经、皮肤、消化、呼吸、循环和淋巴系统。我专注于普拉提运动如何影响我身体的所有系统花了大约 2 年的时间。我开始意识到运动如何影响我的消化、循环和身体的其他系统。练习普拉提的人经常在练习后说："自从开始练习普拉提或瑜伽以来，我的排便更加规律了。"有的人打电话跟我说："我以前一直无法受孕，现在我怀孕了。"他们还说他们的血压已经恢复正常，脚和脚踝的肿胀也减轻了。当然，这些都是轶事，但我们经常从定期进行普拉提、瑜伽和婵柔练习的客户那里看到和听到这些。在过去的几年里，我也有机会更多地了解生物能量学，特别是肌筋膜系统、针灸和阿育吠陀医学。我意识到，当我们移动身体时，我们正在移动身体的所有系统，包括我们的生物能量系统（即气/普拉那/光/精神）。我很惊讶地观察到那些练习这些正念运动并将其融入生活方式的人的能量变化。他们的身体散发着能量。你可以看到他们周围的光，你可以感受到他们的能量。能量从他们所说的每一句话和所做的每一件事中流淌出来。我认为这就是约瑟夫·普拉提所说的"最大限度地发挥我们的潜力"。我们不只是教人们锻炼。当我听到这些不同的运动练习仅被称为核心控制练习或被认为非常适合锻炼腹肌和肱三头肌时，我感到不安。虽然这些都是常见的积极结果，但还有更深层次的好处有待发现。这些运动方法为我们提供的最强大的工具是增强自我意识。我相信，随着我们通过运动提高自我意识，我们也会越来越多地认识到我们的行为是如何影响我们圈内人士的。自我意识增强的人越多，我们就越接近实现和平世界所必需的临界质量。我可以很坦率地说，尽管我没有证据，但有正念的人在参加婵柔、瑜伽、费登奎斯方法或普拉提课程后不会想偷窃、伤害他人、撒谎或作弊。我观察到，练习正念运动的人的善良、对他人的同情和志愿服务意愿有所增加，自我中心信念有所减少，总体而言，练习正念运动的人更快乐。正如约瑟夫·普拉提所说，身体健康是幸福的首要条件。身体健康是指拥有均衡强壮的身体和健康的心灵，能够自然、轻松、令人满意地完成多种日常任务，并伴以自发的热情和愉悦。

开放式问题

1　举例说明如何整合所有运动原理来改善客户的运动。你如何确定哪个原理的权重更大？

2　用自己的话定义"没有痛苦或超出预期的积极运动体验"如何影响能力、幸福感和快乐。根据《国际功能、残疾和健康分类》模型，这会如何影响一个人参与活动的程度？

3　定义运动控制。讨论如何控制人类行为中的众多自由度。这与人类运动的定义有何不同？用自己的话解释。

4　描述影响感知的感官。感官印象的整合在心理上有何意义？举例说明你闻到、看到或感觉到的东西如何影响你的动作。

5　要使认知在我们执行运动的方式中有效，必须发生什么？解释你的认知如何影响运动控制的注意力、动机和情感方面。

6　感知和认知如何影响采取行动的能力？这些运动模式存在于哪里？

7　在经历了非常痛苦的过程后，感知、认知和行动如何影响一个人的学习能力？利用同样的经验，你如何运用意识、思想和行动来创造成功的结果？

8　个人对他们想要什么或应该能够参与什么的信念如何影响他们的功能结果？你如何改变你的关注点以符合他们的信念？

9　用自己的话描述离散任务和连续任务、开放任务和封闭任务在动作复杂性方面有何不同，并给出每个任务的例子。

10　举例说明可能影响人类运动表现的环境因素。你如何改善与你合作的客户或患者的环境？

11　简要描述以下每种运动理论。每种理论的前提是什么？

a. 反射理论

b. 层次理论

c. 运动编程理论

d. 系统理论

e. 动态行动理论

f. 生态理论

12　表达你对运动理论如何帮助你理解和应用运动学习的看法。作为一名运动老师，哪一个理论最能引起你的共鸣？你能说说在适应或学习新动作的过程中如何使用所有这些理论吗？

13 用自己的话定义运动学习。与运动控制理论相比，为什么运动学习更适用于运动老师或治疗师？

14 为什么一个人应该深入参与自己的学习过程？向没有参与学习过程的人教授运动可能产生什么后果？这会如何影响功能结果和日常生活活动的独立性？

15 举出非联想学习的例子，包括习惯化和敏感化。你如何使用其中任何一种来获得运动习得的积极结果？

16 用自己的话解释经典条件反射和操作性条件反射之间的区别。我们如何使用联想学习来获得好处或改善运动结果？

17 在管理患有慢性疼痛的患者时，你如何使用操作性条件反射来尽量减少疼痛和功能丧失带来的学习性保护效应？治疗或干预的总体目标是什么？

18 创建一个熟悉任务的陈述性学习和程序性学习的例子。你会用哪一个来开始运动课以优化意识？你如何使它成为潜意识和自发的运动？

19 简要描述下列每种运动学习理论。每种理论的前提是什么？每种理论的优缺点是什么？

a. 闭环理论

b. 图式理论

c. 生态理论

d. 运动学习阶段

e. 系统三阶段模型

f. 二阶段模型

g. 能力阶段模型

20 简要描述下列每种实践应用以优化学习。每种理论的前提是什么？

a. 外部反馈与内部反馈

b. 实践规则

c. 恒定反馈与可变反馈

d. 随机练习与阻塞练习

e. 整体反馈与部分反馈

21 举例说明成功的运动体验如何改变你一直持有的情绪或信念。你如何解释一位客户在与你合作后说"我更快乐了"这件事？

参考文献

1. Strom D. *Coaching and consulting*. 2017; www.dawnstrom.com.

2. Cohen BB. *Sensing, Feeling, and Action The Experiential Anatomy of Body-Mind Centering*. 6th ed. Contact Editors; 1993.

3. Singer MA. *The Untethered Soul: The Journey Beyond Yourself*. New Harbinger Publications; 2007.

4. Maslow AH. *Motivation and Personality*. Pearson Education; 1997.

5. Pilates JH, Robbins J, Van Heuit-Robbins L. *Pilates Evolution: The 21st Century*. Presentation Dynamics; 2012.

6. Pilates JH. *Return to Life Through Contrology*. J. J. Augustin Publisher; 1945.

7. Shumway-Cook A, Woollacott MH. *Motor Control Theory and Practical Applications*. 2nd ed. Lippincott Williams & Wilkins; 2001.

8. Bernstein N. *The Coordination and Regulation of Movement*. Pergamon; 1967.

9. Anderson BD. *Randomized Clinical Trial Comparing Active Versus Passive Approaches to the Treatment of Recurrent and Chronic Low Back Pain* [dissertation]. University of Miami; 2005.

10. Mannion AF, Junge A, Taimela S, Muntener M, Lorenzo K, Dvorak J. Active therapy for chronic low back pain: part 3. Factors influencing self-rated disability and its change following therapy. *Spine (Phila Pa 1976)*. 2001;26(8):920-929.

11. Mannion AF, Taimela S, Muntener M, Dvorak J. Active therapy for chronic low back pain part 1. Effects on back muscle activation, fatigability, and strength. *Spine (Phila Pa 1976)*. 2001;26(8):897-908.

12. Lackner JM, Carosella AM. The relative influence of perceived pain control, anxiety, and functional self efficacy on spinal function among patients with chronic low back pain. *Spine (Phila Pa 1976)*. 1999;24(21):2254-2260; discussion 2251-2260.

13. Roller M, Kachingwe A, Beling J, Ickes D-M, Cabot A, Shrier G. Pilates reformer exercises for fall risk reduction in older adults: a randomized controlled trial. *J Bodyw Mov Ther*. 2018;22(4):983-998.

14. Schmidt R. *Motor Control and Learning*. 2nd ed. Human Kinetics; 1988.

15. Lamb S, Kwok KCS. A longitudinal investigation of work environment stressors on the performance and wellbeing of office workers. *Appl Ergon*. 2016;52:104-111.

16. Sherrington CS. *The Integrative Action of the Nervous System*. 2nd ed. Yale University; 1947.

17. Martinez M, Rossignol S. A dual spinal cord lesion paradigm to study spinal locomotor plasticity in the cat. *Ann N Y Acad Sci*. 2013;1279:127-134.

18. Perry S. Clinical implications of a dynamical systems theory. *Neurol Rep*. 1998;22:4-10.

19. Gibson J. *The Senses Considered as Perceptual Systems*. Houghton Mifflin; 1966.

20. Adams JA. A closed-loop theory of motor learning. *J Mot Behav*. 1971;3:111-150.

21. Schmidt R. A schema theory of discrete motor skill learning. *Psychol Rev*. 1975;82:225-260.

22. Newell K. Motor skill acquisition. *Annu Rev Psychol*. 1991;42:213-237.

23. Gentile A. The nature of skill acquisition: therapeutic implications for children with movement disorders. In: Forssberg H, Hirschfield H, eds. *Movement Disorders in Children*. Karger; 1992:31-40.

24. Fitts PM, Posner MI. *Human Performance*. Brooks/Cole; 1967.

25. Vereijken B, van Emmerik REA, Whiting HTA, Newell KM. Freezing degrees of freedom in skill acquisition. *J Mot Behav*. 1992;24:133-142.

26. Anar SÖ. The effectiveness of home-based exercise programs for low back pain patients. *J Phys Ther Sci*. 2016;28(10):2727-2730.

27. Hodges PW, Richardson CA. Inefficient muscular stabilization of the lumbar spine associated with low back pain: a motor control evaluation of transversus abdominis. *Spine (Phila Pa 1976)*. 1996;21(22):2640-2650.

28. Lederman E. The fall of the postural-structural-biomechanical model in manual and physical therapies: exemplified by lower back pain. *J Bodyw Mov Ther*. 2011;15(2):131-138.

29. McGill S. *Low Back Disorders: Evidence-Based Prevention and Rehabilitation*. 2nd ed. Human Kinetics; 2007.

30. Richardson C. *Therapeutic Exercise for Spinal Segmental Stabilization in Low Back Pain: Scientific Basis and Clinical Approach*. Churchill Livingstone; 1999.

31. Richardson C, Hodges PW, Hides J. *Therapeutic Exercise for Lumbopelvic Stabilization: A Motor Control Approach for the Treatment and Prevention of Low Back Pain*. 2nd ed. Churchill Livingstone; 2004.

32. Tsao H, Hodges PW. Immediate changes in feedforward postural adjustments following voluntary motor training. *Exp Brain Res*. 2007;181(4):537-546.

33. Buric I, Farias M, Jong J, Mee C, Brazil IA. What is the molecular signature of mind-body interventions? A systematic review of gene expression changes induced by meditation and related practices. *Front Immunol*. 2017;8:670.

34. Cahn BR, Goodman MS, Peterson CT, Maturi R, Mills PJ. Yoga, meditation and mind-body health: increased BDNF, cortisol awakening response, and altered inflammatory marker expression after a 3-month yoga and meditation retreat. *Front Hum Neurosci*. 2017;11:315.

运动原理的应用和结论

应使用运动的 5 个原理来评估当前的功能和受限，并制订动态的运动干预措施，以实现个体的目标。

本章目标

1 学习将运动原理应用于运动评估和测试。理解与仅进行定量测试相比，定性测试如何为运动学习提供重要的细节。

2 学习将北极星评估工具与运动原理和《国际功能、残疾和健康分类》（ICF）模型相结合，以优化治疗方案，并且使用文本中提供的案例研究得出的功能性结果。

3 了解运动原理如何使 PAT 测试敏感，并为从业者提供治疗或训练计划的方向。

4 使用 ICF 模型、PAT 和运动原理对客户进行全面评估；设计一个成功的治疗计划；并定期重新评估该计划的有效性。

关键词			
• 生物可塑性	• 国际功能、残疾和健康分类	• 分级负荷	• 定性运动
• 认知		• 北极星评估工具	• 人体表型
• 运动原理			

运动科学领域的研究在不断扩展，揭示了影响运动的多种变量和因素，同时也展示了运动对幸福和健康的深远影响。这一趋势愈加注重提升意识和基于反馈的锻炼方案，这对信念、能力感知和幸福感都有积极影响。这 5 项运动原理旨在帮助从业者评估他们的客户，以确定客户应参与哪些活动，以及客户当前的能力水平，然后制定一个动态的干预措施来实现这些目标。

我在文章中多次提到，当我们提高空间意识时，我们就能增强对身体和现实的感知与信念的一致性。这种从感知到现实的模式转变，极大地增强了我们对身体、精神、情感和精神交织关系的认识。尤其是当我们从非耸人听闻或非灾难化的角度来看待这些问题时，这种认识显得尤为强大。当从业者帮助客户明确了他们的能力范围，并教导客户如何成功地实现其自身的目标，客户的心理状态就会发生显著变化。疼痛减轻、功能提高、信心增强，最重要的是，满足感和幸福感得到提升。

　　科学正朝着一个充满希望的方向发展。随着科学和研究的进展，我们这些对运动科学，尤其是与病理学相关的领域感兴趣的人，有许多新知识需要学习。2019 年 6 月，《骨科与运动物理治疗杂志》发表了一篇关于运动控制在腰痛中的作用的综述，这是我读过的最好的评论之一，我对影响人类运动的诸多因素印象深刻。影响人类运动的因素包括患者在经历腰痛时的适应策略，以及个体对负荷的反应的多种特征。Van Dieen 等总结道：尽管我们需要更多研究，但这一趋势仍将继续朝着基于运动学习的个性化运动计划发展。保罗·霍奇斯提出了更复杂的概念，探讨了生物可塑性与腰痛的关系，以及疼痛体验如何影响生物适应，尤其是在与中枢神经系统的感觉运动有关时。这导致了个体对伤害感受器活动的不同解释。随着我们对不同个体疼痛体验、神经肌肉反应、过往疼痛史以及生理和心理适应的多样性有更深入的了解时，运动科学的复杂性与美妙也随之展现。定性且有意识的运动训练将继续成为未来运动学习的重要组成部分，特别是在治疗干预方面。通过提高意识、改进我们对外部反馈和内部反馈工具的使用，我们可以增强感知与现实之间的一致性。在这里，"现实"指的是客户的真正需求，而不是一个被应用于全面策略中的虚假需求。作为运动实践者，我们如何认清面前的个人，并真正理解他的需求？

　　认知是越来越多研究的焦点，尤其是它如何影响行为改变。认知在客户预后判断中起着重要作用。我们面临的挑战是：如何影响客户的信念体系？认知能否创造无痛且积极的运动体验？认知是否会通过分级负荷训练逐步实现客户期待的功能目标？认知能否通过恢复活动能力，减轻身体其他部位的压力，从而实现无痛运动？认知是否能够通过有意义的外部和内部反馈，包括意象、触觉和言语暗示，以及感觉反射，重新获得对身体的运动控制？如果这些认知工具被正确使用，它们都可以成为变革的强大推动力。

　　我希望所有运动实践者都能利用运动原理来提升他们在运动质量方面的技能，并通过健全的运动学习科学来提高能力。当我们能够理解运动原理时，我们就能利用它来帮助评估、开出"处方"和预测结果。ICF 可以作为一个标准化模型纳入其中，以提高客户的评估效果。

国际功能、残疾和健康分类

　　世界卫生组织制定了 ICF。ICF 模型的总体目标是为描述健康和与健康有关的状态提供一个统一的、标准的语言和框架。ICF 模型允许对个人健康进行更全面的分类（图 8-1）。我希望我们在这一节中关注的关键词是"参与"和"活动"。如果这些成为我们评估和项目设计的中心焦点，测试可行性将会大幅提高。

ICF 模型包括以下构成要素。

- 参与：这与个人的生活方式有关，包括工作、娱乐、家庭和社区等方面。工作类型可以决定参与程度。如果一个人的工作需要付出繁重的劳动，一个小的压力就可能导致他无法参与与工作相关的活动，而类似的伤害对于工作需要久坐的人可能有限。这也适用于日常生活活动，从个人保健到社区运动和（或）参与更高级别的娱乐活动。参与往往依赖于个人对生活方式的期望，包括日常生活活动、与工作相关的活动和娱乐活动。

- 活动：在做某些动作或保持某些姿势时受限在腰痛人群中很常见。受限是因为这些动作或姿势与腰痛有关，包括行走、跑、蹲、上举、久坐、移动、站立，以及重复屈曲、伸展和扭转之类的动作，也可以扩展到娱乐活动，如游泳、打网球、打高尔夫球、徒步旅行、攀岩和其他运

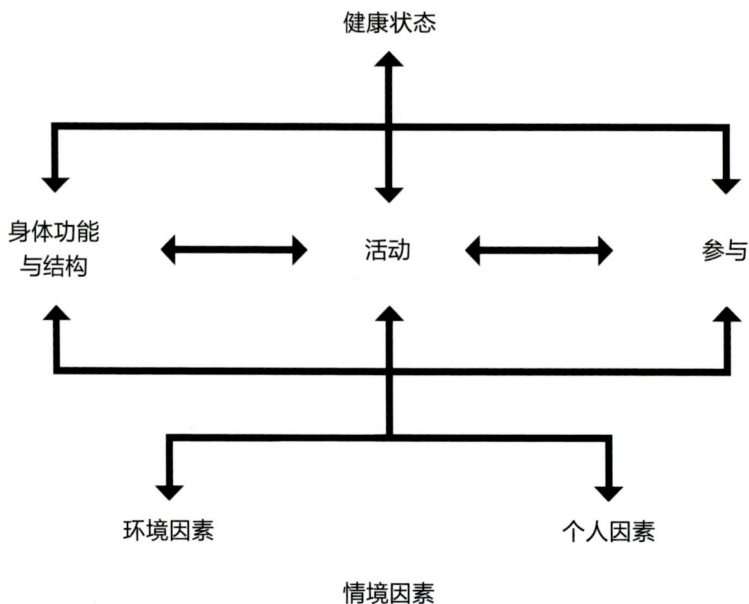

图 8-1　世界卫生组织的 ICF 模型

（经世界卫生组织许可转载。为实现一种关于功能、残疾和健康的共同语言：ICF）

动。一旦我们了解了客户所期望的活动，我们就可以进一步评估是什么限制了他们的活动能力。

- 身体功能：是指身体系统的生理和心理功能。生理和心理上的损伤是可测量的和客观的。而对应的检查通常是在医疗检查中的客观检查。在物理治疗中，这些检查可能包括活动度、肌力、围度、炎症、反射、感觉、血压、心率、耐力和肺活量。

- 身体结构：指身体的解剖部分，包括器官和系统。本书中涉及的身体结构包括骨骼、肌筋膜和神经系统。在物理治疗中，这些通常是通过测量身体排列、关节灵活性和稳定性、柔韧性和稳定性、神经传导和运动反射来评判。

- 损伤：损伤包括身体功能或结构的问题，代表缺陷或异常，通常导致功能限制。从结构上看，一个不良体态有可能导致关节的活动范围受限，从而限制正常的运动和力量。损伤在本质上是可测量的和客观的。请务必记住并不是所有的损伤都会导致功能或活动的限制。这种分类过程允许从业者根据由损伤造成的限制来优先考虑与参与有关的干预措施。如前所述，这包括心理损伤和生理损伤。

- 健康状况：是否有影响许多生活活动能力的功能障碍或疾病。一个很好的例子就是骨质疏松症患者，骨骼脆性和骨折的风险限制了此类患者参与许多活动。就像大多数疾病一样，无论是代谢性、自身免疫性疾病，还是心血管疾病，都有其预防措施和相应的活动限制，这些也会影响一个人充分参与他们所期望的活动的能力。

- 环境因素：包括人们生活中的客观的、社会的和主观的环境，如天气、工作环境、照明、工位、楼梯、坡地，甚至家庭成员的协助，都会影响一个人充分参与活动的能力。

- 个人因素：个人因素指的是年龄、性别、种族、社会经济地位、信念模型、自我效能感、期望、经历、文化、价值观和恐惧。这是 ICF 模型中我最感兴趣的部分。重要的是要考虑所有影响健康的因素，如本章前面所讨论的，包括但不限于运动学、生物学、心理学、感官解释等。

- 参与限制：主要是一个人在参与生活环境中可能遇到的问题。个体参与受限可能取决于社区或社会而不是个体的限制。一个需要轮椅来活动的人只有在社区缺乏无障碍设施的情况下才会在日常活动中受到限制。同时也要考虑到一点，即社会要求个人重视自己。如果一个人参与的活动和扮演的角色比理论上有相同损伤的另一个人需要更强大的功能，那么由于其角色和活动的需求增加，他将面临更多局限性。

提出正确的问题

所有评估都必须从向客户提出几个关键问题开始。我的导师 Carol M. Davis 博士对我的实践产生了深远的影响，他一直强调从业者应鼓励客户参与寻找答案的过程。客户通常知道自己需要什么，但往往不清楚在哪里可以找到答案。这个理念一直推动我提升与客户面谈的技能，以真正了解我的客户，弄清他们的需求和愿望。

以下是我总结的与客户面谈时要问的 3 个问题，它们可以帮助我对客户进行评估。

（1）你认为你现在应该能够参与哪些活动？

（2）你认为你目前能够以你期望的水平参与这些活动吗？

（3）如果不能，你认为是什么挑战或障碍阻止你达到理想的水平？

客户对这 3 个问题的回答可以提供丰富的信息。我学到的一点是，不要预设答案，而是专注倾听客户的回答。如果客户在表达时有困难，那也是正常的。很多时候，他们的回答可能需要进一步确认，这时我们可以重复他们的回答，并询问是否准确表达了他们的需求和感受。我们和客户可能需要经过几次讨论，才能明确他们的真正需求。

基于运动原理的评估

在这最后一章中，我的目的是提供指导，帮助从业者利用运动原理对客户进行评估，并设计有意义的运动干预方案。多年来，我一直在测试一种算法，以帮助找到实现预期结果的最简便方法，特别是对经验不足的年轻从业者而言。尽管该算法尚不完美，但我希望它能够成为从业者工具箱中的一个有用工具，以更好地服务个体。

在应用 ICF 模型创建客户希望参与活动的清晰图像后，我们可以接着询问他们是否能够安全、有效地参与所期望的活动。一旦我们定义了这些活动的运动和心理需求，我们就可以从北极星评估工具（PAT）中选择适当的运动测试。

PAT（见附录）专为那些没有接受过医疗或康复诊断方面正式培训的运动从业者设计，如正念运动老师、舞蹈老师、武术家、健身教练和私人教练。在

提示 8-1

一个患者被转介到我这里接受慢性颈部疼痛的评估和治疗。我问了他前文讨论过的 3 个问题。他接着跟我说，他是一名汽车机械师，疼痛让他无法正常工作。他说，他曾看过许多治疗师和整脊师，但都没有效果。当被问及第三个问题时（是什么限制了你的汽车修理工作？），他回答说："我觉得我的头被一根绳子固定了，如果我的头移动错了方向，它就会掉下来。"我把他说的话重复了一遍，一时间，他看着我，好像我疯了似的。他知道他的脖子上没有绳子。然后我让他把手放在脖子上，观察他的颈围。然后我让他闭上眼睛，想象他的脖子就像车库里的汽车。然后他说："看起来马达被卡住了。"我问他该怎么修理这个马达，他回应说："我会解决一些限制，润滑活塞。"然后我让他睁开眼睛，我解释说这是我的工作，要消除限制，增加对该部分的润滑，并恢复无痛的运动。然后我请求他允许我治疗他的脖子。经过几次成功的治疗后，他又回到了工作岗位。我意识到，只要他一直相信头部被一根绳子固定住，就没有治疗师可以治疗他。我也意识到，客户能够讲述他们的故事是多么重要。

我教授 PAT 的 25 年中，我发现许多持有执照的专业人士也在实践中高度评价这一评估工具。无论你是康复医生还是舞蹈老师，我都希望以下内容对你有帮助。

PAT 可以全面观察客户的排列、灵活性、控制能力和协调性。让我们举例来说明：一位客户希望能够执教女儿的足球队。教练需要能够在足球场上站立、行走、跑步，甚至下蹲、弯腰，展示多平面动作，以及教授如何运球等技巧。

我们可以从 PAT 中选择 5~10 项测试来评估他的状态，例如半蹲、全蹲、球门柱、弓箭步下蹲、Z 字坐、俯卧撑和天鹅式。这 7 项测试的结果可以提供大量信息，帮助我们了解客户作为足球教练参与特定活动的能力。值得注意的是，如果 PAT 中没有与他们活动相关的测试，或现有测试不够敏感，那么我们有责任设计模仿所需的身体活动的测试。

这些原理以一种非常系统的方式帮助理解运动缺陷的存在。我做了一幅图，描述如何在评估功能性运动任务（例如蹲、坐、行走、跳跃、提举等）时应用这些原理（图 8-2）。

筛选和分级的过程基于每个测试中的一系列标准。这些评估都是基于运动原理。每个测试的顺序如下：先评估客户是否能够进行某项测试，例如深蹲。

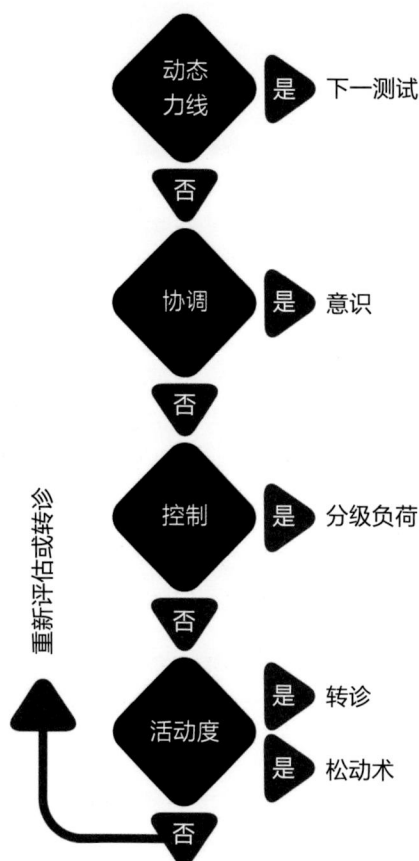

图 8-2   北极星测试流程图

如果他们能够保持正确的动态排列并有效完成测试，则推进到下一步。如果不能，则做进一步的判断。每个原理都会影响任务或测试的成功执行。在许多情况下，多个原理会同时影响动作执行，甚至更重要的是，影响动作的质量。

许多客户对测试内容不熟悉，因此我们不能确定他们不能准确完成测试是因为缺乏经验，还是因为他们确实无法完成特定的动作或姿势。所以，我们通常从协调性开始，通过语言、视觉或触

觉提示来改善测试结果。如果客户能够通过提示进行修正，我们可以假设限制可能是由于缺乏经验、意识或协调以及运动整合能力。如果客户无法根据提示进行修正，则需要继续进行控制能力受限的测试。

控制原理通常与负荷有关。为了区分控制能力的限制，我们可以通过在客户半蹲或全蹲期间为他们提供帮助来调整负荷。如果客户在帮助下能够成功地蹲下，我们可以假设受限的产生是由于缺乏控制能力，因此训练计划将包括分级负荷策略。

灵活性原理直接关系到关节的活动度和运动模式分配。在下蹲测试中，踝关节、膝关节、髋关节、腰椎和胸椎都需要具备灵活性。为了区分活动受限的原因，我们可以调整活动度。如果我们将客户的脚跟垫高 2 英寸（5 cm）并要求他们再次尝试半蹲，他们能够以正确的动态排列完成测试，我们可以推断出客户的踝关节背屈缺乏灵活性。此时的干预措施将包括训练和治疗，以提升踝关节背屈的灵活性。治疗或训练计划也可能包括分级的关节灵活性训练，使身体的其他部分能够得到适当的排列和负荷。如果负荷过大，我们可以通过消除重力影响或提供辅助来调整负荷。如果在辅助深蹲过程中能够实现动态排列，那么我们可以假设控制负荷的能力是干预方案的重点。

呼吸原理同样重要，并应纳入评估。呼吸并不独立于其他原理，应被视为同样重要的一部分。呼吸可以纳入协调性，客户通过运动从业者的语言和触觉提示来改善呼吸，也可以提高运动的质量。改进呼吸技术可以改善与呼吸能力下降相关的胸腔和脊柱活动灵活性不足。呼吸也影响控制能力。当躯干需要增加负荷以完成动作时，腹内压（IAP）可以改善或损害躯干控制能力。因此，我建议在每次测试中都要评估呼吸情况。以下是几个很好的例子。

- 可以通过提示客户向胸腔凸面呼吸来改善侧屈测试的结果。
- 吐气可以显著改善脊柱屈曲时的脊柱关节活动，而憋气则会损害活动能力和活动分布。
- 在为稳定躯干增加负荷时，控制呼气可以极大地帮助控制腹内压。

实际上，客户可能在多个原理方面都存在限制，有的甚至在 5 个原理方面都有所限制。在这种情况下，我确定了解决运动原理缺陷的优先顺序：灵活性、控制（分级负荷）和协调（动作整合）。在简短的评估结束时，我知道了客户的目标、他们当前的心理和身体状况，并了解了他们在期望的参与水平上需要做什么。我现在有了可衡量的结果，这可以让客户和我了解项目的进展，以及干预是否达到了预期的目标。

案例

Marvin，67 岁，男性患者，前外侧入路全髋关节置换术后 6 个月。他已经成功地完成了所有的康复治疗，并且能够在无痛状态下行走和完成他的大部分活动。他对这次手术非常满意。最近，他的女儿和女儿的家人搬到了镇上。女儿有 3 个孩子，年龄从 18 个月到 5 岁不等。他说，他的女儿和女婿很忙，因此，他和妻子会尽可能多地照顾他们的孙子孙女。他的主诉是，他不能和孙子孙女一起蹲在地上。他来找我们是为了能够蹲在地上再站起来。他的外科医生说，他没有髋关节置换术后的身体或结构问题，但根据患者的说法，他已经有 15 年没有能够蹲在地上了。

在 Marvin 的案例中，需要考虑的因素包括他过去的体力活动情况。他壮年时期曾是一名大学橄榄球运动员，经常跑步、徒步旅行和在健身房锻炼，直到 10 年前他的右髋部限制了他的大部分体力活动。他觉得手术让他重获新生。除了需要用药物来控制高血压之外，他现在几乎没有什么健康问题。重要的是要记住 Marvin 想要从治疗中得到什么，以及他认为是什么限制了他蹲在地上和孩子们一起玩耍的能力。回顾病史，他蹲起的局限性是由于髋关节手术前的慢性髋关节疼痛和灵活性丧失。现在他有了一个新的髋关节，虽然没有医学限制，但仍然不能从地上站起来。我们知道他想做什么活动，所以我们可以查看我们的 PAT，并选择一些测试来评估他目前与能够从地上站起来相关的运动状态。他的另一个主诉是希望能够坐在地上和孩子们一起玩一段时间。你会选择什么测试呢？

我想到的第一个测试是半蹲和弓箭步下蹲。我也想看看他的坐姿耐受时间是多少，我会看直腿坐和盘腿坐的姿势。在 Marvin 的案例中，他可能还需要对地面进行调整，比如在地板上放一个凸起的垫子或矮凳子，这样他就可以较长时间地坐在地板上。

半蹲试验

Marvin 蹲到一半，他的身体无法排列，头向前，圆肩驼背，腰椎弯曲而不是屈髋，他还不得不拓宽双腿之间的距离。我还注意到他在做动作时屏住呼吸。

弓箭步下蹲

Marvin 失去平衡。他的膝关节前移，而不是屈髋。他需要手的支撑才能下蹲一半，并说背部、大腿和臀部有很大的拉伸感。

运动原理评估

呼吸

他正在屏住呼吸，这将限制脊柱的运动。这提示他还有别的地方不想移动，可能是一个用来代偿躯干缺乏控制的习惯。这时需要你在课程和教学里标记，记住让他在所有平面上自然呼吸，然后优化运动效率。

排列

Marvin 丢掉了头部和胸部、胸部和骨盆以及下肢之间的力线。给他一系列语言和触觉提示，如果他能够在提示后成功地对齐力线，那么我们就可以将这种缺陷归因于缺乏协调。

协调性

协调能力的丧失可能是由于多年的代偿和避免屈髋的习惯造成的。如果是这样的话，那么 Marvin 需要重新学习如何使用新的髋关节，并开始耐力训练。下一步检查灵活性和控制能力。

灵活性

排列的丧失可能是由于踝关节背屈，髋关节内收、屈曲和内旋或胸椎伸展的灵活性的丧失。也许抬起足跟可以减轻髋部和背部的负荷，让 Marvin 保持他的轴向延伸。

控制

如果事实证明 Marvin 确实有足够的灵活性，那么就说明他没有能力适当地控制蹲下和弓箭步下蹲所需的重力负荷。

负荷

Marvin 能在有辅助或减少负荷的情况下，在全关节活动范围内成功完成闭链运动的深蹲或弓箭步下蹲吗？

基于运动原理的康复计划

在 Marvin 的案例中，身体排列的丧失是由多种因素引起的，但最显著的是踝关节灵活性的丧失和胸椎伸展活动能力的缺乏。这个案例的治疗或锻炼计划如下。

- 阶段 1：恢复灵活性、控制和呼吸
  - 增加踝关节背屈活动度
  - 增加站立耐力
  - 增加胸椎伸展
  - 增加 3 个平面上的呼吸灵活性
- 阶段 2：恢复排列和控制
  - 在能耐受的情况下，强调中轴骨和下肢的排列
  - 在下蹲和弓箭步下蹲动作中逐渐增加负荷，进阶过程从陌生环境到熟悉环境

- 阶段 3：重建协调性
  - 练习更多可以从地面站起的方法
  - 过程中要不断鼓励

我们简化了案例，以便你可以看到其基本原理和应用。如果灵活性和控制力缺乏，我们应该强化这些方面，逐渐增加负荷，把注意力集中在身体排列和呼吸上，然后不断练习，直到动作变得有效和自发。Marvin 现在可以和他的孙子孙女们一起玩了，不用再担心他的臀部了！

结论

这是一段伟大的旅程，因为我们共同努力提升技能，为客户和患者提供最优质的康复服务，并取得最佳结果。在书中，我曾分享过我对病理运动学家和运动机能学家的看法，以及这些头衔如何代表每一位希望通过运动改变世界的人。作为一名运动从业者，你可能属于这两类中的一类，或同时具备这两类特质。

我热爱我的职业，也热爱通过运动的艺术和科学真正影响众多客户生活的能力。现在，轮到你来探讨这本书中的信息，看看它们是否能帮助你评估、设计、促进并实现你作为运动从业者所期望的运动目标。我期待听到这些信息会对你的实践产生何种帮助，并且我始终

愿意接受反馈，以不断提升我们的专业水平。谁知道呢？也许你会对下一版的《运动原理》有所贡献。在此之前，让我们继续专注于职业中最重要的部分——发现客户的独特需求，并为他们设计个性化的运动计划，提供优化后的成功运动体验。

祝你一切顺利！

开放式问题

1 与同事进行面谈练习，并提出与"参与"相关的主观问题。你如何使用这些信息来指导进一步的客观测试和计划设计？

2 作为一名从业者，如果你仅凭表面观察来判断客户的问题，而没有与他们进行详细面谈以评估他们对自身问题的理解和需求，可能会面临哪些风险？

3 请描述明确了客户想要参与的活动后，为了安全参与这些活动需要执行的具体动作。你将如何判断他们是否能够安全地进行这些相关活动？

4 花几个小时与同事一起练习使用 PAT。确定哪些测试最符合特定活动的需求。哪些 PAT 测试可能最适合评估高尔夫球爱好者的运动能力？

5 用自己的话解释一下，PAT 测试作为评估的一部分，运动原理是如何完善测试结果的？你将如何使用这些原理来确定需要优先解决的缺陷？

6 如果客户能够在视觉、触觉或语言提示后正确完成测试，你将如何进一步制订他们的训练计划？

7 用自己的语言描述一下，如果客户在下蹲测试中无法通过触觉和语言提示来纠正动作路径，你接下来会怎么做？

8 如果客户在接受认知提示或负荷调整后的测试中仍无法保持力线对齐，你将如何判断运动限制的原因？你将如何区分负荷调整和结构性限制？

9 与同事讨论，如果 5 项运动原理都存在缺陷，你将如何确定哪一项原理应该优先进行调整？

10 描述你将在评估中如何应用呼吸评估方法。呼吸会如何影响或不影响特定的 PAT 测试？你将如何衡量呼吸对运动质量的影响？

参考文献

1. van Dieën JH, Reeves NP, Kawchuk G, van Dillen LR, Hodges PW. Motor control changes in low back pain: divergence in presentations and mechanisms. *J Orthop Sports Phys Ther*. 2019;49(6):370-379.

2. Hides JA, Donelson R, Lee D, Prather H, Sahrmann SA, Hodges PW. Convergence and divergence of exercise-based approaches that incorporate motor control for the management of low back pain. *J Orthop Sports Phys Ther*. 2019;49(6):437-452.

3. Hodges PW, van Dieen JH, Cholewicki J. Time to reflect on the role of motor control in low back pain. *J Orthop Sports Phys Ther*. 2019;49(6):367-369.

4. Hodges PW, Danneels L. Changes in structure and function of the back muscles in low back pain: different time points, observations, and mechanisms. *J Orthop Sports Phys Ther*. 2019;49(6):464-476.

5. Hodges PW, Barbe MF, Loggia ML, Nijs J, Stone LS. Diverse role of biological plasticity in low back pain and its impact on sensorimotor control of the spine. *J Orthop Sports Phys Ther*. 2019;49(6):389-401.

6. Brumagne S, Diers M, Danneels L, Moseley GL, Hodges PW. Neuroplasticity of sensorimotor control in low back pain. *J Orthop Sports Phys Ther*. 2019;49(6):402-414.

7. Cholewicki J, Breen A, Popovich JM Jr, et al. Can biomechanics research lead to more effective treatment of low back pain? A point-counterpoint debate. *J Orthop Sports Phys Ther*. 2019;49(6):425-436.

8. Reeves NP, Cholewicki J, van Dieen JH, Kawchuk G, Hodges PW. Are stability and instability relevant concepts for back pain? *J Orthop Sports Phys Ther*. 2019;49(6):415-424.

9. Hodges PW. Hybrid approach to treatment tailoring for low back pain: a proposed model of care. *J Orthop Sports Phys Ther*. 2019;49(6):453-463.

10. van Dieën JH, Reeves NP, Kawchuk G, van Dillen LR, Hodges PW. Analysis of motor control in patients with low back pain: a key to personalized care? *J Orthop Sports Phys Ther*. 2019;49(6):380-388.

11. World Health Organization 2001. The International Classification of Functioning, Disability and Health (ICF). WHO. http://www.who.int/classifications/icf/en/.

12. Davis CM. *Patient Practitioner Interaction: An Experiential Manual for Developing the Art of Health Care*. 5th ed. SLACK Incorporated; 2011.

POLESTAR

北极星评估工具

PAT

门柱式

POLESTAR®
ASSESSMENT TOOL

得分 _____ 满分 **9** 分

测试
站立时保持脊柱中立位的能力；充分的胸椎灵活度以保持头后侧、肋骨和骨盆正确排列；肩外展和外旋时肩带的灵活度（姿势 1；软组织和肩关节）；肩胛上回旋，肩外展和肩屈时肩带的灵活性（姿势 2；软组织和肩关节）；姿势 1&2 躯干的控制能力
如有需要，可进行单边测试

初始姿势	姿势 1	姿势 2

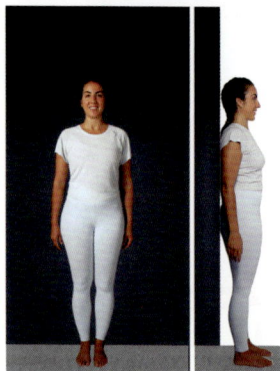  

错误示范

耸肩

门柱式

（续）

POLESTAR®
ASSESSMENT TOOL

初始姿势

靠墙站立，头后部、胸中部、臀部贴墙，肋骨不向前突出。足跟离墙 5 cm。目视前方。

- ☐ 1 = 站立时头部、胸廓部和骨盆贴墙，肋骨不向前突出
- ☐ 1 = 水平注视前方
- ☐ 1 = 姿势放松，颈椎或肋骨没有过度紧张

▶ 需要提示才能完成测试 _____
▶ 需要调整才能完成测试 _____
▶ 列出调整的原因 _____
▶ 是什么阻碍了执行测试的完整性和舒适性 _____

手臂姿势 1

能在球门柱位置将手臂后侧、手腕和手掌触碰墙壁时，并能

- ☐ 1 = 保持头部、胸廓中部和肋骨位置，肋骨不向前突出
- ☐ 1 = 保持骨盆位置和脊柱位置
- ☐ 1 = 保持肩胛骨位置，未上提或内收肩胛骨，上斜方肌未过度收缩

▶ 需要提示才能完成测试 _____
▶ 需要调整才能完成测试 _____
▶ 列出调整的原因 _____
▶ 是什么阻碍了执行测试的完整性和舒适性 _____

手臂姿势 2

能在球门柱位置将手臂后侧、手腕和手掌触碰墙壁时，并能

- ☐ 1 = 保持头部、胸廓中部和肋骨位置，肋骨不向前突出
- ☐ 1 = 保持骨盆位置和脊柱位置
- ☐ 1 = 保持肩胛骨位置，未上提或内收肩胛骨，上斜方肌未过度收缩

▶ 需要提示才能完成测试 _____
▶ 需要调整才能完成测试 _____
▶ 列出调整的原因 _____
▶ 是什么阻碍了执行测试的完整性和舒适性 _____

深蹲

得分 _____ 每个测试满分 **8** 分

测试	足跟提起或落地时完成全蹲动作的能力

深蹲（足跟提起）
测试下肢力量、活动度、排列、控制和平衡能力。

躯干保持垂直，足跟向下，尽可能弯曲髋关节、膝关节和脚踝。
保持，继续下蹲，让足跟抬起，膝关节完全屈曲。
站起。在整个动作中保持脊柱中立和躯干垂直。

☐ 1 = 能够屈膝（半蹲）至少 75°，足跟落地，躯干垂直，脊柱保持中立
☐ 1 = 保持下肢排列，避免外翻和旋前
☐ 1 = 保持骨盆中立，尽量减少前倾或后倾
☐ 1 = 使肋骨对准骨盆，避免肋骨前移
☐ 1 = 保持躯干垂直
☐ 1 = 保持头部排列，避免抬下颌或头部前倾
☐ 1 = 保持肩胛带稳定，避免肩胛上提或前引
☐ 1 = 能够下蹲至膝关节完全屈曲（完全下蹲）

▶ 需要提示才能完成测试 _____
▶ 需要调整才能完成测试 _____
▶ 列出调整的原因 _____
▶ 是什么阻碍了执行测试的完整性和舒适性 _____

在下蹲举起重物时，可以将足跟抬起，以保持脊柱中立位。

深蹲

（续）

POLESTAR®
ASSESSMENT TOOL

深蹲（足跟落地）
测试下肢力量、活动度、力学排列、控制和平衡能力。

躯干保持垂直，足跟落地，尽可能弯曲髋关节、膝关节和脚踝。
保持，继续下蹲，直到髋关节和膝关节完全屈曲。然后起身，恢复站立姿势。在整个动作过程中保持躯干垂直。

- ☐ 1 = 能够屈膝（半蹲）至少 75°，足跟向下，躯干垂直，脊柱保持中立
- ☐ 1 = 保持下肢排列，避免外翻和旋前
- ☐ 1 = 保持胸腔在骨盆上方，避免肋骨前移
- ☐ 1 = 保持躯干垂直
- ☐ 1 = 保持头部排列，避免抬下颌或头部前倾
- ☐ 1 = 保持肩胛带稳定，避免肩胛上提或前引
- ☐ 1 = 能够以全蹲姿势伸展腰椎
- ☐ 1 = 能够下蹲至膝关节完全屈曲（完全下蹲）

▶ 需要提示才能完成测试 _____

▶ 需要调整才能完成测试 _____

▶ 列出调整的原因 _____

▶ 是什么阻碍了执行测试的完整性和舒适性 _____

通常在工作或休闲时，站在地板上采用足跟落地的方式全蹲。

深蹲
（续）

POLESTAR®
ASSESSMENT TOOL

错误示范

脊柱屈曲

脊柱屈曲

脊柱屈曲，足跟承重
可能足背屈受限

弓步下蹲

POLESTAR®
ASSESSMENT TOOL

得分 _____ 满分 **8** 分

测试	窄距交错站姿时腿部力量和身体平衡能力	前腿髋分离能力	窄距交错站姿髋内收肌活动度	后腿髋中立位活动度及控制能力

保持躯干垂直，双下肢平行。如果受试者身高为 150~180 cm，则右脚至少向前迈出 90 cm（从右足趾到左足趾）；如果受试者身高超过 180 cm，则右脚至少向前迈出 100 cm。双脚分开 7~10cm，弯曲双膝，蹲向地板方向，躯干不前移，前腿胫骨和后腿股骨在动作末期均垂直于地板。在整个动作过程中，保持骨盆中立和躯干垂直。

如果蹋趾外翻受限 / 疼痛或脚掌在地板上感觉敏感，受试者可穿鞋进行蛙跳测试。

右　左

- ☐ .5　☐ .5 = 保持下肢排列，双侧膝关节屈曲程度相等，保持胫骨垂直
- ☐ .5　☐ .5 = 在所有平面上保持骨盆中立
- ☐ .5　☐ .5 = 使肋骨保持在骨盆中心，避免下肋骨向前或向后移动
- ☐ .5　☐ .5 = 保持躯干垂直
- ☐ .5　☐ .5 = 保持头部排列，避免头部前倾或抬下颌
- ☐ .5　☐ .5 = 保持肩胛带稳定，避免肩胛上提或前引
- ☐ 1　☐ 1 = 屈膝，使后腿膝关节触地，然后再次起立，骨盆保持水平、脊柱保持中立、躯干保持垂直

▶ 需要提示才能完成测试 _____

▶ 需要调整才能完成测试 _____

▶ 列出调整的原因 _____

▶ 是什么阻碍了执行测试的完整性和舒适性 _____

弓步下蹲
（续）

错误示范

重心前移　　　　　脊柱前屈　　　　　脊柱过伸

错误示范

后腿踝关节外翻或内翻　　　髋部抬高　　　　需要辅助

"Z" 字坐姿

得分 _____ **满分 4 分**

测试	坐位髋关节屈曲 90° 时的髋关节内旋和外旋活动

坐位，双腿摆向一侧。
将双脚放在舒适的位置。
受试者能轻松坐好，身体保持中立。

右 **左**

☐ .5 ☐ .5 = 骨盆在矢状面上保持中立（骨盆无前后倾斜）
☐ .5 ☐ .5 = 脊柱垂直、中立（无侧移或侧弯）
☐ .5 ☐ .5 = 髂嵴高度相当，肋骨到骨盆的距离相当
☐ .5 ☐ .5 = 姿势放松（可轻松保持坐位几分钟）

▶ 需要提示才能完成测试 _____
▶ 需要调整才能完成测试 _____
▶ 列出调整的原因 _____
▶ 是什么阻碍了执行测试的完整性和舒适性 _____

错误示范

侧弯   手部支撑   姿势不良

天鹅式

得分 _____ 满分 **17** 分

测试	胸椎伸展 活动度	胸椎和髋关节伸展时 保持身体弧线形的能力	躯干和骨盆控制

颈椎和上段胸椎的运动和控制

俯卧，脊柱和骨盆保持中立，前额放在双手上。

抬起头部，抬起上段胸椎至伸展状态。

保持身体姿势，将手臂从垫子上抬起，双手贴住前额。

双腿放在垫子上，眼睛注视手背。

能够保持较低的躯干和骨盆位置，以及

☐ 1 = 伸展颈椎

☐ 1 = 伸展上段胸椎

☐ 1 = 在没有肩胛骨上提或前引的情况下伸展上段胸椎

☐ 1 = 在不改变腰椎骨盆位置的情况下伸展上段胸椎

☐ 1 = 将手臂抬离垫子，手背触及前额

▶ 需要提示才能完成测试 _____

▶ 需要调整才能完成测试 _____

▶ 列出调整的原因 _____

▶ 是什么阻碍了执行测试的完整性和舒适性 _____

过渡：保持胸廓伸展，维持门柱式姿势将手臂放在垫子上

天鹅式

POLESTAR®
ASSESSMENT TOOL

（续）

中段胸椎的运动和控制

能够保持头部和躯干的位置以及

☐ 1 = 伸展胸椎中段
☐ 1 = 在没有肩胛骨上提或前引的情况下伸展胸椎中段
☐ 1 = 在不增加颈椎或腰椎伸展的情况下伸展胸椎中段
☐ 1 = 以门柱式姿势将前臂抬离垫子，不抬高肩胛骨

▶ 需要提示才能完成测试 _____
▶ 需要调整才能完成测试 _____
▶ 列出调整的原因 _____
▶ 是什么阻碍了执行测试的完整性和舒适性 _____

过渡：保持胸廓伸展，双手放在垫子上靠近下肋骨的位置

下段胸椎的运动和控制

保持胸椎伸展，双手放在靠近肋骨下部的垫子上

☐ 1 = 伸展下段胸椎
☐ 1 = 伸展下段胸椎，同时不改变肩胛骨的位置
☐ 1 = 伸展下段胸椎，同时不增加颈椎或腰椎的伸展幅度
☐ 1 = 双手抬高至少 2.5 cm

▶ 需要提示才能完成测试 _____
▶ 需要调整才能完成测试 _____
▶ 列出调整的原因 _____
▶ 是什么阻碍了执行测试的完整性和舒适性 _____

过渡：双手放在垫子上，置于肩部下方，躯干下压完成天鹅式

天鹅式
（续）

POLESTAR®
ASSESSMENT TOOL

完整天鹅式

☐ 1 = 能够伸展双臂，掌根置于肩部下方
☐ 1 = 能够在不改变肩胛位置且未锁住手肘的情况下伸直手臂
☐ 1 = 能够在肋骨没有向前突出的情况下伸直手臂
☐ 1 = 能够在不增加腰椎伸展的情况下伸直手臂并伸展髋关节

▶ 需要提示才能完成测试 _____

▶ 需要调整才能完成测试 _____

▶ 列出调整的原因 _____

▶ 是什么阻碍了执行测试的完整性和舒适性 _____

错误示范

肘部锁定，肩胛骨抬高   腰部伸展
                                      双手放在肩膀前方